LAURENCHET 1977

NOUVELLE
BIBLIOTHÈQUE BLEUE.

IMPRIMERIE DE J. BELIN-LEPRIEUR FILS, RUE DE LA MONNAIE, 11.

NOUVELLE BIBLIOTHÈQUE BLEUE

ou

LÉGENDES

POPULAIRES

DE LA FRANCE

PRÉCÉDÉES D'UNE INTRODUCTION

Par M. Charles NODIER

de l'Académie française

ET ACCOMPAGNÉES DE NOTICES LITTÉRAIRES ET HISTORIQUES

Par M. Le Roux de Lincy.

Robert le Diable.
Richard sans peur. — Jean de Paris.
Jean de Calais.
Geneviève de Brabant.
Jehanne d'Arc. — Griselidis.

PARIS

| COLOMB DE BATINES, | J. BELIN-LEPRIEUR FILS, |
| 15, quai Malaquais. | 11, rue de la Monnaie. |

1842

DE LA

BIBLIOTHÈQUE BLEUE.

C'étoit une grande question parmi les savans, il y a quelques années, que de savoir d'où nous venoient *Riquet à la Houpe* et *Cendrillon*, ces jolies épopées des enfans dont le souvenir n'est pas sans charme pour la pensée des vieillards. Après de longs et graves débats, l'Académie des Inscriptions et Belles-Lettres ouïe en ses conclusions, il fut décidé magistralement, et je crois la chose consacrée en principe dans notre admirable éducation universitaire, que la Barbe-Bleue avoit fait ses études au collége de Bénarès, que les cailloux blancs dont le Petit-Poucet marque si industrieusement la route de son exil étoient des galets du Gange, et que cette phrase célèbre : *Tirez la cordelette, la bobinette cherra*, ne pouvoit procéder que du sanscrit. Le marquis de Carabas pèche bien un peu contre la couleur locale ; mais on sait trop par mille exemples ce qu'est capable de hasarder l'audace des interpolateurs; et puis, il ne faut pas se montrer difficile avec les orientalistes qui se dévouent avec tant de profit pour notre instruction à l'enseignement de ces belles choses !

Il résulte de ces ingénieuses découvertes que toutes les idées imaginatives de l'humanité descendent, comme le fleuve sacré, des plateaux du Thibet, et que nous ne nous serions jamais élevés, dans notre impuissance, à la magnifique éthopée du *Chat-Botté*, si la mémoire des nouveaux âges n'en avait dérobé le type immortel aux traditions d'un peuple ancien qui se distingue avantageusement de notre race par sa couleur d'acajou, ses nez effilés, ses yeux obliques, et qui daigne fournir encore de temps en temps à nos *exhibitions* populaires ses bayadères et ses jongleurs. Je suis un peu moins absolu dans mes opinions, et il faut avouer avant tout que je n'ai aucun droit de l'être. Sincèrement disposé, par un sentiment de justice qui m'est naturel, à rendre à l'Inde ce qui appartient à l'Inde et à Perrault ce qui appartient à Perrault, je paie avec plaisir mon tribut d'hommages à une des civilisations les plus vénérables du vieux monde; mais je m'obstinerai à croire, si on veut bien me le permettre, que l'homme n'a été destitué nulle part de l'aimable faculté d'inventer ses fables, et je ne lui conseille pas de renoncer à ce privilége. C'est, selon toute apparence, le dédommagement le plus sûr des misères de sa triste condition.

Les peuples naissans étoient loin de jouir des avantages de notre civilisation *éminemment perfectionnée.* Ils ne savoient ni l'heure de l'éclipse, ni le passage de la comète. Ils ne pressentoient guère l'art d'abréger les distances en lançant des chars de feu sur des routes de fer, pour livrer plus facilement les limites du monde connu à la rapacité des spéculateurs et à l'ambition des conquérans. Ils n'auroient pas compris la nécessité scientifique d'user la vie d'une génération à creuser des puits vers le centre de la terre, et la vie d'une génération à les combler. Ils ne savoient de la création que ses délicieux mystères, et ils en jouissoient sans essayer de les expliquer. Comme l'action d'une puissance bienveillante se révéloit partout à leurs regards, ils se contentoient de ce fait universel pour résoudre tous les doutes et pour rendre raison de tous les phénomènes. Comme toute recherche aboutissoit à une découverte, il n'y avoit pas une de leurs perceptions qui ne fût nouvelle et qui ne conservât longtemps le charme de la nouveauté. La poésie ne consistoit pas alors dans l'expression laborieuse et symétrique d'une pensée choisie. La poésie étoit l'expression naïve de la pensée d'un homme simple qui sent vivement, c'est-à-dire le langage naturel de l'homme dans tout ce qui n'appartient pas à la vie positive. La langue même des sociétés nouvelles ne pouvoit qu'être essentiellement poétique, parce qu'elle étoit essentiellement pauvre, et les langues ne s'enrichissent qu'aux dépens de la poésie. Il suffit d'un moment d'attention pour comprendre cette proposition, tout étrange qu'elle paraisse. Les besoins les plus immédiats et les plus fréquens de la vie physique ne réclament pas un grand nombre de mots; il n'en faut pas plus de trois ou quatre cents à leur vocabulaire indispensable, mais la vie de l'imagination et de la pensée est infiniment plus exigeante; et, comme elle prend nécessairement les mots où ils sont, comme le vocabulaire qui les renferme tous est son unique répertoire, elle ne les tourne à un nouvel usage qu'en leur imposant une acception figurée qui devient peu à peu aussi intelligible que l'autre. Cette acception figurée est ce qui constitue la poésie des langues naissantes. Ajoutez à cela que le mot a toute sa valeur dans l'usage de l'homme qui l'a fait, et représente l'idée vivante qu'il y a attachée en l'adoptant, pendant que, de nos jours, ce mot cadavre, dépouillé de la pensée qui le vivifioit, n'est plus qu'un signe convenu, le plus souvent équivoque ou incertain, dont les plus habiles auroient peine à retrouver le sens primitif. Les exemples ne manquent pas, et je me contenterai d'en citer quelques uns entre mille dans une phrase tout à fait vulgaire. Vous dites souvent d'un homme, et vous avez malheureusement trop d'occasions de le dire : « Cet homme est *détestable, exécrable, abominable.* » Qu'entendez-vous par là? je le demande au grand nombre. Une injure, et rien de plus; je ne pense pas que la multitude attribue à ces paroles une définition plus nette et plus développée. Il n'en étoit pas de même chez le créateur de ces expressions, qui ne sont aujourd'hui pour nous qu'une monnoie fruste, privée de son type et de son exergue; il les auroit traduites autrement dans la valeur native qu'il leur avoit donnée. Un homme *détestable, exécrable, abominable,* c'est un homme si avili, que son *témoignage* est rejeté par la conscience publique; c'est un homme que la pieuse pudeur de ses contemporains repousse de la participation des *choses sacrées;* c'est un homme dont l'odieuse perversité n'a pas même été pressentie par les prophéties ou les oracles, dans leurs *présages* les plus menaçans. Vous voyez que le verbe portoit alors en lui une poésie intime qui se manifestoit par la seule énonciation de la parole. Vous voyez qu'elle n'y est plus. Les dictionnaires des nations très civilisées ressemblent à ces vieux livres d'armoiries dans lesquels le rouge, le noir ou le vert sont indiqués sur l'écu des nobles chevaliers par des marques ou des noms de convention, qui ne parlent plus qu'aux gens versés dans la science du blason. Le signe reste pour ceux qui s'y connoissent, mais n'y cherchez pas la couleur.

Dans cet âge heureux du monde où ne vivent que les peuples primitifs et les peuples renouvelés par une longue barbarie; quand toute parole se figuroit, toute sensation recevoit de son signe même une apparence d'hyperbole; la pensée s'accoutumoit facilement à croire à l'image hardie qui s'étoit présentée pour la peindre; le merveilleux de l'expression se reflétoit sur les faits les plus ordinaires; toute femme belle et puissante dont on avoit éprouvé les prudens conseils et la bonté protectrice, devenoit une fée tutélaire; toute femme vieille, laide et malfaisante, une fée ennemie. Le seigneur qui opprimoit ses vassaux, et qui s'en faisoit redouter à l'égal des loups furieux, n'étoit pas quitte de la vindicte publique pour avoir reçu le nom du loup dans les vives métaphores du peuple; la créance mobile et flexible des enfans et des femmes ne tardoit pas à lui en attribuer la figure et les mœurs, les appétits sanglans et les chasses nocturnes. L'ennemi étranger ne se contentoit point de la ruine des forteresses et du pillage des cités; l'imagination des mères et des nourrices le faisoit apparoître comme un épouvantail jusqu'au chevet du berceau, et le nom des Ogres, si connu des lecteurs de contes, n'est lui-même qu'une corruption populaire de celui des Hongres, ou Hongrois, dont les folles terreurs du village faisoient jadis des *mangeurs de petits enfans,* en attendant les jours de civilisation et de lumières où notre politesse nationale s'empresseroit de rendre le même témoignage aux Cosaques. L'Inde n'a rien à voir dans tout cela, et l'intervention officieuse des adorateurs de Brahma dans la composition, si spontanée d'ailleurs, de nos jolis *contes des fées,* n'est qu'un conte de savans qui ne vaudra jamais les autres.

Tout peuple a sa poésie. Tous les enfans ont besoin de contes qui les amusent, les étonnent ou les effraient; toutes les femmes ont besoin de romans qui mêlent à la réalité monotone de leur vie positive les illusions d'une vie d'amour et d'aventures; tous les hommes, et je n'en excepte pas les hommes les plus éclairés des vieilles civilisations, ont besoin d'histoires plus ou moins exagérées, qui relèvent la grandeur de leur origine par quelques fables épiques. La bibliothèque qui se compose de ces merveilleuses traditions écrites est la véritable bibliothèque du peuple. C'est là qu'il faut chercher tout ce qu'il y a eu de naïveté et de grandeur dans ses sentimens, de grace et d'énergie dans ses inventions, de souplesse et d'originalité dans son langage, avant ces jours solennels de la perfection relative qui touchent, hélas! de si près au crépuscule honteux de la décadence. C'est là qu'est empreint, d'une manière ineffaçable, le sceau de son caractère et de son esprit. Ces livres que dédaignent notre expérience morose et notre savoir pédantesque, archives ingénues du *bon vieux temps*, conservent en eux tout ce que la vieillesse des nations, comme celle des hommes, aime à conserver du passé, les souvenirs rians du premier plaisir, les souvenirs touchans du premier amour, les souvenirs du premier succès, avec leur ivresse et leurs espérances, toutes les joies de l'ame qui s'éveille à la connoissance des choses, et toutes les douleurs poignantes, mais passagères, qu'un désabusement mille fois plus cruel fera trop tôt oublier. Le style n'en est pas fort; il manque de ces habiles artifices qu'enseigne l'étude, que l'esprit raffine, et qui finissent par se substituer au travail naïf de la pensée; mais il est simple, il est clair, il dit ce qu'il veut dire, il se fait comprendre sans efforts. On auroit peine à y découvrir quelque trait qui mérite l'admiration, mais on auroit plus de peine peut-être à y désigner quelque passage qui exclue ou qui repousse la sympathie. Aucune lecture ne laisse à la mémoire des réminiscences plus aimables, plus touchantes, et, je ne crains pas de le dire, plus utiles à la conduite de la vie. Il n'y a point de cœur si blasé qui ne tressaille encore au nom de la belle Maguelonne et de son doux ami Pierre de Provence, qui, à son aspect, « cherchoit de grand soucy en quelle manière commencer à parler, car il ne savoit s'il étoit en l'air ou en la terre, et ainsi fait Amour à ses subjects. » Candeur et bravoure, franchise et loyauté, patience et dévouement, tous les traits distinctifs de notre vieux caractère national brillent d'un éclat ineffaçable dans les chroniques aujourd'hui si délaissées de la *Bibliothèque bleue*, comme les hiéroglyphes sur les obélisques de Ramessès. Ils s'y lisent toujours, mais il faut une ame pour les déchiffrer. Ce n'est du moins pas une peine perdue pour ceux qui daignent la prendre, et, je le déclare intrépidement à la face de nos savantes académies : la douce résignation de *Griselidis* et les courageuses épreuves de *Geneviève de Brabant* ont rendu populaires plus d'excellentes leçons de morale qu'il n'en sortira jamais de toutes les élucubrations politiques, statistiques, esthétiques, philantropiques et humanitaires, entre lesquelles se partagent annuellement les prodigalités stériles de M. de Monthyon. Le peuple le savoit, quand il jouissoit encore de ce tact judicieux et délicat qui est naturel à tous les peuples tant qu'ils ne sont pas éclairés et corrompus. Maintenant c'est autre chose. Grace au perfectionnement progressif de la civilisation émancipée, le peuple ne lit plus la *Bibliothèque bleue*. Il lit des vers scandaleux, des chansons obscènes, des romans extravagans et dissolus, les rêveries turbulentes des factieux et les rêveries impies des sophistes. La société doit marcher, elle marche, et vous savez où elle va. Ce ne sont pas nos foibles mains qui pourroient l'arrêter sur la voie désespérée où le siècle l'emporte et la dévore. Il faut que le plus transparent des mythes infaillibles de l'Écriture s'explique et s'accomplisse. Lorsque l'*Ange des ténèbres* entreprit d'achever la perte de l'humanité, il sentit la nécessité de se transformer sous des apparences toutes nouvelles. Il annonça qu'il apportait *la lumière*. Il s'appela LUCIFER.

Je ne crois donc pas, en vérité, qu'un peuple parqué dans des institutions anglaises, entre le *sport* et le *steamer*, les *hustings* et le *budget*, à la suite d'une conquête de fait dont nos éternels ennemis recueillent les fruits depuis vingt-huit ans, soit désormais disposé à faire un accueil bien favorable au précieux trésor de nos traditions, de nos plaisirs et de nos gloires. Mais, s'il existe quelque part, dans je ne sais quel oasis ignoré que le réseau du *rail* ne menace pas encore d'étreindre et d'étouffer entre ses mailles brûlantes, quelques enfans de la vieille France, fidèles aux souvenirs délicieux de leur berceau, et dont la voix maternelle de la patrie fait toujours palpiter le cœur, rendez-leur, je vous en prie, la *Bibliothèque bleue* dans sa simplicité et dans ses grâces. Avec trente ou quarante volumes qui, sans offrir un intérêt plus vif, tiennent un rang plus élevé, et que la postérité désignera, c'est bientôt tout ce qui restera de notre littérature et de notre langue.

CHARLES NODIER.

INTRODUCTION.

Tous les ouvrages qui composent ce volume appartiennent au même genre de littérature ; des traditions historiques, des aventures merveilleuses devenues populaires en forment le sujet. Ces ouvrages doivent à la grande réputation dont ils ont joui l'honneur de figurer dans la *Bibliothèque bleue*. Chacun sait qu'on a donné ce nom à une collection de romans de chevalerie, de contes des fées, d'almanachs, de facéties, de chansons, imprimée à Troyes, dont chaque volume était vendu séparément dans toutes les foires du royaume ; d'après un catalogue de cette bibliothèque, que j'ai sous les yeux, elle se composoit de quatre séries d'ouvrages de différentes natures, publiés les uns in-4° et in-8°, les autres in-12 et in-16 (1).

Les plus anciennes productions de ce genre remontent aux premières années du XVIIe siècle. Ce fut Jean Oudot, libraire à Troyes, qui entreprit ce genre de publication, et l'on ne peut douter qu'un plein succès n'ait couronné son entreprise (2).

---

(1) Voyez ce Catalogue à la fin de l'Introduction.

(2) L'un des plus anciens volumes portant le nom de Oudot, est celui-ci : *Le Roman du vaillant Chevalier Ogier le Danois qui fut un des douze pers de France, lequel avec le secours du roy Charlemagne chassa les Payens hors de Rome et remit le Pape en son siége.* Troyes, Oudot. 1606. in-4°. — Le même ouvrage fut publié de nou-

Au mois de janvier de l'année 1665, Nicolas Oudot fils de Jean, ayant épousé la fille d'un libraire de Paris, vint s'établir rue de la Harpe, à l'image Notre-Dame et, à cette époque principalement, une quantité considérable d'ouvrages de toute nature appartenant à la Bibliothèque bleue se répandit dans le royaume.

La veuve Oudot qui continua longtemps l'entreprise de son mari, a eu différents successeurs, entre autres Garnier, libraire à Troyes, et jusqu'à nos jours c'est principalement dans cette ville que s'impriment, toujours dans le même style et dans le même format, ces livres qui ont obtenu le plus grand des succès, celui de la popularité. Ce fut donc, suivant moi, une tentative malheureuse que celle qui fut mise à exécution vers 1770, par un nommé Castillon. Il essaya de rajeunir le style de ces anciennes histoires, il crut les rendre *dignes de toutes sortes de lecteurs*, telles sont ses paroles, *en les refondant, entièrement et en y ajoutant des situations et des épisodes nouveaux* (1). La simplicité du récit, la naïveté, enfin tout ce qui rappeloit l'ancienneté de ces contes et en faisoit la valeur, a disparu dans ces maladroites contrefaçons. Bien loin d'imiter Castillon, je me suis appliqué à reproduire les textes de l'ancienne *Bibliothèque bleue*. Il faut respecter cette version admise par le peuple; elle est sacramentelle et nous a conservé la mémoire de nos plus anciennes traditions. En effet, quand on lit le catalogue de *Nicolas Oudot*, on y re-

---

veau en 1610 et 1626. Voyez les catalogues Dufay n° 2349, et Lavallière, en 2 volumes, n° 3385.

(1) *Catalogue chronologique des Libraires et des Libraires-Imprimeurs de Paris* (par Lotin), 1789, in-8°, page 130.

trouve avec plaisir tous ces récits dans lesquels se sont perpétuées les légendes, ou sacrées ou profanes, qui ont été si célèbres en Europe pendant le moyen-âge. Ainsi comme romans de chevalerie, ce sont les conquêtes du grand roi Charlemagne et la fameuse histoire des quatre fils Aymon. C'est Huon de Bordeaux ou la fée Mélusine ; dans les histoires prodigieuses, c'est Robert-le-Diable, Richard-Sans-Peur, ou le géant Gargantua ; dans les légendes sacrées, c'est le Juif Errant, l'histoire des trois Maries, la grande Bible des Noels nouveaux. Enfin l'on y trouve, mêlées à des facéties grossières, à des satires ou des chansons relatives aux événements contemporains, ces récits traditionnels dont les moins anciens remontent toujours au XVe siècle, et dont le plus grand nombre touche au berceau de notre histoire (1). Telle est la véritable importance de cette *Bibliothèque bleue,* que l'on doit considérer comme étant la dernière forme de cette littérature romanesque si nécessaire à bien connaître quand on veut comprendre la vie privée de nos aïeux.

En réimprimant les ouvrages principaux de cette Bibliothèque, j'ai eu pour but de présenter un ensemble de nos plus anciennes traditions religieuses historiques ou romanesques, dans une forme et un langage qui, je le crois, sont accessibles à tous. Un caractère particulier distingue les différentes histoires dont la *Bi-*

---

(1) On peut voir en appendice, à la fin de cette introduction, le catalogue de la *Bibliothèque Bleue* telle qu'elle était composée en 1665, au moment où la veuve Oudot devint chef de l'établissement. Il suffit de comparer ce catalogue avec celui des anciennes bibliothèques d'amateurs les plus estimées pour s'assurer qu'Oudot continua la réimpression des ouvrages populaires pendant le XVe et le XVIe siècle.

bliothèque bleue se compose, c'est que jamais elle ne renferme aucune impureté ni rien de contraire aux lois sacrées de la morale et de la religion : toujours le crime est puni, la vertu récompensée. C'est un hommage qu'il faut rendre à cet instinct qui existe parmi le peuple, et qui le porte à n'admirer que les actions nobles et grandes.

J'ai fait observer précédemment qu'un langage particulier distinguoit les ouvrages dont se compose la *Bibliothèque bleue*. En effet, qu'on lise avec attention la vie de *Robert le Diable*, par exemple, le plus ancien récit de ce volume, et l'on y trouvera certaines tournures de phrase, certaines expressions d'une simplicité naïve qui touche parfois à la niaiserie. Faire disparaître ces *archaïsmes populaires*, si je puis m'exprimer ainsi, pour y substituer un langage plus régulier, plus poli, mais aussi moins original, c'est enlever aux histoires de la *Bibliothèque bleue* une partie de leur mérite. Du reste il est bon de remarquer que ces fautes contre la grammaire n'ôtent rien à la clarté, à la précision du récit, qui sont portées à un très haut degré dans ces rédactions dont les auteurs resteront à jamais inconnus. Certains mots de notre vieux langage, encore usités parmi le peuple aujourd'hui, se retrouvent dans ces rédactions, comme des témoins chargés d'en attester l'ancienneté. J'ai eu soin de les reproduire, en expliquant toutesfois ceux qui ne peuvent plus être compris.

Les rédactions des différentes histoires de ce premier volume n'appartiennent pas à la même époque. Ainsi, les deux dernières, qui composent le *Miroir des femmes vertueuses*, remontent au commencement du xvie siècle. Celles de Robert le Diable, de Richard sans Peur et de Jean de Paris ont été écrites de 1615 à 1650. C'est le type des histoires de la fameuse *Bibliothèque Bleue*, et du style dans lequel elle a été rédigée. *Jean de Calais*, au contraire, et *Geneviève de Brabant* sont tout-à-fait modernes, et on aura dans ces deux récits un modèle du style populaire tel qu'il existe aujourd'hui. Ainsi, l'on jugera des variations que ce style a subies depuis le xve siècle jusqu'à nos jours.

Je me suis attaché à trois points principaux dans les notices consacrées à chaque récit. J'ai cherché d'abord si un événement reconnu vrai a pu donner lieu à la composition de ce récit; on verra que presque toujours l'histoire, bien dénaturée sans doute, en a été l'origine; j'ai essayé de découvrir ces traces quelque fugitives qu'elles soient. Le second point qui se lie au premier et sert à l'éclaircir, a pour but de constater avec exactitude les souvenirs que ces récits populaires ont laissés, en attachant à des lieux différents ou à des ruines inconnues le nom de leur héros; rien n'est plus fréquent dans notre pays, rien n'est plus curieux et n'ajoute à ces anciennes légendes un plus vif intérêt. Le troisième point est relatif à la bibliographie qui est jointe à chaque notice. Sans avoir la prétention de faire une énumération complète et qui puisse remplacer les ouvrages spéciaux, j'ai tâché cependant que mes indications soient assez exactes, assez étendues pour faciliter les recherches au lecteur, et lui donner une intelligence entière des différentes histoires dont cette collection sera composée.

I. ROMAN DE ROBERT LE DIABLE.

Dans les premiers siècles de notre ère, la province de Normandie étoit soumise au gouvernement d'un duc appelé *Aubert;* il avoit pour femme une sœur du duc de Bourgogne. Embrasé d'amour Aubert ne voulut pas respecter un vœu de continence que sa femme avoit fait, et celle-ci s'écria follement : que Dieu n'ait aucune part à tout ce qui aura lieu aujourd'hui. Il arriva que la dame s'étant trouvée enceinte, le diable s'empara de l'enfant qu'elle portoit; aussitôt qu'il vint au monde, cet enfant se distingua par sa méchanceté, c'est pourquoi on l'appela Robert le Diable. Après avoir commis maintes iniquités, Robert s'en alla à Rome, fit pénitence, remporta de grandes victoires sur les Sarrazins, épousa la fille de l'empereur, et mourut en homme de bien.

Telle est en résumé la légende connue sous le nom de *Vie de Robert le Diable.* A quel personnage de l'histoire faut-il reporter les faits contenus dans cette légende, ou en d'autres termes, quel est le type de ce héros fabuleux? Dans son introduction au roman en vers français du XIIIe siècle consacré à Robert le Diable, M. Trébutien voit dans ce héros le fils inconnu de ce duc Aubert, qui lui-même n'a jamais figuré dans aucun document certain; c'est là une explication gratuite et qui ne peut pas être admise. L'opinion de M. Deville me semble mieux en rapport avec l'histoire et surtout avec la manière dont les récits de la nature de celui-ci se composent ordinairement. Il est inutile que le personnage qui en devient le héros se soit rendu coupable d'un grand nombre de faits semblables à ceux que le légendaire attribue à Robert le Diable; il suffit d'une seule action dans ce genre pour autoriser le peuple à inventer sur un pareil personnage des récits mensongers, qui plus tard deviennent une histoire plus ou moins vraisemblable.

C'est ainsi que plusieurs actions connues de la vie de Robert, surnommé *Courte-Heuse,* deuxième fils de Guillaume le Conquérant, ont pu donner lieu à la légende de Robert le Diable. J'emprunterai ici une page de la notice de M. Deville: « Ainsi que son homonyme, Robert Courte-
« Heuse quitte la Normandie et entreprend le voyage de la
« Terre-Sainte; à son retour, il s'arrête en Italie et épouse
« une princesse de ce pays, premier trait de ressemblance
« significatif avec le héros du roman. Mais prenons-le avant
« son accession au trône ducal, la ressemblance va devenir
« aussi frappante, si ce n'est plus encore. Quel rôle joue-t-il,
« comme fils du duc de Normandie? Guillaume de Jumieges,
« Orderic Vital vont nous l'apprendre. Tous deux, remarquez
« bien ceci, nous montrent le jeune Robert exilé de la cour
« du duc, ayant encouru la malédiction paternelle. »

« Robert, ajoute le premier, « étoit retiré dans le Pon-
« thieu, auprès d'Abbeville, avec des jeunes gens de sa
« trempe, fils de seigneurs normands qui lui étoient attachés
« en apparence comme étant leur futur seigneur, mais en
« réalité par l'attrait de la nouveauté.

« Il désoloit la Normandie et particulièrement la fron-
« tière par ses excursions et ses rapines. »

« Écoutons Orderic Vital. C'est à Gerberoi sur la lisière
« de la Normandie qu'il fait se réfugier Robert. Là, dit-il,
« il rassembla des chevaliers d'élite et force barons de

« France..., aussi s'ensuivit-il des maux infinis ; les fils
« de la perdition prévalurent, etc. »

Après ces détails historiques dont il est impossible de révoquer en doute l'authenticité, la ressemblance entre Robert le Diable et Robert Courte-Heuse me paroit prouvée.

Le nom de Robert le Diable est attaché en France à trois anciens monuments; deux sont en Normandie, un est dans le Maine; il existoit aussi dans l'ancienne tour de Londres une tourelle qui portoit ce nom, et ce fait peut encore servir à prouver l'identité qui existe entre le héros de la légende et Robert Courte-Heuse; car l'on sait que ce prince passa les vingt-sept dernières années de sa vie dans les prisons de l'Angleterre (1). A quatre lieues de Rouen, sur la rive gauche de la Seine, au sommet des hauteurs de Moulineaux, on aperçoit les ruines d'une ancienne forteresse auxquelles le peuple a donné le nom de château de Robert le Diable. Le château d'Arques a été le témoin du repentir de Robert.

Dans le Maine, des restes d'anciens retranchements portent le nom de *Fossés de Robert le Diable*. Mais Dumoulin attribue ces fortifications à Robert de Bellemes : « il fit bâtir de nouvelles forteresses, dit-il, et faire ces grandes tranchées de plus de trois lieues, qu'on voit encore à présent entre Meniers et Beaumont, et que les paysans appellent les *Fossés de Robert le Diable;* nom qui ne convenoit

---

(1) Cette tourelle qui sous le règne de Henri VIII s'appeloit *Robin the Devyll's Tower*, a été nommée depuis Tour Devereux parce qu'en 1601 elle a servi de prison au célèbre favori d'Elisabeth, Robert Devereux, comte d'Essex. Voyez à ce sujet : *Memoirs of the Tower of London*, etc., by John Britton and E, W, Brayley. London 1830. p. 327.

pas mal à ce tyran, lequel durant les jours de pénitence fit mourir de faim et de froid plus de trois cents hommes, lesquels mesme luy offroyent payer de bonnes rançons. »

La plus ancienne version françoise de la légende de Robert le Diable se trouve dans le roman en vers du XIIIe siècle, dont la Bibliothèque Royale possède deux manuscrits, (N° Lavall., 38 et 80). Ce roman a été imprimé en 1837 avec des caractères gothiques. Voici le titre exact de ce volume: *Le Roman de Robert le Diable, en vers du XIIIe siècle, publié pour la première fois d'après les manuscrits de la Bibliothèque du Roi, par G. S. Trébutien, Paris, Silvestre, in-4°.*

Le Mystère qui a été composé au milieu du XIVe siècle vient après le poëme; il se trouve dans un manuscrit en deux volumes in-folio qui ont pour titre : *Mystères de Nostre-Dame.* Ce titre est fondé sur l'intervention de Notre-Dame dans toutes les légendes dramatiques réunies dans cette collection. Le onzième des miracles transcrits dans le deuxième volume est intitulé : *Cy commence un miracle de N.-D. de Robert le Dyable, fils du duc de Normandie, à qui il fut enjoint pour ses meffaiz qu'il feist le fol sans parler; et depuis ot nostre sire mercy de li et espousa la fille de l'empereur.*

J'ai concouru en 1836 à la publication de ce mystère, qui a été imprimé à Rouen, en un volume in-8°, sous le même titre. Voici quelques observations curieuses de M. Deville sur l'époque à laquelle ce mystère a été composé :

« Nous pensons que le Miracle de Robert le Diable est de
« la première moitié du XIVe siècle ; il n'a pu être composé
« avant 1309, date du premier séjour des papes en France,

« puisqu'il est évidemment question du pape comme habi-
« tant Avignon :

> « selon le Rosne t'en iras
> « environ trois lieues petites.

« Mais un autre passage de cette singulière composition
« nous permet de préciser davantage l'époque où elle a été
« exécutée :

> « oil, anges et moutons fins
> « et vez ci tous parisis d'or.

« dit le paysan, en montrant à Robert l'or qu'il a dans son
« coffre.

« Nous reconnaissons ici des monnaies du règne de
« Philippe de Valois; à savoir les anges et les parisis d'or.
« La fabrication des parisis ne commença qu'en 1329, celles
« des anges en 1340 seulement.

« Ce serait donc de 1340 à 1350, sous Philippe de Va-
« lois, qu'il faudrait fixer la composition du miracle. »

Aux XIVe et XVe siècles la légende de Robert le Diable
fut le sujet d'un *dit*. La Bibliothèque Royale en possède deux
manuscrits (n° fonds Notre-Dame, 198 et 7883³); l'une
des versions porte le titre suivant : *Ci commance ung
moult beau livre, lequel parle de la vie d'un seigneur
qui fut nommé Robert le Dyable ; lequel fut fils du duc
de Normandie et de la fille de monseigneur le duc de
Bourgoigne, qui est une belle chose à ouyr.*

M. Auguste Pichard, dans un article de la Revue de
Paris du mois de juillet 1834, a mis en prose et publié en
partie cette pièce. M. de Martonne, dans un examen cri-
tique de cet article (tome XI des Mémoires de la société
des Antiquaires de France), en a reproduit plusieurs stro-
phes.

Au milieu du XIIIe siècle la légende de Robert le Diable a été rédigée en prose pour la première fois. Cette rédaction forme les premiers chapitres de la *Chronique de Normandie* (1). Cette chronique dont il existe plusieurs manuscrits, et dont la première édition remonte à l'année 1487, paroît avoir été composée vers la fin du règne de Saint-Louis ; l'auteur anonyme joignit aux faits consignés dans le roman de Rou les traditions populaires admises à l'époque où il écrivoit. C'est pourquoi il dut commencer son livre par la vie de Robert le Diable ; le récit du chroniqueur fut généralement plus répandu que celui des poëtes, et ce dernier conserva mieux les traits originaux de la légende.

A la fin du XVe siècle, l'histoire de Robert le Diable devint le sujet d'un roman fort populaire et qui n'est autre pour le fonds des événements que celui qui fait partie de ce volume ; la première édition connue jusqu'à ce jour est de l'année 1496, elle a pour titre : *La Vie du terrible Robert le Diable, lequel après fut nommé l'omme Dieu. Lyon. P. Mareschal,* 1496, *in-*4° *Goth.* Ce ne fut pas la seule, et dans le courant du XVIe siècle il y en eut plusieurs éditions, j'indiquerai la suivante :

La terrible et merveilleuse vie de Robert le Dyable. Paris, Cl. Bilhart, S.-D., vers 1550, *in-*4°, *Goth.*

Au XVIe siècle, ce roman fut traduit en anglois et en espagnol.

---

(1) *Les Chroniques de Normandie, lesquelles ont été de nouveau corrigé à la vérité, esquelles sont contenues vaillances et proesses des ducs, barons et seigneurs de la noble duché de Normandie, etc.* In-4°, Goth. — (Voyez *Manuel du libraire,* T. I, p. 477.)

Voici le titre des deux plus anciennes éditions :

Robert the Devyll. London, Winkyn de Worde, S.-D. in-4°.

A qui comiença la espantosa y admirable vida de Roberto el Diablo assi al principio llamado : hijo del duque d'Normandia. El quel despues por su sancta vida fue llamado hombre d'Dios. Alcala de Henares, Miguel Eguia, 1530, *in-4°, Goth.* (1).

Enfin je terminerai cette bibliographie des ouvrages consacrés à Robert le Diable, en indiquant les éditions modernes de ce roman faites par Oudot et ses successeurs.

1. La terrible et merveilleuse vie de Robert le Diable, lequel après fut homme de bien. Troyes, Jacques Oudot, 1715, in-8° de 54 pages, avec figures en bois.
2. La même, J.-A. Garnier, 1738, petit in-8° de 46 pages, et gravures en bois.
3. Histoire de Robert le Diable duc de Normandie, et de Richard-Sans-Peur son fils (par J. Castillon), Paris, Lacombe, 1769, in-12.

    Se trouve aussi sous le même titre au commencement du tome II de la nouvelle Bibliothèque bleue, à Paris, rue Saint-Jean-de-Beauvais, 1775.

4. La terrible et épouvantable vie de Robert le Diable, avec plusieurs choses remarquables contenues en icelles. Caen, Chalopin S.-D., in-8° de 24 pages (XIX° siècle).

    Nouvelle édition, Rouen, Lecrêne Labbey, 1811, in-12 de 48 pages.

5. Histoire épouvantable de Robert le Diable, Lyon, Roger, in-18 d'une feuille (Journal de la Librairie, année 1832).

---

(1) Voyez Brunet, *Manuel du libraire*, t. 3, p. 230.— *Nouvelles Recherches*, t. 3, p. 181.

6. Histoire terrible et épouvantable de Robert le Diable, nouvelle édition, mise en meilleur ordre, Montbéliard-Deckherr, in-12 d'une feuille (Journal de la Librairie, 1834).

II. RICHARD SANS PEUR,

DUC DE NORMANDIE, FILS DE ROBERT LE DIABLE.

C'est évidemment la grande renommée dont a joui du XIIIe au XVIe siècle le roman de Robert le Diable qui donna lieu à celui de Richard-Sans-Peur; l'époque à laquelle fut composée la plus ancienne rédaction connue de cette histoire le prouve suffisamment. C'est à la seconde moitié du XIVe siècle qu'il faut reporter la date du petit roman en vers où sont racontées les prouesses de Richard-Sans-Peur. L'auteur de ce roman s'est contenté de recueillir plusieurs traditions mensongères relatives à l'intrépidité de Richard Ier, traditions qui se retrouvent dans les chroniqueurs latins ou françois du XIIe siècle, Jean Bromton par exemple, Wace et Benoit, dit de Sainte-More. Il a eu soin d'y ajouter quelques faits du même genre, entre autres le récit des exploits de Richard contre la *mesnie Hellequin*. C'est le nom que pendant le moyen âge on donnoit à ces guerriers mystérieux que l'on croyoit voir la nuit au milieu des nuages poussés par la tempête; tantôt ils agitoient leurs armes et sembloient combattre entre eux, tantôt devenus chasseurs ils poursuivoient une proie qui fuyoit incessamment. Les chroniqueurs, les légendaires et les poëtes font souvent mention de la *maisnie Hellequin*, famille d'Hellequin. Pierre de Blois, qui écrivoit au milieu du XIIIe siècle, parle de ces armées qu'on appeloit *Milites*

Herlikini. Guillaume de Paris, au chapitre XII de son traité de *Universo*, dit qu'on nommoit en langue françoise *Hellequins* ces chevaliers qui combattoient la nuit dans les airs et dont il n'ose pas déclarer la nature parce qu'il ne la connoît pas bien, quoique cependant il ne faille pas hésiter à reconnoître en eux des esprits malfaisants. L'explication donnée par l'auteur du roman de Richard-Sans-Peur sur les *Hellequins* est une des plus répandues. Dans les chroniques de Normandie, imprimées en 1487, on trouve une autre tradition sur les Hellequins qui se rapporte à Charles V, roi de France. Souvent les *Hellequins* ont été pris pour les précurseurs de la mort, et dans la Champagne les enfants s'effrayent entre eux en criant : Arlequin, sur mes talons !... Deux anciens proverbes rappellent encore ces sinistres fantômes :

> La maignie des Hennequins
> plus y en a et moins vaut.
> Des Hennequins
> Plus de fous que de coquins (1).

Comme je l'ai remarqué plus haut, les principales aventures de la première partie de Richard-Sans-Peur sont empruntées aux anciennes traditions répandues en Normandie

---

(1) *Livre des Proverbes français*, par Le Roux de Lincy. 1842. 2. vol. in-18. T. II, p. 87. On peut consulter au sujet des Hellequins : P. Paris, *Les Manuscrits françois de la Bibliothèque du Roi, leur histoire,* etc. in-8º. T. I, p. 323. — Le Roux de Lincy, *Le livre des Légendes,* Introduction, p. 148. — F. Michel, *Chronique des ducs de Normandie.* en vers, par Benoît, trouvère anglo-normand du XIIe siècle. in-4º, T. II, p. 336. — *Théâtre français au moyen âge.* in-8º, p. 73. — *Minstrely of the scottish Borders*, by Walter Scott. 1810, in-8º. vol, II, p. 129. — *Deutsche Mythologie*, von Jacob Grimm. Gottingen, 1839, in-8º, p. 527, etc. etc.

sur l'intrépidité de ce prince ; ainsi l'aventure du tombeau ouvert par l'esprit malin, celle du pommier merveilleux et le jugement du moine font partie de la chronique en vers de Benoît (1), et Wace, dans son roman de Rou, raconte à peu près les mêmes événements (2); quant à la seconde partie, c'est-à-dire au récit du tournois et à la conquête que fait Richard de la fille du roi d'Angleterre, elle a été ajoutée postérieurement, on ne la trouve pas dans la rédaction en vers imprimée à la fin du XVe siècle.

D'anciens contes merveilleux ou chevaleresques ont été mis à contribution par l'auteur de cette seconde partie : c'est ainsi que le combat de Richard Sans Peur avec le démon Brudemor semble une imitation du *Tournoiement Antechrist*, poëme en vers françois, de la première moitié du XIIIe siècle, par Huon de Méry. On voit que d'une simple légende composée avec les traditions fabuleuses qui se rattachoient au nom de *Richard Sans Peur*, l'auteur du roman s'est appliqué à faire un récit complet et dans le genre des compositions de l'époque.

La première édition du roman de Richard Sans Peur en vers est un livret de la plus grande rareté : c'est un petit volume de douze feuillets in-4° en caractères gothiques. Le seul exemplaire connu se trouve à la Bibliothèque du Roi ; il provient de l'ancienne collection de M. le marquis Châtre de Cangé. En voici le titre exact :

---

(1) T. II, p. 325-362 de la *Chronique des ducs de Normandie* publiée par M. F. Michel. Paris, 1838, in 4°.

(2) T. I, p. 278-283 du *Roman de Rou* de Wace, publié par T. Pluquet. Rouen 1827, 2 vol. in-8°.

S'ensuyt le Romant de Richard, filz de Robert le Diable, qui fut duc de Normandie (1).

Au XVIᵉ siècle, ce petit roman fut mis en prose et publié sous le titre suivant :

S'ensuit le roman de Richart Sans Paour duc de Normandie lequel fut filz de Robert le Diable, et fut par sa prudence roy d'Angleterre, lequel fst plusieurs nobles conquestes et vaillances. Imprimé nouvellement à Paris. — A la fin : imprimé par Alain Lotrian et Denis Jeannot, S.-D., in-4°, Goth.

— Une autre édition avec ce titre :

Histoire du redouté prince Richard Sans Peur, duc de Normandie, lequel fut fils de Robert surnommé le Diable, et par sa proesse et prudence roy d'Angleterre. Paris, Nicolas et Pierre Bonfons, etc. S.-D., in-4°, Goth.

— Une autre édition, sous le même titre, avec la date de 1584. — Paris, Bonfons, in-4° (Catal. Dufay, n° 2346.) L'édition suivante sembleroit faire croire que Gilles Corrozet fut l'auteur de la version en prose :

L'Histoire de Richard Sans Paour, duc de Normandie, lequel fut fils de Robert le Diable, et fit plusieurs nobles conquestes et vaillances, mise en français par Gilles Corrozet. — Paris, Simon Calvarin, in-4°, Goth. (Catalogue Lavallière, en 2 vol. de 1767. — N° 3393.)

Richard Sans Peur est au nombre des ouvrages in-8° de *l'ancienne Bibliothèque bleue ;* on le trouve indiqué sans date précise dans plusieurs catalogues, parmi les livres

---

(1) Ce petit volume a été réimprimé en 1838 par M. Silvestre dans sa collection de poésies, romans, chroniques, etc. en caractères gothiques.

imprimés à Troyes, chez Oudot. — Une édition de Rouen 1757, est mentionnée page 114 du Catalogue de la comtesse de Verrues ; enfin j'ai sous les yeux celle dont je vais donner le titre; elle est sans date, mais le privilége est de l'année 1736.

Histoire de Richard Sans Peur, duc de Normandie, fils de Robert le Diable, qui par sa prudence fut roi d'Angleterre, et fit de grandes conquêtes et vaillances; à Troyes, chez Pierre Garnier, in-8°.

III. JEAN DE PARIS. — IV. JEAN DE CALAIS.

Le petit roman de Jean de Paris méritoit bien le succès populaire qu'il a obtenu. C'est, sans contredit, l'histoire la plus spirituellement racontée de toutes celles qui composent la *Bibliothèque bleue*. Un jeune roi de France, dans le but d'épouser une princesse, fille du roi d'Espagne, à laquelle son père, avant de mourir, avoit désiré qu'il fût uni, voyage sous le nom de *Jean de Paris*, se disant fils d'un riche bourgeois de cette ville. Il est accompagné de tous ses officiers, d'une partie de son armée, et déploie une magnificence d'autant plus extraordinaire qu'il semble y être parfaitement accoutumé. C'est pourquoi les princes avec lesquels il se rencontre, bien qu'un peu surpris des manières du riche bourgeois, consentent à le traiter avec honneur. Bien plus, la fille du roi d'Espagne, en le voyant jeune et beau, le préfère à son fiancé, le roi d'Angleterre, qui est loin de pouvoir égaler le luxe déployé par ce bourgeois. En vain le prince anglois cherche-t-il à se moquer de maître Jean et à le faire passer pour un impertinent ou un sot, chacun à la cour d'Espagne se range de son côté. Enfin le jeune roi cesse de garder l'*incognito*, et devient l'époux de la princesse. Ce roman, dont la plus ancienne édition que je connoisse est de l'année 1554, a été évidemment composé quelques années auparavant, dans une intention satyrique, à l'époque de la lutte qui eut lieu entre François Ier et les deux rois d'Espagne et d'Angleterre, Charles-Quint et Henri VIII. Peut-être fait-il allusion à quelques circonstances du mariage de François Ier et d'Éléonore d'Autriche, qui fut célébré, comme chacun le sait, en 1530, et devint le gage de la paix entre les deux monarques. Quant au luxe déployé par le jeune roi de France, dans ses habillements, dans sa vaisselle, dans tous ses équipages enfin, il est facile de reconnoître François Ier. L'étiquette observée à l'égard de Jean de Paris, est la même que celle qui fut introduite par ce roi dans sa cour. Tout ce qui est dit de sa jeunesse et de sa beauté se rapporte aussi parfaitement à ce prince. L'allusion étoit donc facile à saisir, et la popularité dont cette petite histoire a joui dès l'origine n'a rien qui doive nous étonner.

Depuis la seconde moitié du xvie siècle, cette popularité n'a pas cessé de s'accroître, et une fois mis au nombre des ouvrages de la *Bibliothèque bleue*, le petit roman de Jean de Paris, réimprimé chaque année, vint divertir ses nombreux lecteurs, sans que jamais un seul d'entre eux se soit enquis de l'origine de cette histoire. Je dois signaler, entre la première version de Jean de Paris et celle qui fait partie de la *Bibliothèque bleue*, une petite différence de rédaction. La première est plus étendue : les rapports entre les faits réels de l'histoire de François Ier et ceux du roman sont plus faciles à saisir que dans la seconde. Il y a dans le langage quelque chose de cette finesse naïve qui rappelle les contes et les ouvrages facétieux ou satiriques de l'époque. L'autre version, plus courte, se rapproche davantage du conte merveilleux, et l'on s'aperçoit que l'écrivain populaire a voulu se mettre à la portée de tous les lecteurs. On doit regretter que l'auteur du roman de Jean de Paris ne soit pas connu. La composition, le style de ce roman, l'esprit vif et railleur avec lequel certains passages sont écrits, en font une production remarquable, où dominent principalement la malice et la gaîté françoises. L'une des rédactions de la *Bibliothèque bleue* porte au titre : *Corrigée par M. C. Mallemans de Sagé ;* cet écrivain n'a fait que remettre dans un françois plus moderne l'ancien texte du roman de Jean de Paris.

On verra, par les indications bibliographiques qui vont suivre, que l'histoire de Jean de Paris a toujours fait partie de la *Bibliothèque bleue,* puisque déjà en 1613 il en existoit une édition, et que ce n'est qu'en 1606 que Jean Oudot commença cette collection. La dernière de ces indications est de l'année 1701 ; mais depuis cette époque jusqu'à nos jours on n'a jamais cessé de réimprimer cette histoire, et j'ai entre les mains une petite édition in-18, sur papier gris, publiée l'année dernière à Montbéliard, chez les frères Dekker.

— Le roman de Jehan de Paris, roi de France, lequel fict de grandes prouesses. Lyon, Franç. Chaussard, 1554, in-4°, Goth. (n° 3394 du catal. Laval, en 2 vol. 1767.)

— Le roman de Jehan de Paris, roy de France, lequel après que son père eut remis le roy de Espaigne en son royaume, par ses proesses et par ses pompes et subtillitez, épousa la fille du dict roy de Espaigne, laquelle il amena en France, et vesquirent longuement en grand triomphe et honneur, et à la gloire de toute France. VII Ca. Paris, pour la vefve Jean Bonfons, in-4°, Goth. (vers 1570.) (Exempl. Lavall., n° 4113 du catal.)

— Le Roman de Jehan de Paris, roy de France, etc., Paris, Jehan Bonfons, petit in-4°, Goth., avec un titre gravé antérieur à la précédente édit. (Bibl. de l'Arsenal.)

— Le même, Paris, Velut 1608, in-4°, figures en bois.

— Le Romant de Jean de Paris, roy de France, lequel après que son père eut remis le roy d'Espagne en son royaume, par sa prouesse et par ses pompes et subtilités, espousa la fille du roy d'Espagne, laquelle il amena en France. La Rochelle, Touss. de Govy, in-8° (catal. Guyon de Sardières, n° 865.)

— Le romant de Jean de Paris, roy de France, etc., Troyes, Nicolas Oudot, 1613, in-8°.

— Le même, in-8°, S.-D., catal. Barré, n° 4031.

— Le même, in-8°, S.-D. Nic. Oudot, Troyes, avec ce titre : Histoire de Jean de Paris, etc., corrigée par M. C. *Mallemans de Sage* (catal. Guyon des Sardières, n° 899.)

— Roman de Jean de Paris, Rouen, 1701, in-8° (catal. de la comtesse de Verrues, p. 113.)

Je n'ai que peu d'observations à faire au sujet de *Jean de Calais*. Ce petit roman, en comparaison de quelques unes des histoires qui composent ce volume, est moderne. La plus ancienne édition que j'ai pu en rencontrer est de 1738. Voici le titre exact : *Histoire de Jean de Calais, par M*** seconde édition, Bruxelles chez Eugène-Henry Fricx, libraire-imprimeur*, 1738 *in-*18. Je regarde cette édition comme l'une des plus anciennes, et voici pourquoi : c'est que dans les catalogues antérieurs à cette époque, dans lesquels on trouve les différents ouvrages de la *Bibliothèque bleue*, imprimé par Oudot, l'histoire de Jean de Calais ne s'y trouve pas. Ce récit populaire ne me paroît pas avoir fait partie de l'ancienne *Bibliothèque bleue*, au moins n'est-il pas au nombre des livres de fond de la veuve de Nicolas Oudot, et je soupçonne Castillon, qui publia chez Lacombe, en 1770, une édition de ce roman avec ce titre : *Histoire de Jean de Calais sur de nouveaux mémoires, 1 vol. in-8º*, de l'y avoir fait entrer. Dans tous les cas, il faut lui en savoir gré, car cette nouvelle, simple et attachante, méritoit de figurer parmi les ouvrages destinés au peuple.

V. GENEVIÈVE DE BRABANT.

Si jamais une légende a été populaire c'est, sans, contredit, celle qui consacre le souvenir des malheurs de Geneviève de Brabant. Parcourez les villes de l'Europe entière, et dans toutes les foires, dans tous les marchés, à la porte des églises, vous entendrez chanter le récit de ses malheurs. A côté d'une image de la croix, sur laquelle mourut Jésus-Christ, ou de l'étable qui le reçut à sa naissance, vous verrez celle de la forêt où Geneviève endura patiemment son infortune, et du cerf que Dieu lui envoya pour nourrir son enfant. On seroit curieux de savoir si cette tradition, qui a traversé tout le moyen âge, renferme quelque chose de vrai. Malheureusement les documents que l'histoire nous a transmis à cet égard ne sont pas de nature à éclaircir tous nos doutes. Le savant Freher, dans un recueil sur les origines des comtes Palatins, nous a conservé une légende latine assez étendue, contenant le récit des aventures de Geneviève. Il la regarde comme ayant été composée à peu près dans le temps où ces aventures se sont passées; c'est-à-dire dans le milieu du VIIIe siècle. Sans assigner à la composition de cette légende une date aussi reculée, il faut reconnoître qu'elle a été célèbre pendant tout le moyen âge, et l'opinion de Brower, qui reporte à l'année 1156 la rédaction de cette histoire, me paraît admissible. Ce qu'il y a de certain, c'est qu'elle est écrite d'une manière fort remarquable, et renferme des passages d'une touchante naïveté. Ainsi, lorsque Geneviève est rencontrée par son mari dans la forêt, abandonnée avec son enfant, sans secours et sans vêtement, elle est environnée par des chiens haletants, tout près de saisir la biche qui nourrit son enfant : « Et quand cette tendre mère s'aperçoit qu'elle va être privée du seul appui que le ciel lui ait laissé, elle s'arme d'un bâton pour défendre les jours du pauvre animal. Le comte arrive entouré de ses serviteurs, il s'écrie : «Chiens, retirez-vous;» puis s'adressant à Geneviève qui se cachoit : «Es-tu chrétienne? lui demanda-t-il. » — Je suis chrétienne, répond Geneviève, mais privée de tous vêtements, comme tu le vois, j'ai honte de me montrer; donne-moi le manteau dont tu es enveloppé, afin que je couvre mon corps.» Le comte ayant obéi, lui dit: «Oh femme! tu n'as donc ni vêtement ni subsistance?» Geneviève répond: « Je n'ai pas un seul morceau de pain et je me nourris des herbes qui sont dans cette forêt. — Depuis quelle époque y demeures-tu? — Depuis six ans et trois mois. — A qui est cet enfant ? — C'est le mien. — Le comte se plaisoit beaucoup à regarder l'enfant; il demanda : «Quel est son père ? — La femme répondit : «Dieu le connaît. — Comment, reprit le comte, es-tu ici, et quel est ton nom ? — Je m'appelle Geneviève!...» A ce nom, le comte pensa que ce devoit être sa femme, etc..... »

L'histoire de Geneviève de Brabant a ceci de remarquable, qu'elle est devenue populaire dans toute l'acception qu'il faut donner à ce mot; aucune rédaction ancienne en langue vulgaire n'est parvenue jusqu'à nous. Ce récit s'est perpétué de génération en génération usqu'aux temps modernes, où il a fait naturellement partie de la *Bibliothèque bleue*. De plus il a servi de textes à ces complaintes qui se chantent par toute la France, sans que les auteurs en soient jamais connus. Ainsi, cette légende, comme celle du Juif Errant, comme plusieurs autres encore, nous a été conservée sous deux formes, le récit en prose, et la chanson populaire dans le rhythme consacré.

Des écrivains ecclésiastiques ont regardé Geneviève comme une sainte. Molanus, dans son ouvrage sur les saints de la Belgique (1), place la fête de Geneviève de Brabant au 2 avril. Il dit avoir consulté une histoire manuscrite du père *Mathias Emmick*, carme du couvent de Bouppart, qui se trouvoit dans la bibliothèque des Chartreux de Coblentz; il appelle Geneviève fille du duc de Brabant, mais l'histoire ne parle pas de cette dernière circonstance.

Au bord du Rhin, derrière Brohl, dans un bassin semé de galets volcaniques, on trouve le lac et l'abbaye de Laack, de l'ordre de saint Benoît. Ce monastère de femmes, fondé vers 1093, n'est plus qu'une métairie; la tradition en rattache l'origine à l'histoire de Geneviève de Brabant. Ce ne sont là que de vagues souvenirs, mais ils attestent la popularité de l'histoire de Geneviève, et expliquent le titre de sainte que le peuple lui a donné.

---

(1) *Natales sanctorum Belgii.* Lovani 1595, in-8º p. 65.

Un fait curieux, et qu'il est surtout facile de constater à la lecture du récit en prose, c'est l'influence qu'a exercée sur l'histoire de Geneviève de Brabant la légende de notre sainte Geneviève, patronne de Paris. On s'aperçoit que le souvenir des deux femmes étoit présent à l'esprit de celui qui a écrit cette histoire.

Si l'on ne rencontre aucune rédaction ancienne en langue vulgaire des aventures de Geneviève de Brabant, en récompense elles ont été souvent imitées. C'est ainsi qu'Herman, prêtre du diocèse de Valenciennes, qui, au milieu du XIIIe siècle, a composé, en se servant surtout des livres apocryphes, un poëme français sur la Bible, nous représente sainte Anne encore enfant, abandonnée dans une forêt, vivant, sur un arbre, des fleurs qu'un cerf miraculeux lui apportoit. Comme dans notre légende, le cerf est poursuivi par Phanuel, père de sainte Anne, et celle-ci, en protégeant l'animal, se fait reconnaitre de son père (1).

De même dans cette légende si célèbre en Allemagne et dans tout le Nord de la France, du *Chevalier au Cigne*, les enfants de la fée, portés au milieu d'une forêt obscure, sont nourris par un cerf, et leur père les rencontre en venant à la chasse. Berte aux Grands Pieds, mère de Charlemagne, accusée d'adultère par un serviteur infidèle, est, comme Geneviève de Brabant, condamnée à périr au milieu des bois; comme elle, livrée aux bêtes féroces par les soldats chargés de la tuer, elle reste seule et sans appui.

---

(2) Voyez quelques détails littéraires sur cette légende, et une analyse dans notre Introduction au livre des légendes. Paris, Silvestre, in-8, page 24.

C'est encore en chassant que le roi Pépin la reconnoît ; les circonstances ajoutées à ces différents récits varient, mais ils ont la même origine, et furent composés, les deux premiers, dans le nord de la France et dans la Flandre, le troisième, par un poëte né vers 1240 dans le duché de Brabant, et qui fut longtemps ménestrel du duc Henri III, l'un des successeurs de Sigefrid. Quelques circonstances de l'histoire de *Griselidis* ressemblent encore à celle de notre héroïne.

Geneviève de Brabant a été le sujet de nombreuses compositions : sans parler de l'ancienne légende en prose qui semble être le type commun de toutes ces productions, on compte, soit en Allemagne, soit en France, plusieurs nouvelles, plusieurs pièces de théâtre et de poésie. En Allemagne, par exemple, le père Michel Hoger a fait imprimer à Bruxelles, en 1652, un petit volume in-12 intitulé : *Historiæ tragicæ sacræ et profanæ*. Page 47, on trouve l'histoire de Geneviève de Brabant, entremêlée de morceaux de poésie lyrique. La *Bibliothèque bleue* allemande n'a pas manqué de recueillir cette aventure, et elle est au nombre des récits populaires si appréciés dans ce pays; deux poëtes, Müller et Tieck, ont composé sur ce sujet un drame, rempli d'intérêt. Madame de Staël dans son livre sur l'Allemagne parle de l'œuvre de Tieck, et elle a été analysée dernièrement dans le premier volume d'un recueil intitulé : *Le Monde dramatique*. Enfin *Geefs*, sculpteur belge, a dernièrement élevé à Geneviève une belle statue.

En France, l'un des plus anciens auteurs qui aient composé sur Geneviève de Brabant un œuvre d'art, c'est le père Cérisiers, jésuite. En 1646, il publia une trilogie morale dont voici le titre : *Les trois Estats de l'Innocence, contenant l'histoire de la Pucelle d'Orléans, ou l'Innocence affligée; de Geneviève, ou l'Innocence reconnue; d'Hirlande, ou l'Innocence couronnée*, 1 vol. in-8º.

En 1669, parut, sans nom d'auteur, une tragédie en cinq actes et en vers, avec un ballet à la fin de chaque acte, sous le titre de *Geneviève de Brabant, ou l'Innocence reconnue*, que l'on attribua aussi au père Cerisiers. D'Aure, Corneille Blessebois, La Chaussée, ont composé des poëmes dramatiques sur le même sujet, et Berquin a écrit une romance qui obtint le plus grand succès. Mais tous ces ouvrages n'ont pu faire oublier le récit populaire, qui restera le seul type sous lequel l'histoire de Geneviève de Brabant soit généralement connue.

La rédaction en prose de l'histoire de Geneviève de Brabant que je publie, est donc celle qui, encore aujourd'hui, fait partie de la *Bibliothèque Bleue*. Il est facile de s'apercevoir qu'elle est écrite dans un style particulier et où l'on peut signaler de fréquentes incorrections; par exemple, à la page 198 : ......*Le désir de conserver sa réputation étoit en danger de donner de la violence à son amour.* Ou bien encore, page 205 : *Lui qui cherchoit la commodité de déclarer sa passion, fut aise de rencontrer celle-ci* (c'est-à-dire cette commodité); et beaucoup d'autres passages que je pourrois citer. Mais ce style, qui se retrouve aussi dans l'histoire de *Jean de Calais*, appartient spécialement aux récits populaires de notre époque, et comme je l'ai remarqué précédemment, c'est là un des caractères de certains ouvrages de la *Bibliothèque Bleue*, qu'il est bon de conserver.

VI. LE MIROIR DES FEMMES VERTUEUSES,

CONTENANT L'HISTOIRE DE JEANNE D'ARC ET LA PATIENCE DE GRISELIDIS.

Le double récit dont se compose le *Miroir des femmes vertueuses* présente un caractère bien différent : le premier de ces récits appartient à l'histoire véritable, il est impossible d'en révoquer en doute l'authenticité ; le second ne doit être considéré que comme une légende dont la tradition populaire nous a seule gardé le souvenir. Je n'ai que peu d'observations à faire au sujet de la petite chronique relative à Jeanne d'Arc. Chacun sait l'histoire de cette femme ; et dans ces derniers temps encore, cette histoire vient d'être le sujet de travaux remarquables et d'une grande importance qui l'éclairent d'un jour tout nouveau (1) ; on ne doit pas être surpris qu'une aventure aussi extraordinaire en elle-même ait été mise au nombre des légendes populaires ; ce qui doit étonner au contraire, c'est qu'elle n'ait subi, pour passer dans cette forme, presque aucune altération. Cette petite chronique est aussi simple que l'his-

---

(1) M. Michelet a consacré la plus grande partie du tome V de son histoire de France à une vie complète de Jeanne d'Arc. — Toutes les pièces du procès mémorable fait à cette héroïne, et les documents originaux qui la concernent, vont être publiés en quatre volumes in-8º, par M. Jules Quicherat, pour la Société de l'histoire de France. Le premier volume de ce travail important a paru sous ce titre :
Procès de condamnation et de réhabilitation de Jehanne d'Arc, dite la Pucelle, publié pour la première fois d'après les manuscrits de la Bibliothèque royale, suivis de tous les documents historiques qu'on a pu réunir, et accompagnés de notes et d'éclaircissements, par Jules Quicherat. Paris, 1841, 1 vol. in-8º.

toire prise dans les actes judiciaires ; par exemple, l'intervention des saintes auxquelles Jeanne ajoutoit tant de foi, et dont ses ennemis surent faire une arme contre elle, en les considérant comme des fées, ne se trouve pas mentionnée.

En récompense, d'autres faits qu'on doit regarder comme apocryphes, sont rapportés dans cette chronique. Je citerai les principaux. Page 260, il est dit que Jeanne, inspirée divinement, connoissoit, sans y avoir assisté, les délibérations prises au conseil des chefs. Page 269, on assure que Jeanne a prédit la trahison dont elle alloit être victime, et on cite à l'appui de ces paroles le témoignage de deux vieillards, l'un âgé de 86, l'autre de 87 ans, qui avoient entendu Jeanne elle-même les prononcer. Page 271, Pierre Cauchon, le juge et le persécuteur de la Pucelle, n'est pas nommé ; on le désigne seulement sous le titre d'évêque de Beauvais et comme un *Anglois*. Ce dernier trait de l'écrivain populaire est curieux et mérite d'être signalé. Quant à la prédiction faite par Jeanne, et que deux vieillards avaient entendue, on n'en retrouve aucune trace dans les documents historiques originaux. Il n'en faut pas conclure que cette circonstance vraiment touchante de la chronique ait été inventée par l'auteur. Ainsi qu'il ne craint pas de l'affirmer, elle a pu lui être racontée par deux vieillards, devenus l'écho d'un bruit populaire répandu aussitôt que Jeanne eut été faite prisonnière; c'est que le gouverneur de Compiègne l'avoit vendue aux Anglois.

De cette circonstance on peut encore tirer quelque induction pour fixer la date où fut composée la chronique. Ce doit être peu de temps après l'époque indiquée par l'auteur dans ce passage, c'est-à-dire dans les premières années du xvi⁰ siècle; et parce que la seule édition connue est de l'année 1546, ce n'est pas une raison pour assigner au *Miroir* une date aussi reculée.

La célèbre aventure connue sous le nom de *Patience de Griselidis* appartient à un autre ordre de faits et à une autre époque que l'histoire de la Pucelle. Depuis le jour où Boccace l'a mise au nombre des récits qui composent le Décaméron, cette aventure a servi de texte à des ouvrages de toute nature écrits dans les différentes langues de l'Europe. On a beaucoup agité la question de savoir si Boccace inventa *Griselidis*, ou bien s'il s'est contenté de recueillir une légende populaire de son temps. Suivant les uns, l'héroïne de cette histoire vivoit en 1103, suivant les autres en 1025. On cite encore un lai de Marie de France (le *Lai du Fresne*), qui contient les mêmes événements que ceux de la *Patience de Griselidis*.

Il est certain que Pétrarque dans la lettre qu'il écrivit à Boccace lui parle de cette histoire comme l'ayant entendu raconter depuis bien des années (1). On est donc fondé à croire qu'elle faisoit le sujet d'une légende populaire quand Boccace l'a insérée dans son Décaméron. Il n'en faut pas moins considérer Boccace comme le premier auteur de *Griselidis*. C'est au génie plein de sensibilité de cet habile écrivain que l'on doit la naïveté touchante dont

---

(1) *Cum et mihi semper ante multos annos audita placuisset, et tibi usque adeo placuisse perpenderem, ut vulgari eam stylo tuo censueris non indignam et fine operis, ubi rhetorum disciplina validiora quælibet collocari jubet.* Petrarchi opera.

ce récit est empreint. C'est lui qui a su en combiner toutes les circonstances avec un art si merveilleux qu'il a donné à cette légende toutes les apparences de la réalité. — Pétrarque fut si transporté à la lecture de cette histoire, qu'il voulut la traduire en latin, afin que ceux qui ne savoient pas l'Italien pussent la connoître: le but qu'il s'étoit proposé fut atteint; la version qu'il a faite a été imitée dans presque toutes les langues de l'Europe. Pétrarque aimoit beaucoup à raconter l'histoire de Griselidis; c'est ainsi que le poëte anglois Chaucer, ayant eu l'occasion de voyager en Italie, rencontra Pétrarque à Padoue. Ce dernier, connoissant le goût de Chaucer pour les anciennes histoires, ne manqua pas de lui réciter *Griselidis.* Et le poëte anglois a eu le soin de reproduire cette légende dans son poëme du Pèlerinage à Canterbury; il la met dans la bouche d'un clerc de l'université d'Oxford (1).

Ainsi vers la fin du XIVe siècle, *l'histoire de Griselidis* fut écrite en italien, en latin, en anglois, par trois grands poëtes; de plus, une version françoise de la même époque, et dont l'auteur n'est pas connu, paroît avoir joui d'une grande célébrité. Les manuscrits de cette version en prose sont assez communs; la Bibliothèque royale en possède huit, et il existe peu de grands dépôts littéraires où elle ne se trouve pas (2).

Dès l'année 1395, *Griselidis* devint le sujet d'un mys-

---

(1) Dunlop, *History of the fiction*, vol. II, p. 349. — Tyrwhitt, *Introduction of the Canterbury tales of Chaucer.* London, 1830, in-8°. Vol. I, p. cxciii.

(2) Voici le numéro de ces différents manuscrits : N° 7387. 1568. 7403. — 7999³. St Victor 93. 621. 853.

tère en vers françois, dont l'auteur est inconnu, mais qui ne diffère pas des récits en prose. Ce mystère, qui fait partie des manuscrits de la Bibliothèque royale (1), forme un petit volume in-4° de cinquante-six feuillets, et contient environ deux mille vers. On lit sur le premier feuillet :

Cy commence l'Estoire de Griselidis, la marquise de Saluce, et de sa merveilleuse constance, et est appelé le Miroir des dames mariées.

Sur le dernier feuillet :

Cy fine le livre de l'Estoire de la marquise de Saluce, mis par personnages et ryme, l'an mil ccc iiij xx et quinze.

Pour la première fois, nous trouvons dans ce mystère le second titre de *Miroir* appliqué à l'histoire de Griselidis; au xve siècle, elle est généralement désignée sous le titre de *Miroir des femmes vertueuses.* C'est ainsi qu'Olivier de la Marche en a fait un épisode de son livre, moitié en rime, moitié en prose, intitulé : *le Parement des dames d'honneur* et que l'on a considéré, mais à tort, comme la plus ancienne version françoise de notre légende.

Les premières éditions de la *Patience de Griselidis* remontent au commencement de l'Imprimerie. La plus ancienne est de l'année 1470. C'est la traduction latine de Pétrarque. En voici le titre : *Epistola Domini Francisci Petrarche laureati poete ad Dominum Johannem Florentinum poetam, de Historia Griselidis mulieris maxime constantie et patientie,* in-4°, Goth. de 11 feuillets.

Le premier texte françois imprimé est de 1484. Enfin,

---

(1) N° fds. Cangé 74.

pendant le cours du xvie siècle, cette histoire a eu plusieurs éditions ; je citerai seulement les plus remarquables :

La grande et merveilleuse Patience de Griselidis fille d'un pauvre homme appelé Janicole du pays de Saluces. Lyon, Cl. Nourry, 1525, in-4°, Goth. — La même, Claude Nourry, le xve jour de juillet, l'an M CCCCC XXV, in-4°, Goth.

Cy commence l'histoire et Patience de Griselidis. in-4°, Goth. de 20 f.

La Patience de Griselidis, marquise de Saluces. Paris, Jeh. Trepperel, sans date, in-4°, Goth.

Histoire memorable et delectable à lire à toutes personnes, en laquelle est contenue la Patience de Griselidis, femme du marquis de Saluces, ensemble l'obéissance que doivent avoir les femmes envers leurs maris. Paris, Noël, Le Coq, petit in-8° (fin du xvie siecle).

La grande réputation dont a joui l'histoire de Griselidis pendant le xvie siècle ne se borna pas à la France. L'Allemagne, l'Angleterre et l'Italie adoptèrent aussi cette histoire, et la bibliographie des ouvrages écrits sur Griselidis, dans chacun de ces pays, seroit très étendue, et encore ne pourrions-nous pas la faire complète. Brunet, dans ses *Nouvelles Recherches*, t. III, p. 46, indique quatre éditions différentes en allemand imprimées de 1472 à 1480. Il ne faut donc pas être surpris si la *Patience de Griselidis* a été comprise parmi les ouvrages de la *Bibliothèque bleue* (1), et c'est dans cette Bibliothèque que Perrault a pris ce récit

---

(1) On peut consulter au sujet de toutes les imitations angloises et allemandes de Griselidis, faites pendant le xviiie siècle, un passage du livre de M. Edelestan du Meril, intitulé : *Histoire de la poésie scandinave. Prolégomènes.* Paris, 1839, in-8°, page 360.

pour en faire le sujet d'un de ses contes en vers; il le dit lui-même dans la lettre qui le précède : «……Et en ce cas, « j'aurois mieux fait de n'y pas toucher, et de le laisser « dans son *papier bleu* où il est depuis tant d'années. » La popularité de cette histoire étoit si grande, que la vertu principale de notre héroïne a passé en proverbe, et que l'on dit encore aujourd'hui :

Patience de Griselidis
Met à bout bien des maris (1).

La *Patience de Griselidis* a toujours fait partie de la *Bibliothèque Bleue*. Elle est au nombre des ouvrages de format in-16 que la veuve de Nicolas Oudot annonçoit dans son catalogue. On trouvoit aussi, parmi les ouvrages imprimés in-8°., le *Miroir des femmes*. Est-ce l'opuscule assez rare que nous réimprimons aujourd'hui? C'est ce que nous ne saurions décider. Nous avons préféré la version ancienne aux nouvelles, afin de faire juger à nos lecteurs les petites différences de langage qui existent entre tous ces contes populaires.

Lenglet-Dufresnoy dans son *Histoire de Jeanne d'Arc* signale le *Miroir des femmes vertueuses* comme un livre de la plus grande rareté. Brunet, d'après lui, le cite t. II, p. 435 de ses *Nouvelles Recherches*; mais il semble douter de l'existence de ce livre. Enfin, cet opuscule a été réimprimé en 1840 par M. Silvestre dans sa collection de poésies, romans, chroniques, etc., en caractères gothiques. J'ai suivi cette dernière édition.

Le Roux de Lincy.

---

(1) Livre des Proverbes Français. 2 vol. in-18, 1842. t. 2, p. 36.

APPENDICE.

Catalogue des livres qui se vendent en la boutique de la veuve Nicolas Oudot, libraire, rue de la Harpe, vis-à-vis la rue du Foin, à côté de la rue des deux Portes, à l'image Notre-Dame, à Paris.

Livres récréatifs, appellez communément la BIBLIOTHÈQUE BLEUE.

IN-QUARTO.

L'Histoire des quatre Fils-Aymon.
Huon de Bordeaux en deux parties, qui se vendent séparément.
Le Galien restauré.
Le Calendrier du berger.
L'Histoire de Mélusine ancienne.
La Danse des Machabées, ou grande Danse des Morts, avec les figures.
Histoire de Valentin et Orson.
Les Lois universelles en nombres, poids et mesures, dédiées à Son Altesse royale monseigneur LE DUC D'ORLÉANS, régent du royaume.
Les Conquêtes du Roy Charlemagne.
Le Cuisinier françois.
Fortunatus.
La Vie et les Fables d'Ésope, avec des figures.
L'Avanturier Buscon, Histoire facétieuse.
Le Palais des Curieux.
Le Roman de la belle Hélène.
L'innocence reconnue. (*Geneviève de Brabant.*)
Le Miroir des femmes.
Le Miroir d'Astrologie.
Le Maréchal expert, avec des Cartes d'anatomie.

Petits Romans IN-OCTAVO.

L'Histoire de Pierre de Provence et de la belle Magdelone.
Jean de Paris.
Herpinot ou Satyre sur tous les états.

Robert le diable.
Richard sans peur.
Le fameux Gargantua.
L'Espiègle.
Le Bon-Homme Misère.
Pasquille nouvelle des amours de Lucas et de Claudine.
La Vengeance de la mort de Michel Morin.
Récit véritable de l'honnête réception des maîtres Savetiers.
La Conférence agréable de deux paysans.
Entretiens des bonnes compagnies.
L'Académie des jeux.
Le jeu du Piquet comme on le joue actuellement.
La Misère des garçons chirurgiens.
La Misère des garçons boulangers.
Vieilles Nouvelles rajeunies accommodées au goût du temps.
Discours de M. Bercy.
Le Frondeur du tabac, satyre pour et contre.

IN-DOUZE.

Les Rues de Paris, nouvelle édition revue, corrigée et augmentée, avec privilége du roi. On continue les recherches des nouvelles rues et hôtels.
Recueil des Vaudevilles anciens et nouveaux, corrigés et amplement augmentés.
Recueil des Chansons de Pont-Neuf.
Recueils de Chansons choisies depuis 1700.
Recueil des chansons des conquêtes de Sa Majesté Louis XIV.
Et ce qui se passe de plus remarquable sur Sa Majesté Louis XV.
Le Trésor des chansons anciennes.
Autre Recueil de chansons propre à la récréation des mères de famille, religieuses et personnes préposées à l'éducation des enfants.
Recueil des chansons de M. de C***, divisé en trois parties.
Le Jardinier françois.
Le Secrétaire françois.
Le Secrétaire à la mode.
Le Secrétaire de la cour.
Le Secrétaire des dames.
La Ville de Paris, en vers burlesques.
Le Tracas de Paris, en vers burlesques.
Les Avantures de Mongriphon.
Les Promenades de la Guinguette.
Avantures et Histoire galantes, qui s'impriment journalièrement.

La Malice des femmes.
La Méchanceté des filles.
Le Jardin d'Amour.
Les Filles à regret et à contre-cœur.
Les Compliments de la langue françoise.
Les Fleurs de bien dire.
La Femme mécontente de son mari.
L'Argot, ou le Jargon des gueux, par ordre alphabétique ; on travaille à le perfectionner.
Histoire des tours subtils de Guillery, fameux voleur.
Le Verboquet, conte plaisant et facétieux.
Le Gratelard et le Gringalet.
Les Débats facétieux de Guillot Gorju.
La Confession de la bonne-fortune.
Le Cabinet de l'éloquence françoise.
Le Récit véritable des savetiers.
Discours et entretiens bachiques.
Les Contes des fées.
Les Chansons des pèlerins de Saint-Jacques.
Le Tombeau de la Mélancolie, propre à réjouir les esprits mélancoliques.
Histoire générale des plantes.
Nouvelles découvertes des secrets les plus curieux.
Le bâtiment des recettes.
Le Secret des secrets, tirés du petit Albert.
Paroles remarquables.
Les finesses de l'amour.
Maxime des Normands.
Éloge funèbre de Michel Morin.
Plusieurs pièces de tragédie ; comme sainte Catherine, saint Alexis, sainte Reine, la mort de Théandre et plusieurs autres pièces de sainteté tragi-comédie.
Le Jaloux trompé.
L'après-soupé des auberges.
— La Silvie de Mairet, tragi-comédie.
— La Mariamne, tragédie de *Tristan-l'Hermite*.

IN-SEIZE.

La Patience de Griselidis.
La Fabuleuse explication des Songes.
Les Cris de Paris.
Les Demandes d'amour.

LA TERRIBLE ET MERVEILLEUSE VIE

DE

ROBERT LE DIABLE

LEQUEL APRÈS FUT HOMME DE BIEN.

VIE
DE
ROBERT LE DIABLE.

Déclaration du nom de Robert le Diable.

Dans la ville de Rouen, au pays de Normandie, naquit un enfant qui fut nommé Robert le Diable, qui est un nom fort épouvantable ; mais la cause pourquoi il fut ainsi nommé, je le vais présentement déclarer.

En ce temps y avoit un duc en Normandie, vaillant et valeureux, doux et courtois, lequel craignoit Dieu, et faisoit faire bonne justice à chacun ; pieux, plaisant à Dieu et au monde, et étoit appelé Hubert (1). De ses gestes et vaillances il fut fait mention en plusieurs chroniques anciennes ; tant y avoit de biens et de vertus en lui, que ce seroit quasi chose impossible à raconter. Or vint un jour de Noël que le duc tint sa cour à Vernon-sur-Seine, à laquelle vinrent tous les barons et chevaliers de Normandie. Et parce que le duc n'étoit pas encore marié, les barons le prièrent qu'il voulût se marier, afin d'augmenter sa lignée, et aussi afin qu'il eût des successeurs après lui.

Lors le Duc voulut obtempérer à la prière de ses barons, et leur répondit qu'il feroit ce qui leur plairoit; mais qu'il ne pouvoit trouver femme selon ce qui lui appartenoit : Prendre femme de plus haut lieu que je ne suis, à moi n'appartient, et aussi de m'abaisser, je ferois déshonneur à ma famille; pourquoi me semble qu'il vaut mieux demeurer que de prendre chose qui à moi n'appartient, et de laquelle je pourrois me repentir.

Lesquelles choses ouïes par les barons qui étoient là, le plus sage et le plus ancien de la compagnie se leva, et dit : « Seigneur duc, vous avez sagement parlé; mais si vous voulez me croire, je vous dirai chose de laquelle vous serez joyeux. Le duc de Bourgogne a une belle fille, sage et honnête, qui est chose conforme à votre état. Au moyen de ce, vous pourrez accroître votre honneur, puissance et alliance à plusieurs hauts et puissans hommes; si votre plaisir étoit de la faire demander, je suis certain que n'en auriez refus. Lors le Duc répondit que cela lui plaisoit, et que c'étoit sagement parlé. Parquoi il fit demander la dite demoiselle, laquelle fut octroyée par son père. Et furent faites noces triomphantes et belles.

Comme après que le duc de Normandie eut épousé la fille du duc de Bourgogne, il retourna à Rouen.

Le Duc ayant épousé la dite demoiselle, il l'emmena en très grand honneur en la cité de Rouen, accompagné de plusieurs barons, chevaliers, dames et demoiselles, tant du pays de Bourgogne que d'ailleurs, lequel fut reçu à grand honneur et magnificence; et fut fait chère entière entre les Bourguignons et Normands qui étoient là assemblés, desquelles choses je me tais quant à présent, pour continuer ma principale matière.

Le Duc et la Duchesse vécurent ensemble sans pouvoir engendrer aucun enfant jusqu'à quarante ans, ou par la faute d'eux, ou parce qu'il ne plaisoit pas à Dieu : car aucune fois c'est grand profit à l'homme et à la femme de n'en avoir jamais, crainte que par faute de doctrine et d'enseignemens, les parens et les enfans ne soient damnés : parquoi l'homme ne doit demander à Dieu, sinon ce qui lui plaît, et qui est nécessaire pour le salut de l'âme. Le Duc et la Duchesse étoient gens de bien, craignant et aimant Dieu, se confessant souvent de leurs péchés, faisant aumônes et oraisons, se montrant doux et humains à tout le monde, tant que tous biens et vertus abondoient en eux. Le Duc faisoit prières à Dieu de lui donner des enfans, par lesquels il pût être servi et honoré, et lui y prendre plaisir; mais pour prières qu'il pût faire, il ne pouvoit avoir nuls enfans.

Comme le Duc venant de l'ébat se plaignoit à la Duchesse de ce qu'ils n'avoient nuls enfans.

Il advint un jour que le Duc et la Duchesse venoient de l'ébat. Et le Duc lui dit : « Ma mie (2), nous ne pouvons avoir nuls enfans; si à un autre eussiez été donnée, je crois que vous eussiez porté enfans, et aussi moi si j'eusse eu une autre femme, je crois que j'eusse eu des enfans : cependant je n'aurai point de ma vie charnelle compagnie de femme autre que de vous. » Quand la Duchesse eut ouï ce que le Duc avoit dit, elle répondit : « Sire, il nous le faut prendre en gré, puisqu'il plaît à Dieu, et avoir patience en toutes choses. »

Comme Robert le Diable fut engendré, et comme sa mère le donna au Diable dès son commencement.

Peu de temps après, le Duc alla à la chasse fort courroucé; troublé en soi-même, se complaignoit et disoit : « Je vois nobles dames qui ont plusieurs beaux enfans où elles prennent plaisir; je reconnois bien maintenant que Dieu me hait. » Mais le Diable, qui est toujours prêt à décevoir le genre humain, tenta le Duc, et lui troubla l'entendement, tellement que quand il fut retourné en son palais, il alla trouver la Duchesse, et après avoir passé quelque temps avec elle, il pria Dieu de lui donner lignée; mais la dame qui étoit en colère, dit follement : « Si je conçois aujourd'hui un enfant, au Diable soit-il donné : et dès à présent je lui donne de bonne volonté(3). »

Lors le Duc engendra un enfant, lequel fit plusieurs maux en sa vie, comme vous verrez ci-après : car naturellement étoit enclin à tous vices et délits; mais toutefois à la fin il se corrigea et se convertit si bien qu'il paya une amende salutaire de ses forfaits à Dieu; et à la fin fut sauvé, comme le témoigne assez amplement l'histoire particulière de sa vie.

Comme Robert le Diable fut né, et de la grande douleur qu'eut sa mère en son enfantement.

La Duchesse devint grosse d'enfant, comme dit est, et le porta comme les femmes ont coutume de porter leurs enfans, en grande peine et douleur, combien qu'elle l'eût déjà donné au Diable. C'est à savoir que ladite Duchesse enfanta son enfant à grande peine et douleur; car elle demeura en travail près d'un mois; et si ce n'eussent été les prières, jeûnes et aumônes que faisoit chaque jour le Duc, pour la pitié de la Duchesse, laquelle il voyoit endurer tant de travail, elle n'eût été délivrée de son enfant, et fût morte en l'enfantement. Plusieurs damoiselles qui étoient venues à l'enfantement de la Duchesse pour lui faire service, étoient étonnées de la peine et travail qu'elles lui voyoient endurer, car elles croyoient qu'elle fût au dernier de ses jours.

Des terribles signes qui furent vus à la nativité de Robert le Diable.

Peu après que l'enfant fut né, il sourdit une nuée si obscure qu'il sembloit qu'il dût venir nuit, et commença à tonner si merveilleusement et éclaira tellement, qu'il sembloit que le ciel fût ouvert et le feu par toute la maison.

Les quatre vents furent aussi émus par telle manière que la maison trembloit tant qu'il y tomba une grande partie de la terre. Lors les seigneurs et dames qui étoient là, pensoient tous prendre fin, vu les terribles tempêtes qui couroient alors : mais à la fin Dieu voulut que le temps s'apaisât, et fut doux et serein.

Adonc on apporta baptiser l'enfant, qui fut nommé Robert; et tous ceux qui le voyoient s'émerveilloient de ce qu'il étoit si grand ; car à le voir, on eût jugé qu'il eût eu un an; il étoit nourri quasi à demi, et en le portant et rapportant de l'église, ne cessoit de pleurer et gémir. Incontinent les dents lui vinrent, desquelles il mordoit les nourrices qui l'allaitoient, tellement que nulle femme ne le pouvoit plus allaiter; et fut force qu'on lui donnât à boire dans un cornet qu'on lui mettoit en la bouche : et avant qu'il eût un an, il parloit aussi bien que font les autres enfans à cinq. Tant plus il croissoit et devenoit grand, tant plus il se délectoit à mal faire, car depuis qu'il put aller tout seul il n'étoit homme ni femme qui le pût tenir; et quand il trouvoit les autres petits enfans il les battoit et leur jetoit des pierres, et les frappoit de gros bâtons. En quelque part que ce fût, il ne cessoit de mal faire; il commença bien jeune à mener mauvaise vie, il rompoit les bras à l'un et les jambes à l'autre.

Les barons qui le voyoient disoient que c'étoit jeunesse, et prenoient plaisir à ce que l'enfant faisoit, dont après ils se repentirent.

Comme tous les enfans d'un accord le nommèrent Robert le Diable.

Bientôt après l'enfant vint en corsage grand et mauvais en courage (4); car on dit communément que la mauvaise herbe croît toujours. Toujours alloit l'enfant par les rues, frappant et heurtant ce qu'il rencontroit, comme s'il fût enragé; nul n'osoit se trouver devant lui.

Quelquefois les enfans s'assembloient contre lui, et le battoient : et quand ils le voyoient venir, les uns disoient : Voici le Diable, et s'enfuyoient de devant lui, comme brebis devant le loup; et parce qu'il étoit mauvais, les enfans qui avec lui conféroient, le nommèrent tous d'un accord Robert le Diable, tellement qu'il fut divulgué par tout le pays, que depuis le nom ne lui fut changé, ni jamais ne le sera tant que le monde durera. Quand l'enfant eut sept ans, le Duc voyant ses mauvaises manières, le fit venir pour lui remontrer, et dit : « Mon fils, il est temps que vous ayez un maître pour vous apprendre et instruire, et pour vous mener à l'école; car vous êtes assez grand pour apprendre les honneurs, et vivre en bonnes mœurs, et apprendre à lire et écrire »; et lui donna un maître, afin que par lui fût nourri et gouverné.

Comme Robert le Diable tua son maître d'école d'un coup de couteau.

Ainsi qu'on trouve, le maître voulant un jour

corriger Robert, pour le tirer de plusieurs maux qu'il faisoit, Robert tira son couteau et en frappa son maître tellement qu'il en mourut.

Puis Robert dit à son maître, en lui jetant son livre par dépit : « Maître, voilà votre science, jamais prêtre ni clerc ne sera mon maître, je vous l'ai assez fait connoître. » Et depuis ne fut maître si hardi qui osât entreprendre de l'instruire et châtier en aucune manière que ce fût ; mais il fut force au Duc de le laisser vivre à sa fantaisie. Il ne se plaisoit qu'à mal faire, et n'avoit aucun respect pour Dieu ni l'Eglise, et ne gardoit ni raison ni mesure : il étoit enclin à tous vices, car quand il alloit à l'église, et qu'il voyoit que les prêtres et les clercs vouloient chanter, il avoit des poudres et autres ordures qu'il jetoit par grande dérision ; si aucun à l'église prioit Dieu, il les frappoit par derrière. Chacun le maudissoit pour les grands maux qu'il faisoit ; et le Duc voyant son fils être si mauvais et si mal morigéné, il en étoit si courroucé, qu'il eût voulu qu'il fût mort. La Duchesse aussi en étoit si angoisseuse, que c'étoit merveille. Un jour elle dit au Duc : « L'enfant a beaucoup d'âge et est assez grand ; il me semble qu'il seroit bon de le faire chevalier, et par ainsi pourra changer ses conditions et manières ; » le Duc dit à la Duchesse qu'il en étoit content ; et pour lors Robert n'avoit que dix-sept ans.

Comme Robert fut fait chevalier.

Une fête de Pentecôte (5), le Duc manda par tout son

pays que les principaux de ses barons s'assemblassent, en la présence desquels il appela Robert et lui dit (après avoir eu l'avis de tous les assistans) : « Mon fils, entendez ce que je veux dire par le conseil de nos barons, vous serez chevalier, afin que ci-après vous hantiez les autres chevaliers et prud'hommes, et changiez vos conditions; et ayez de meilleures manières que vous n'aviez auparavant, qui sont déplaisantes à tout le monde ; mais soyez doux, courtois, humble et bon, ainsi que sont les autres chevaliers, car les honneurs changent les mœurs. » Lors Robert répondit à son père : « Je ferai ce qu'il vous plaira. Quant à moi il ne m'importe que je sois haut ou bas, je suis délibéré de faire entièrement ce qu'en mon courage je pense, et ainsi que mon courage me conduira; je ne suis pas délibéré de faire mieux que par le passé. » La veille de la Pentecôte fut bien veillée ; mais cette nuit Robert ne cessa de frapper l'un et heurter l'autre; et ne pouvoit demeurer en lieu, car il ne se soucioit guère de prier Dieu. Le lendemain jour de la Pentecôte, Robert fut fait chevalier ; le Duc fit crier une joute à laquelle fut Robert, et il ne craignoit homme tant hardi fût-il. Il attaquoit un chacun qui étoit là. Les joutes commencèrent, et là vissiez chevaliers tomber à terre : car Robert qui étoit plein de toute cruauté, n'épargnoit homme ; tous ceux qui étoient devant lui, il les faisoit tomber du cheval à terre ; à l'un il rompoit le col, à l'autre la cuisse. Il attendoit tout homme qui venoit jouter contre lui ; mais tant y en avoit que nul n'échappoit de ses mains qu'il n'en portât la marque ou aux reins, ou aux cuisses; tous étoient marqués en quelque part que ce fût. Il gâta dix chevaux aux joutes. Les nouvelles en furent portées au duc qui en fut fâché; il y alla et voulut faire cesser les joutes; mais Robert qui sembloit être enragé et hors du sens, ne voulut obéir au Duc son père, et commença à frapper de côté et d'autre et abattre chevaux et chevaliers, tellement qu'en ce jour-là il tua trois des plus vaillans chevaliers. Tous ceux qui étoient là lui demandèrent quartier; mais c'étoit pour néant, et nul n'osoit se trouver devant lui tant il étoit fort, et parce qu'il étoit si inhumain chacun le haïssoit. On lui disoit : « Pour Dieu, Robert laissez la joute ; car monseigneur votre père a fait dire que chacun cesse, pource que plusieurs personnes de qualité ont perdu la vie, dont il est courroucé; » mais Robert qui étoit échauffé et quasi hors du sens, ne tenoit compte de chose qu'on lui disoit, mais faisoit de pis en pis, tuant tous ceux qu'il rencontroit. Robert fit tant que le peuple s'émut et vint vers le Duc, disant : « Seigneur duc, c'est grande folie de souffrir à votre fils Robert de faire ce qu'il fait ; pour Dieu veuillez-y mettre remède. »

Comme Robert alloit par le pays de Normandie dérobant et prenant tout, forçant les filles et les femmes.

Quand Robert vit qu'il n'y avoit plus personne aux joutes, il s'en fut par le pays : à son avenue il commença à faire de grands maux, plus que devant n'avoit fait ; car il força les femmes et viola les filles sans nombre, et tua tant de gens que ce fut pitié. Et n'y avoit nul homme en Normandie qui par lui ne fut outragé ; mêmement il pilloit les églises, et leur faisoit la guerre incessamment : il n'y avoit aucune abbaye qu'il ne fît piller et détruire.

Les nouvelles en furent portées au Duc ; tous ceux qu'il avoit battus, détruits et dérobés se venoient plaindre, et lui racontoient le désordre que faisoit Robert par tout le pays de Normandie : l'un disoit : « Monseigneur, votre fils a forcé ma femme : » l'autre disoit : « Il a violé ma fille : » l'autre disoit : « Il m'a dérobé et pillé : » l'autre disoit : « Il m'a battu et navré ; » c'étoit pauvre chose à ouïr raconter les maux qu'il faisoit à chacun, sans épargner personne.

Le Duc qui entendoit dire ces choses de son fils, se prit à pleurer, et dit : « J'ai eu une grande joie d'avoir un fils ; mais j'en ai un qui me fait tant de douleur, que je ne sais ce que je dois faire. »

Comme le Duc de Normandie envoya des gens pour prendre son fils Robert, auxquels il creva les yeux.

Un chevalier qui étoit là, voyant le Duc en cette grande douleur, lui dit : « Monseigneur, je vous conseille de mander Robert, et le faire venir devant vous, en la présence de toute votre cour ; et lui défendre qu'il ne fasse mal à personne, ou autrement que vous le ferez emprisonner, et ferez faire justice de lui. » A ce accorda le Duc, et dit que le chevalier avoit sagement parlé. Si envoya incontinent des gens par le pays pour chercher Robert, et leur commanda de l'amener devant lui.

Lors Robert, qui étoit sur les champs, sut les nouvelles que le peuple s'étoit plaint à son père, et comme il avoit commandé qu'il fût pris et mené devant lui. Et tous ceux que Robert rencontroit, même les messagers du Duc, il leur crevoit les yeux, par dépit de son père qui les avoit envoyés. Et quand il les eut ainsi aveuglés, il leur disoit par moquerie : « Galants, vous en dormirez mieux : allez dire à mon père que je ne le prise guère, et en dépit de lui et de ce qu'il me mande, je vous ai crevé les yeux, et ainsi le devez croire; » pourquoi Robert étoit haï de Dieu et des hommes. Les messagers qui avoient été envoyés pour amener Robert, retournèrent pleurans par devers le Duc, et lui dirent : « Voyez, seigneur, comme votre fils nous a aveuglés et mal accommodés. » Le Duc fut fort fâché des nouvelles qu'il avoit ouïes dire par ses messagers, et commença penser ce qu'il vouloit faire, et comme il en pouvoit venir à bout.

Comme le Duc de Normandie fit faire commandement par tout son pays que Robert fût pris et mené en prison, lui et ses compagnons.

Alors se leva de son conseil, et dit : « Seigneurs,

ne pensez plus à cela, car je vous assure, vu la grande rébellion de Robert, et de ce qu'il a fait aux messagers que jamais ne reviendra vers nous ; mais il est nécessaire de punir les maux qu'il a faits, et ainsi le trouverons-nous écrit aux lois et droits, aussi raison le veut et le doit faire par bon conseil. » Si envoya incontinent par toutes les villes du duché, crier, publier, et faire commandement de par lui à tous sergens, justiciers et officiers, qu'ils fassent diligence de prendre Robert et l'enfermer, ensemble tous ceux qui sont avec lui, et qui à mal faire lui tiennent compagnie. Cet édit fait et publié par le Duc, vint à la connoissance de Robert le Diable, et peu s'en fallut qu'il ne fût hors du sens, et semblablement les meurtriers, lesquels étoient en sa compagnie ; et furent fort épouvantés de la criée que le Duc avoit faite. Robert quasi tout enragé et hors du sens, grinçoit les dents, et jura qu'il feroit la guerre au Duc son père et qu'il détruiroit son lignage ; car le Diable l'exhortoit à ce faire.

Comme Robert le Diable fit une maison dans un bois ténébreux et obscur, et là fit des maux sans nombre.

Ces choses dessus ouïes dites par Robert, il fit faire une maison forte, dans un grand bois, en un lieu obscur et ténébreux ; et là Robert le Diable alla y faire sa résidence ; et ce lieu étoit presque inhabitable, merveilleux, et le plus périlleux qu'on sauroit dire. Robert fit assembler avec lui tous les mauvais garçons du pays, et les retint pour le servir; car il y en avoit de mauvais et de diverses sortes, comme larrons, meurtriers, gens pervers et mauvais, épieurs de chemins, brigands de bois, et gens bannis, gens excommuniés, désireux de mal faire, gens gloutons et orgueilleux, et les plus terribles de dessous les cieux : de telles gens Robert fit une grande assemblée, et il étoit capitaine.

En ce bois, Robert et ses compagnons faisoient des maux innombrables et sans honte. Ils coupoient gorges et détruisoient les marchands; nul n'osoit aller sur les champs pour la crainte d'eux : chacun avoit peur, tout le pays étoit dérobé et pillé par Robert et ses compagnons; nul n'osoit sortir de son hôtel, qu'il ne fût pris et ravi incontinent par eux; aussi les pauvres pèlerins qui passoient par le pays étoient pris et meurtris par eux.

Tout le peuple le craignoit et redoutoit comme les brebis craignent les loups; car à la vérité ils étoient tous loups ravissans et dévorant tout ce qu'ils pouvoient rencontrer. Robert le Diable mena en ce lieu une très mauvaise vie avec ses compagnons : à toute heure il vouloit manger et gourmander, et jamais ne jeûna, tant fût grande Vigile, ni la Quarantaine, ni les Quatre-Temps. Tous les jours mangeoit chair, aussitôt le Vendredi comme le Dimanche; mais après que lui et tous ses gens eurent fait plusieurs maux, il souffrit beaucoup en cela, comme vous verrez ci-après.

Comme Robert le Diable tua sept hermites en un bois.

Or, durant le temps que Robert le Diable étoit en ce bois avec ses meurtriers et pilleurs d'églises, pires que dragons, loups et larrons, en mal il n'avoit son pareil au monde, car il ne craignoit ni Dieu ni Diable. Un jour il avoit grande volonté de mal faire. Il s'en alla hors de sa maison pour chercher quelque male aventure, ou aucun à qui il pût mal faire, comme il avoit accoutumé : et quand il fut dans le bois il rencontra sept hermites, et de son épée il les tua. Ils ne lui voulurent faire aucune résistance; mais souffrirent et endurèrent pour l'amour de Dieu tout ce qu'il leur voulut faire; puis quand il eut tout tué, il dit en se riant d'eux : « J'ai trouvé une belle nichée que j'ai bien avis où elle devoit venir. » Là fit Robert le Diable grand meurtre par dépit de Dieu et de la sainte Église; il voulut mettre tout le monde en sa sujétion. Après qu'il eut fait cette méchanceté, il sortit de la forêt comme un diable forcené et pire qu'un enragé; et ses vêtemens étoient tout rouges et teints du sang de ceux qu'il avoit tués.

Comme Robert s'en alla au château d'Arques, vers sa mère qui y étoit venue dîner.

Si alla tant Robert qu'il fut auprès du château d'Arques, mais en chemin il tua un berger, lequel lui avoit dit que la Duchesse sa mère devoit venir dans le château ; pourquoi Robert y fut ; mais quand il approcha du château, les hommes, les femmes et les petits enfans s'enfuyoient devant lui : les uns s'enfermoient dans leurs maisons, et les autres se retiroient dans l'église. Alors Robert voyant que chacun fuyoit devant lui, commença à penser en lui-même, et dit en pleurant : « Mon Dieu, d'où vient donc que chacun s'enfuit ainsi devant moi ? je suis bien malheureux et le plus infortuné homme du monde ; il semble que je sois un loup. Hélas ! je conçois bien maintenant que je suis le plus mauvais de tous les hommes. Je dois bien maudire ma vie, car je crois que je suis haï de Dieu et du monde. » Dans ces sentimens, Robert vint jusqu'à la porte du château, descendit de son cheval ; mais il n'y avoit homme qui de lui osât approcher pour le prendre ; il n'avoit point de page pour le servir en ses affaires. Il laissa le cheval à la porte du château, et s'en alla à la salle où étoit sa mère, et quand elle vit son fils, duquel elle savoit la cruauté, elle fut tout épouvantée, et vouloit s'enfuir. Lors lui qui avoit vu comme les gens s'en étoient enfuis devant lui, en avoit grande douleur, et s'écria effroyablement à sa mère : « Madame, n'ayez peur de moi, et ne bougez jusqu'à ce que je vous aie parlé. » Il approcha d'elle, et lui dit en cette manière : « Madame, je vous supplie qu'il vous plaise me dire d'où vient que je suis si terrible et cruel ? car il faut que cela procède de vous ou de mon père, ainsi je vous prie de m'en dire la vérité. »

La Duchesse fut étonnée d'ouïr ainsi parler Robert, et reconnoissant son fils se jeta à ses pieds et lui dit en pleurant : « Mon fils, je veux que vous me coupiez la tête. » Car elle savoit bien que c'étoit par elle que Robert étoit si méchant par les paroles qu'elle dit en sa conception. Lors Robert lui répondit : « Hélas ! Madame, pourquoi vous occirois-je, moi qui ai tant fait de maux ? je serois pis que jamais ; et pour nulle chose ne le ferois. » Lors la Duchesse lui récita comment cela lui étoit arrivé, et comme devant qu'il fût conçu, elle l'avoit donné au Diable ; et se croyoit être la plus malheureuse qui fût jamais, et peu s'en fallut qu'elle ne se désespérât. Quand Robert entendit ce que sa mère lui disoit, de la douleur qu'il eut au cœur il tomba évanoui, puis il revint pleurant amèrement et dit : « Les Diables ont grande envie d'avoir mon corps et mon âme ; mais d'ici en avant je veux cesser de mal faire, renonçant à toutes les œuvres du Diable. » Puis dit à sa mère : « Ma très honorée dame et mère, je vous supplie humblement que ce soit votre bon plaisir de me recommander à mon père, car je veux aller à Rome pour me confesser des péchés que j'ai faits, car jamais je ne dormirai en repos jusqu'à ce que j'aie été à Rome : mon père m'a fait bannir de tout son pays, et toujours m'a mené grande guerre, mais de tout cela ne me soucie ; car je n'ai jamais voulu amasser de richesses, et je suis délibéré du tout à faire le salut de mon âme, et à cela d'ici en avant, je veux employer mon temps et mon entendement. »

Comme Robert partit d'avec sa mère, laquelle en mena grand deuil.

Robert monta à cheval et retourna devers ses gens, lesquels il avoit laissés dans la forêt, et la Duchesse demeura en son hôtel, faisant grand deuil pour l'amour de son fils qui avoit pris congé d'elle. Souvent s'écrioit à haute voix : « Hélas! que j'ai de douleur! que ferai-je? Mon fils Robert n'a pas tort, s'il n'accuse que moi; car il me hait, et mal me voudrois qui suis cause de tant de maux qu'il a faits. » Tandis que la Duchesse menoit grand deuil, le Duc arriva; et quand il fut auprès d'elle, elle lui raconta piteusement ce que Robert avoit fait; le Duc lui demanda si son fils se repentoit du mal qu'il avoit fait. « Oui, dit la Duchesse. » Lors le Duc soupira et dit : « C'est pour néant ce que Robert fait; car il ne pourra jamais réparer les grands dommages qu'il a faits par le pays; et toutefois je prie Dieu de le vouloir conduire en telle façon qu'il puisse venir à bonne fin; car je ne crois pas que jamais puisse revenir s'il se met en chemin d'aller à Rome, et qu'il mourra si Dieu n'a pitié de lui. »

Depuis que Robert partit d'Arques d'avec sa mère il chemina tant qu'il arriva dans le bois où il avoit laissé ses compagnons, qui étoient tous à table et dînoient; quand ils virent Robert, ils se levèrent tous pour lui faire honneur, mais Robert commença à leur remontrer leur vie perverse et mauvaise, en les voulant corriger des maux qu'auparavant ils avoient fait et leur dit : « Pour l'honneur de Dieu, compagnons, entendez bien ce que je veux vous dire : vous savez et connoissez la détestable vie que nous avons menée le temps passé, très dangereuse pour nos corps et nos âmes; vous savez combien d'églises nous avons détruites et ruinées, tant de bons marchands volés et tués. Tant de gens d'église et plusieurs vaillans hommes par nous ont été mis à mort, desquels le nombre est infini, parquoi nous sommes tous en danger d'être damnés, si Dieu n'a pitié de nous. Mais je vous supplie, pour l'amour de Dieu; que ce soit votre plaisir de laisser ce dangereux train, et que nous fassions pénitence des péchés que nous avons commis; car quant à moi je suis délibéré d'aller à Rome pour confesser mes péchés, espérant d'obtenir pardon, et ferai pénitence de tous les péchés que j'ai commis. »

Alors un des larrons se leva comme un fou et tout hors de sens, dit à ses compagnons : « Avisez le renard, il deviendra hermite. Robert se moque bien de nous, il est notre capitaine et notre maître, et celui qui fait pire que nous autres, et qui nous montre le train; que vous semble de ceci? durera-t-il en cette résolution? » — « Seigneurs, dit Robert, je vous supplie de bon cœur que vous ne disiez ces choses; mais pensez au salut de vos âmes et de vos corps, demandez pardon à Dieu tout-puissant, il aura pitié de vous; ce seroit une grande erreur de demeurer en cet état. Employez vos œuvres à honorer et servir Dieu. »

Quand Robert eut dit cela, un des larrons lui dit : « Notre maître, laissez ces choses, car vous parlez pour néant ; quoi que vous puissiez dire ni faire, nous n'en ferons jamais autre chose, et soyez assuré que telle est notre intention. A cela nous sommes obstinés ; nous ne demeurerons jamais en paix, ni ne cesserons de mal faire, car nous ne changerons jamais. » Tous les autres qui étoient là dirent d'un commun accord : « Il est vrai, car pour vie ni pour mort nous ne changerons point ; nous l'avons ainsi conclu entre nous, car c'est notre volonté. »

Comme Robert le Diable assomma ses compagnons.

Robert ayant entendu ce que les larrons disoient en fut courroucé, et dit : « Si ces ribauts demeuroient en telle opinion, ils feroient encore beaucoup de mal. » Il se retira vers la porte de la maison, la ferma, prit une grosse massue, et en frappa un des vagabonds de telle sorte qu'il tomba mort, et tellement exploita sur les larrons, que l'un après l'autre il les assomma tous.

Quand Robert eut ainsi assommé ses gens, il dit en lui-même : « Galans, je vous ai bien guerdonnés, pource que vous m'avez bien servi ; qui bon maître sert bon loyer en attend. » Robert pensa qu'il mettroit le feu à la maison, et si ce n'eût été qu'il y avoit tant de biens, qui par le feu se fussent gâtés et n'eussent jamais profité à personne, il eut mis le feu en toute la maison : il ferma la porte et emporta la clef avec lui.

Comme Robert s'en alla à Rome pour avoir pardon de ses péchés.

Robert s'en alla à Rome pour parvenir à son propos; et chemina tant par ses journées, qu'il y arriva le Jeudi-Saint, qui étoit un bon jour pour se confesser et mettre en bon état. Je vous prie que vous entendiez ce qu'après s'ensuit, et vous entendrez merveilles de l'extrême pénitence que fit Robert, ainsi qu'il plut au Saint-Père lui enjoindre pour ses péchés. Robert jusqu'à Rome changea tout son courage, tellement qu'il fut fort prud'homme, et, pour la grande bonté qui fut en lui, l'empereur de Rome qui pour lors étoit, lui donna sa fille à femme, et l'emmena au pays de Normandie; mais avant, il fit sa pénitence l'espace de sept ans, comme vous verrez ci-après.

Comme Robert arriva à Rome.

Quand Robert fut arrivé à Rome, le pape étoit en l'église de Saint-Pierre et faisoit le service divin, comme il est accoutumé de faire en ce jour; il efforça d'approcher près de lui : les ministres et plus proches du pape étoient tous courroucés de ce que Robert vouloit s'ingérer d'approcher de lui, et plusieurs de ceux qui le voyoient frappoient sur lui. Mais plus ils frappoient plus il avançoit; et fit tant qu'il arriva où étoit le pape. Il se jeta à genoux à ses pieds, en criant à haute voix : « Saint-Père, ayez pitié de moi, » ce qu'il dit à plusieurs fois; et ceux qui étoient auprès du pape étoient fort courroucés de ce qu'il faisoit si grand bruit, et le vouloient chasser ; mais le Saint-Père, voyant son ardent désir, en eut pitié et dit à ses gens : « Laissez-le entrer; car, à ce que je vois, il a grande dévotion, » et commanda de faire silence, afin qu'il pût mieux entendre ce qu'il vouloit dire. Lors Robert parla au pape, et lui dit: « Saint-Père, je suis le plus grand pécheur du monde. » Le pape le prit par la main et le fit lever, puis lui demanda : « Que voulez-vous! pourquoi parlez-vous ainsi ? »—« Ah! Saint-Père, dit Robert, je vous prie qu'il vous plaise de m'ouïr en confession, car si je n'ai absolution de vous de tous les péchés que j'ai faits, je suis éternellement damné, ainsi que l'on m'a dit; et si j'ai grande peur en moi que le diable ne m'emporte, vu les terribles et énormes péchés dont je suis rempli, plus que nul homme du monde. Et pour ce que vous êtes celui qui avez la puissance de donner confort et aide à ceux qui en ont besoin, je vous supplie très humblement, en l'honneur de la sainte passion de Dieu, qu'il vous plaise me purger et nettoyer de mes maux, et des péchés que ma conscience me reproche, et par lesquels je suis tant vil et abominable plus que n'est un diable. » Quand le pape l'ouït ainsi parler, il se douta que c'étoit Robert le Diable, et lui dit : « Beau fils, ne t'appelles-tu pas Robert, duquel j'ai tant ouï parler? »—« Oui, » dit Robert.

Lors le pape dit : « Tu auras l'absolution ; mais je te conjure par le Dieu vivant, que tu ne fasses mal ni dommage à personne. » Et le pape et ceux qui étoient là furent épouvantés de le voir. Adonc Robert s'agenouilla devant le pape, en grande humilité, contrition et repentir de ses péchés, et dit : « A Dieu ne plaise que je fasse mal ni dommage à personne qui soit ici ni ailleurs, tant que je m'en pourrai tenir. »

Le pape se retira à part, fit venir Robert devant lui, lequel se confessa humblement, et lui déclara comme à sa conception, sa mère étant courroucée, l'avoit donné au Diable, disant que de ce il avoit grande douleur et crainte.

Comme le pape envoya Robert à trois lieues de Rome vers un saint hermite, pour avoir pénitence de ses péchés.

Et quand le pape l'entendit ainsi parler, il s'en émerveilla, et fit le signe de la croix sur lui, puis lui dit : « Il faut que tu t'en ailles à trois lieues d'ici, auquel lieu tu trouveras un prêtre qui est confesseur; et à lui tu te confesseras de tous les péchés que tu as faits, et tu lui diras qu'il te donne pénitence, selon que tu as péché; celui que je te dis est le plus prud'homme et le plus saint qui soit aujourd'hui sur terre. Je suis sûr que par lui seras confessé et absous. » Robert répondit au pape : « Je le ferai volontiers; » puis prit congé de lui, disant : « Dieu veuille que je puisse faire le salut de mon âme. » Ce jour se passa et Robert demeura à Rome pour ce qu'il étoit presque nuit.

Le lendemain au matin, il se leva et se mit à cheminer pour aller vers l'hermite auquel le pape l'envoyoit ; et fît tant qu'il arriva au lieu. Et quand il y fut, il conta à l'hermite comme le pape l'envoyoit devers lui pour se confesser.

Alors l'hermite lui dit : « Soyez le bien venu. » Et quand ils eurent un peu demeuré ensemble, Robert commença à lui conter l'état de sa vie, et lui déclara ses péchés. Premièrement, lui conta comme par courroux sa mère l'avoit donné au Diable en sa conception, dont il avoit grande peur, et comme après qu'il fut un peu grand il battoit les enfans : comme il cassoit la tête à l'un, les bras ou les jambes à l'autre; comme il avoit tué son maître d'école, pour ce qu'il le vouloit corriger et châtier; comme par sa malice il n'y eut depuis maître si hardi qui l'osât prendre en gouvernement, de quoi il faisoit grande conscience, pour ce qu'il avoit ainsi mal employé son temps sans rien apprendre, et comme après que son père l'eut fait chevalier, il tua tant de vaillans chevaliers en la joute par sa grande cruauté; après comme il s'en étoit allé par le pays, détruisant les églises, forçant les femmes mariées et violant les filles; comme il tua sept hermites; et, pour abréger, conta toute sa vie à l'hermite, depuis le jour qu'il fut né jusqu'à cette heure, de quoi l'hermite s'en émerveilla fort. Et néanmoins étoit joyeux de la grande contrition qu'avoit Robert de ses péchés. Et quand ils eurent longtemps parlé ensemble, l'hermite dit à Robert : « Mon fils, demeurez aujourd'hui ici avec moi, et demain matin, au plaisir de Dieu, je vous conseillerai ce que vous avez à faire. » Robert, qui avoit été le plus terrible qui fut jamais sur terre, et plus fier et orgueilleux qu'un lion, étoit alors plus doux et débonnaire que l'on eût jamais vu, le plus plaisant en tous ses faits : il avoit aussi belle contenance que jamais eut prince. Il étoit tant las et maté de peine et de travail qu'il avoit enduré, qu'il ne pouvoit ni boire ni manger ; puis se mit à genoux pour faire son oraison, et commença à prier Dieu dévotement, que par sa grande miséricorde le voulût garder de l'ennemi de l'enfer, qu'il lui plût lui donner victoire sur lui. Quand il fut nuit, l'hermite fit coucher Robert en une petite chapelle près de cet hermitage, gentille et plaisante : l'ermite ne cessa toute la nuit de prier Dieu pour Robert, auquel il voyoit si grande repentance. Et l'hermite fut si long en son oraison qu'il s'endormit.

Comme l'ange de Dieu annonça à l'hermite la pénitence qu'il devoit donner à Robert le Diable.

Tout incontinent qu'il fut endormi par la volonté de Dieu, il songea : et lui fut avis qu'il ouït un ange qui étoit envoyé de Dieu, et lui disoit : « Homme, Dieu te demande par moi si Robert veut avoir et obtenir pardon de ses péchés, il faut qu'il contrefasse le fou et le muet, qu'il ne mange sinon ce qu'il pourra ôter aux chiens ; et il faut qu'il soit en tel état sans manger tant qu'il plaira à Dieu de lui régler, et qu'il aura fait pénitence de ses péchés : de telle manière se contiendra Robert sans parler ni manger, comme dit est. »

Lors l'hermite s'éveilla tout effrayé, pensa longuement sur son songe; et quand il eut beaucoup pensé, il commença à louer et remercier Dieu de ce qu'il avoit pris pitié de son pécheur, puis se mit en oraison en attendant le jour. Et quand il fut venu, il fut ému d'ardent amour envers Robert, l'appella et lui dit : « Mon ami, venez vers moi. » Et incontinent Robert s'approcha du saint hermite en grande contrition et repentir de tous ses péchés, se confessa; et après qu'il fut humblement confessé, l'hermite lui dit : « Mon fils, j'ai pensé à la pénitence qu'il vous convient faire et accomplir, afin que vous puissiez obtenir grâce et pardon envers Dieu de tous les péchés que vous avez faits. Vous contreferez le fou et ne mangerez rien, sinon ce que vous pourrez ôter aux chiens quand on leur aura donné à manger. Et vous garderez de parler comme un muet; ainsi a été votre pénitence ordonnée à moi par Dieu, et durant le temps de votre pénitence, vous ne ferez nul mal à personne qui soit au monde vivant, et vivrez en cet état, jusqu'à ce qu'il plaise à Dieu vous faire savoir qu'il suffit. Et ces choses je vous recommande et enjoins faire et accomplir expressément; car quand vous aurez fait votre pénitence, il vous sera mandé de par Dieu que vous cessiez. »

Quand Robert eut entendu ces choses, il fut fort joyeux, et remercia Dieu de ce qu'il étoit quitte et absous pour si peu. Si prit congé de l'hermite, et s'en alla en grande humilité et dévotion, commençant son âpre pénitence, laquelle lui avoit enjoint l'hermite : il lui sembloit qu'elle étoit trop petite et de peu d'importance, vu les grands péchés qu'il avoit commis du temps de sa jeunesse. Dieu démontra lors un beau miracle, et sa grande bonté, quand un homme plus orgueilleux qu'un paon, plus félon qu'un tigre, de tous maux et péchés plus rempli que tout homme ne fût, par sa grande miséricorde, en fait un innocent, humble, gracieux, doux et bénin comme un agneau. Toutes ses conditions et mœurs changent de mal en bien.

Comme Robert prit congé de l'hermite, et s'en retourna à Rome faire sa pénitence.

Or s'en alla Robert d'avec l'hermite, que Dieu par sa grâce le veuille conduire, si bien qu'il puisse faire et accomplir sa pénitence en profit et salvation de son âme ! Tant chemina qu'il vint à Rome, et étant arrivé il se prit à cheminer parmi la ville, contrefaisant le fou, mais il ne chemina guère que plusieurs petits enfans qui croyoient qu'il fût fou, tous ensemble alloient courant après en se moquant de lui, jetant contre lui vieux souliers, et alloient criant après en faisant grand bruit par les rues. Les gens de Rome qui le voyoient s'en moquoient, et crioient ; car c'est la coutume de rire plutôt d'une grande folie que d'une grande sagesse. Robert avoit plus de gens autour de lui que s'il eût été bien sage.

Quand il eut un peu demeuré par la cité de Rome, avint qu'un jour il se trouva auprès de la maison de l'empereur, pource que la porte étoit ouverte, il entra dedans et se promena par la salle ; tantôt alloit fort et tantôt doucement, puis couroit et s'arrêtoit tout coi, car il ne demeuroit guère en un lieu. L'empereur qui étoit là prit garde, vit les manières de Robert ; puis il dit à un de ses écuyers, en parlant de Robert : « Voyez le plus bel écuyer que j'aie jamais vu, car il a beau corps et bien formé, faites-lui donner à manger, appelez-le et le faites bien servir. » L'écuyer l'appela, mais Robert ne répondit mot : on le fit seoir à table, et ne voulut ni boire ni manger combien qu'on lui en présentât assez : tous ceux qui étoient présens s'émerveilloient de ce qu'il faisoit si mauvaise chère, et ne vouloit rien manger durant qu'il étoit à table. L'empereur avisa un chien qui étoit sous la table, et qui étoit blessé d'un autre chien qui l'avoit mordu, lequel se prit à ronger un os. Quand Robert vit le chien tenir l'os, incontinent il sortit de la table où il étoit assis, et courut vers lui, et fit tant qu'il prit l'os, le chien voulut se revancher ; mais là eussiez eu beaucoup de déduit, car Robert et le chien tiroient chacun par un côté, et Robert étoit couché par terre, mangeant à un bout et le chien à l'autre.

Il ne faut pas demander si l'empereur et tous ceux qui étoient là présens, étoient aises de voir le déduit de Robert envers le chien ; mais toutefois Robert fit tant qu'il ôta l'os du chien et commença à manger, car il avoit grand'faim, pource qu'il avoit été longtemps sans manger. L'empereur qui regardoit toutes ces choses, connaissant que Robert avoit faim, jeta à un autre chien un pain entier; mais incontinent Robert lui ôta, puis le rompit et en donna au chien, ainsi que la raison en étoit, car le chien avoit eu le pain. L'empereur commença à rire quand il vit cela, puis dit à ses gens : « Nous avons céans le plus nouveau fou et le plus vaillant que je vis oncque jour de ma vie, qui ôte ainsi le pain aux chiens pour le manger, parquoi on ne peut bien connoître sa folie : je crois qu'il ne prend ni ne mange rien que par le moyen des chiens. Et afin que Robert pût manger son saoul, tous ceux de la maison de l'empereur donnoient à manger en grande abondance aux chiens; et tant eurent à manger que Robert en fut saoul; puis après il commença à se promener par la salle, tenant son bâton en sa main, duquel il frappoit contre les bans et murailles comme s'il eût été fou. Et en se promenant par la salle, il trouva une porte qui donnoit sur un beau verger, où il y avoit une fontaine qui découloit dedans le dit verger, Robert qui avoit une très grande soif, y fut boire tant qu'il fut rassasié.

Quand la nuit s'approcha, Robert se tint auprès d'un chien, et toujours le suivoit quelque part qu'il fût : le chien qui avoit coutume de coucher sous un degré y retourna coucher : Robert qui ne savoit où il devoit reposer, s'en fut coucher auprès du chien pour dormir cette nuit. L'empereur qui tout regardoit eut pitié de Robert, commanda de lui apporter un lit et qu'il fût couché bien droit. Alors deux serviteurs apportèrent incontinent un lit; mais Robert ne voulut que le lit demeurât, mais fit signe qu'on le reportât, aimant mieux coucher sur la terre que sur le lit qui étoit bien mou. Et fit signe à ceux qui étoient là de s'en retourner; dont l'empereur s'étonna fort, et derechef commanda qu'on apportât du foin à grande foison, pour mettre sous Robert, qui étant las et rompu, se coucha pour dormir et reposer.

Pensez et considérez quelle vertu de patience il y avoit en Robert; car celui qui auparavant avoit accoutumé de coucher en un lit mou, bien encourtiné de beaux linceuls fins, en chambre bien parée ou tapissée, de boire d'excellens vins et breuvages délicats, mangeant viande exquise, comme son état appartenoit, étoit changé, tant qu'il lui falloit boire et manger, coucher et lever avec les chiens comme vous avez ouï. Chacun le souloit (6) appeler Monseigneur, et lui faire honneur, comme le plus craint qui fût sur la terre. Alors chacun l'appeloit fou, et se moquoit de lui, et n'en tenoit point de compte. Hélas! quelle douleur pouvoit avoir Robert, quand il étoit contraint de souffrir et endurer telles choses; mais à un homme patient, on ne peut lui faire injure ni honte, car qui est rempli de vertu ne peut être déçu : c'est un mérite à l'homme de souffrir et porter en patience les injures et opprobres qui à tort lui sont faits en ce monde, car en l'autre il obtint la grâce et l'amour de Dieu, et bien souvent accroissent en lui vertus, honneurs et richesses.

Robert vécut longtemps en cet état. Et le chien qui connoissoit que pour l'amour de Robert on lui donnoit plus à manger qu'on n'avoit accoutumé, et aussi que pour l'amour de lui on ne lui faisoit mal, se prit à l'aimer très fort, et à toute heure du jour lui faisoit fête et caresses.

Comme le sénéchal de l'empereur assembla grand nombre de Sarrasins pour faire la guerre à l'empereur de Rome, pource qu'il ne vouloit pas lui donner sa fille en mariage.

Durant le temps que Robert étoit à Rome, faisant sa pénitence; laquelle étant achevée comme il plut à Dieu, lequel prend pitié du pécheur, quand de bon cœur se tourne à lui, en lui demandant pardon de ses péchés : Robert qui étoit purgé de tous ses vices et énormes péchés, et au lieu d'iceux étoit orné de belles vertus, et avoit demeuré à Rome l'espace de sept ans ou environ, contrefaisant le fou et le muet en la maison de l'empereur, lequel avoit une fille qui étoit muette, et jamais n'avoit parlé. Et nonobstant cela le sénéchal de l'empereur, qui étoit puissant homme, l'avoit fait souvent demander, et la vouloit avoir à femme; mais l'empereur connoissoit qu'il eût fait honte à son lignage, parquoi n'y voulut consentir, de laquelle chose le sénéchal fut malcontent contre l'empereur, et eut grand deuil, songeant en lui-même qu'il lui feroit la guerre, et commença le sénéchal à assembler grande puissance pour faire la guerre à l'empereur ; car il lui sembloit bien que par la force il auroit bientôt toute la terre de l'empereur ; il fit grand amas de Sarrasins, et avec toute sa compagnie vint auprès de la ville de Rome et voulut l'assiéger, dont l'empereur fut fort ébahi. Et lors appela tous les barons de son conseil, et toute la chevalerie, et prit conseil avec eux, disant : « Seigneurs, avisons ce que nous pouvons faire contre ces misérables Sarrasins, qui nous viennent assiéger et faire outrage, dont j'ai grande douleur ; car ils tiennent déjà tout le pays en leur subjection, et nous détruirons tous, si Dieu par sa grâce et miséricorde ne nous aide. Si vous prie que trouvions façon et manière de les détruire, et qu'à grande force et puissance nous les allions assaillir et réveiller, afin que nous puissions les garder de séjourner plus longuement. »

Alors les barons et chevaliers qui étoient tous consentans, dirent : « Sire vous avez sagement parlé, nous sommes tous d'accord et prêts de défendre tous vos droits, et nous ferons tant qu'au plaisir de Dieu nous les ferons tous mourir de male mort, et maudiront l'heure qu'ils entrèrent en cette terre. »

L'empereur fut joyeux de la réponse des barons; et incontinent fit crier par la cité de Rome, que tous les hommes qui pourroient porter armes s'armassent pour se mettre en point, afin d'assaillir les Sarrasins et les faire tous mourir. Incontinent que la criée fut faite, chacun fut devers l'empereur pour l'accompagner. Etant ensemble en belle ordonnance furent assaillis les Sarrasins, et l'empereur y étoit en personne. Et combien que la puissance des Romains fût grande, ils eussent été défaits, si Dieu ne leur eût envoyé Robert pour les secourir.

Comme Dieu envoya un cheval par un ange et des armes blanches à Robert pour aller secourir les Romains.

Quand le jour fut venu que l'empereur et les Romains devoient avoir journée avec les Sarrasins, gens du sénéchal, ainsi que Robert alla à la fontaine, comme il avoit accoutumé pour boire, il vint une voix du ciel qui parloit doucement, disant : « Robert, Dieu te mande qu'incontinent tu t'armes de ces armes blanches, que tu montes sur ce cheval que je t'amène, et que tu ailles secourir l'empereur. » Robert ne put contredire au commandement que l'ange lui fit; incontinent il s'arma d'armes blanches que l'ange lui avoit apportées, puis monta sur son cheval. La fille de l'empereur (de qui vous avez ouï parler) étoit aux fenêtres par lesquelles on pouvoit voir dans le jardin où est la fontaine ; elle vit comme Robert s'étoit déguisé ; si elle eût pu parler elle n'eût manqué de le révéler, mais elle étoit muette. Robert, ainsi armé et monté, s'en fut en l'ost (7) de l'empereur que les Sarrasins tenoient de bien près, car si Dieu et Robert n'y eussent ouvré, l'empereur eût été défait et tous ses gens mis à mort; mais quand Robert y fut, il se mit en la plus grande mêlée des Sarrasins, et commença à frapper à droite et à gauche sur les ennemis. Là eussiez vu trancher têtes, couper bras, et faire tomber gens et chevaux par terre. Il ne perdit pas un coup qu'il ne mît à mort de ces Sarrasins. Ainsi Robert tellement travailla que le champ de bataille demeura à l'empereur.

Comme après que Robert eut défait les Sarrasins, il s'en retourna à la fontaine.

Lorsque le champ et l'honneur de la journée fut ainsi demeuré à l'empereur à l'aide de Robert, il retourna tout armé sur son cheval à la fontaine et se désarma, puis mit ses armes sur son cheval; incontinent il s'évanouit, et demeura seul. La fille de l'empereur qui voyoit ceci s'émerveilloit, et l'eût volontiers dit, mais elle ne savoit dire mot, et jamais n'avoit parlé.

Robert avoit le visage tout égratigné des coups qu'il avoit reçus en la bataille, et autre mal n'en avoit apporté. L'empereur en fut joyeux, et remercia Dieu de ce qu'il lui avoit donné la victoire contre ses ennemis, et retourna en son palais. Et quand il fut l'heure de souper, Robert se présenta à l'empereur ainsi qu'il avoit accoutumé, contrefaisant le fou et le muet; l'empereur qui volontiers regardoit Robert, connut qu'il étoit blessé; et voyant son visage ainsi atourné, il croyoit que ce fut aucun des serviteurs, et tout courroucé, dit : « Il y a céans de mauvaises gens ; car tandis qu'avons été à la guerre, ils ont battu ce pauvre homme, et ont fait grand péché, car ne dit ni fait mal à personne du monde; mais il est débonnaire et de bonne affaire autant qu'homme pourroit, et crois qu'il doit être fort. Lors un chevalier dit : Tandis qu'avons été en la bataille, les gens qui sont ici demeurés lui ont fait cela : alors l'empereur défendit à tous ses gens qu'ils ne fussent si hardis de le toucher, puis interrogea les chevaliers, s'il y avoit nul qui sût qui étoit le chevalier par lequel ils avoient été secourus, et sans lequel ils étoient perdus. Je ne sais, dirent-ils, qui il peut être, mais si ce n'eût été lui nous étions tous déshonorés; c'est le plus vaillant et hardi chevalier que jamais on vit ; tel qu'il soit il a en lui grande hardiesse. Lors la fille qui entendoit, s'approcha de son père, lui fit signe que par Robert ils avoient eu la victoire. L'empereur n'entendoit pas le patois de sa fille, ni ce qu'elle vouloit dire, pource qu'elle ne pouvoit parler ni articuler ses paroles, sinon par signes ; il fit venir la maîtresse de sa fille devant lui, pour savoir ce qu'elle vouloit dire. La maîtresse entendit ce que sa fille disoit et l'expliqua à l'empereur en cette sorte : « La fille veut dire que ce fol a tant fait que si ce n'eût été lui vous eussiez été vaincus, et eussiez perdu la bataille, et que par lui avez eu victoire contre vos ennemis, et qu'en telle façon il a combattu qu'il a gagné la victoire. Alors l'empereur se prit à rire, et se moqua de ce que la maîtresse disoit; et de cela se courrouça en lui disant : « Vous la dussiez enseigner en bonnes mœurs ; mais vous la gâtez, et si vous ne pensez autrement, je vous ferai dolente ; car ce seroit grand abus de penser que ce fol, qui est innocent, eût ce fait avec une telle vigilance, vu qu'il n'a ni force ni puissance. Et quand la pucelle entendit ainsi parler son père, elle se retira et s'en fut, quoiqu'elle sût bien comment la chose étoit avenue ; et aussi la maîtresse qui eut grande peur des paroles de l'empereur. Et pourtant cette chose demeura ainsi jusqu'à une autre fois que le sénéchal ayant été une fois déconfit, eut fait grand amas de ses gens, et vint de rechef assiéger Rome. Et de fait il eût défait les Romains, si ce n'eût été le chevalier qui autrefois les avoit secourus, lequel vint secourir l'empereur par le commandement de l'ange, comme la première fois il avoit fait, et si vaillamment qu'il battit tous les Sarrasins ; car il n'y avoit si hardi qui l'osât attendre ; menant tous les ennemis devant lui comme un loup fait un troupeau de brebis. Dont le monde s'ébahissoit, car il frappoit sur cette canaille comme un diable, et les détranchoit comme le boucher fait la chair à la boucherie ; car nul n'échappoit de ses mains, tant fût-il hardi. Chacun des gens de l'empereur prenoit garde à ce chevalier ; mais quand la bataille fut finie, nul ne put dire ce que ce chevalier devint, fors seulement la fille de l'empereur, qui vit comme Robert se désarma ainsi que l'autre fois, et tint le secret jusqu'à la tierce fois.

Comme Robert gagna la troisième bataille, où tous les Sarrasins furent tués.

Peu de temps après, l'ost des Sarrasins retourna à plus grande puissance que jamais devant la cité de Rome, dont le malheur en prit, car ils y demeurèrent tous par Robert ; mais devant que l'empereur les allât combattre, il manda ses chevaliers, et les pria que si le chevalier blanc revenoit, ils missent peine de le prendre, et qu'il sût de quelle nation il étoit ; alors les chevaliers répondirent qu'ils le feroient.

Et quand la journée fut venue, grand nombre des meilleurs chevaliers de l'empereur s'en allèrent en un bois, en embuscade, pour essayer à prendre le chevalier blanc ; mais ils perdirent leurs peines, car ils ne purent savoir d'où il étoit. Mais quand ils le virent batailler, tous sortirent du bois ; et là eussiez vu grands coups donner, harnois reluire, trompettes et clairons sonner pour épouvanter les Sarrasins, et lances rompre, et tuer gens et chevaux ; c'étoit plaisir à les regarder. Robert qui étoit venu là sur son cheval blanc et blanches armes, se mit au plus fort de la mêlée, comme celui qui rien ne doutoit, car depuis qu'il fut arrivé, nul, tant fût hardi, n'osoit l'attendre, à cause des grands coups qu'il donnoit ; car il frappoit d'estoc et de taille, et ne perdoit pas un coup ; car à chaque coup qu'il donnoit, vous eussiez vu aller un de ses ennemis par terre : à l'un il rompoit la tête et à l'autre les reins, et là demeuroient tous morts.

Car avec ce frappoit sur eux, et donnoit courage aux Romains, toujours les rallioit ensemble. De la grande joie que les Romains avoient de voir ainsi besogner Robert contre cette canaille, la force leur croissoit, tellement qu'avec l'aide de Robert, tous les Sarrasins furent défaits, de quoi on mena grande joie parmi la cité de Rome.

Comme un des chevaliers de l'empereur mit un fer de lance dans la cuisse de Robert.

Quand la journée fut passée et la bataille gagnée, chacun s'en retourna en son hôtel, et Robert s'en voulut retourner à la fontaine du Verger pour se désarmer, comme il avoit accoutumé de faire. Mais les chevaliers qui étoient retournés en embuscade au bois dessus dit, sortirent tous ensemble, disant : « Seigneur chevalier, parlez à nous, s'il vous plaît : qui êtes-vous? et de quel pays et contrée? » Quand Robert les ouït parler, il fut tout ébahi; et se prit à piquer son cheval, courir et fuir afin qu'il ne fût connu, et il fit tant qu'il échappa desdits chevaliers, et nul d'eux ne put savoir ce que devint Robert, hors un, lequel le suivit de fort près, tenant une grande lance en sa main, de laquelle il le frappa tellement en la cuisse que le fer demeura en la plaie; mais pourtant ne pouvoit-il savoir qui étoit le chevalier aux armes blanches : ainsi lui échappa Robert qui vint à la fontaine et se désarma, il mit les armes sur son cheval ainsi qu'il avoit accoutumé, et incontinent il ne sut ce que devint le cheval, ni sa lance, ni ses armes, mais demeura tout seul navré de la lance, dont il sentoit grande douleur : il tira lui-même le fer de sa cuisse et le cacha entre deux pierres de la fontaine. Il ne savoit où aller pour adouber (8) sa plaie, de peur d'être connu : si se prit lui-même à l'adouber; et prit de l'herbe et la mit dessus, puis amassa grande quantité de mousse, de laquelle il enveloppa sa plaie tout autour, afin que l'air n'entrât dedans. La fille de l'empereur qui étoit aux fenêtres, voyant tout cela bien le retint; et pource qu'elle connut Robert être beau et vaillant chevalier, elle le mit en son cœur tant que ce fût merveille, et commença à l'aimer. Onc ne savoit homme vivant qui étoit le chevalier aux armes blanches. Quand Robert eut bien adoubé sa plaie, il vint à la cour pour avoir à souper : mais il clochoit fort pour le coup qu'il avoit reçu, nonobstant qu'il se gardoit de clocher le plus qu'il pouvoit : tantôt après arriva le chevalier qui avoit blessé Robert, lequel raconta à l'empereur comme le chevalier leur étoit échappé, et comme il l'avoit blessé dont il étoit tout courroucé, et dit : « Je crois que c'étoit chose spirituelle et non pas mortelle : car il ne dit mot, et ne m'a pas voulu répondre ; je prie Dieu qu'il se reconforte là où il soit, car il étoit fort blessé ; mais, sire, voici ce que vous ferez, si me voulez croire, et si vous voulez savoir en bref temps qui est le chevalier aux armes blanches : c'est que vous fassiez crier par toutes vos villes, cités et châteaux, que s'il y a un chevalier qui ait armes

4.

blanches et cheval blanc, qu'il vienne vers vous, et qu'il apporte le fer de la lance dont il a été blessé en la cuisse, qu'il montre sa plaie, et que vous lui donnerez votre fille à femme, et avec vous lui donnerez la moitié de votre empire. » Quand l'empereur entendit ainsi parler le chevalier, il fut joyeux, et dit qu'il avoit sagement parlé, et incontinent il fit publier par tout son empire ce que ce chevalier avoit conseillé.

Comme le sénéchal se mit un fer en la cuisse pour avoir la fille de l'empereur.

Les criées faites et publiées vinrent en la connaissance du traître sénéchal, qui aimoit tant la fille de l'empereur, qu'il ne pouvoit avoir par sa trop grande outrecuidance ; et pour l'amour d'elle avoit fait de folles entreprises, desquelles toujours il se trouvoit déçu et marri. Après qu'il eut ainsi ouï les criées, il s'avisa d'une fort grande malice, qui lui tourna depuis à grand déshonneur ; car incontinent il fit chercher un cheval blanc, lance et armes blanches, et il prit un fer de lance qu'il mit en sa cuisse en grande douleur et angoisse ; mais pour parvenir à être empereur, il endura patiemment ce mal, et aussi pour avoir la fille de l'empereur, dont il étoit amoureux, et où il avoit fait grande folie, car il n'avoit garde de l'avoir ; ainsi c'est mal fait à ceux qui veulent maintenir pendant leur vie leurs folles amours, car à la fin mal, douleur et honte en vient. Après cela, le sénéchal fit armer tous ses gens, et les fit mettre sur les champs pour l'accompagner, et tant chevaucha qu'il arriva à Rome en grand triomphe. Il étoit bel homme, grand et puissant; mais il étoit si fier et si orgueilleux, qu'au monde n'y avoit son pareil.

En tel état vint le traître sénéchal à Rome sans séjourner, se montrer à l'empereur en lui disant : « Je suis celui qui vous a si vaillamment trois fois secouru, et qui tant de gens ai fait mourir pour l'amour de vous. » Alors l'empereur qui ne pensoit pas à la trahison, répondit : « Vous êtes bon prud'homme et hardi; mais j'eusse bien pensé le contraire; car on vous tient pour un couard; » alors le sénéchal tout courroucé dit : « Sire, de ce ne soyez pas ébahi, car je n'ai pas encore le cœur si failli qu'on croit. » Et en disant ces paroles il tenoit un fer de lance, qu'il montra à l'empereur, puis il découvrit sa plaie, qu'il s'étoit faite lui-même en la cuisse. Le chevalier qui avoit blessé Robert étoit là présent. Quand il vit le fer que le sénéchal montroit, il se prit aussitôt à sourire, car il connoissoit bien que ce n'étoit pas son fer; toutefois de peur d'avoir débat, il ne dit mot.

Comme la fille de l'empereur commença à parler.

Et quand l'empereur et sa noble baronnie qui étoit assemblée furent à l'église où le sénéchal devoit épouser la fille de l'empereur, qui n'avoit jamais parlé, Dieu montra un beau miracle, pour exaucer le sage et prud'homme Robert, duquel on ne tenoit compte. Ainsi que le prêtre vouloit commencer le divin service pour épouser (9) la pucelle au sénéchal, par la grâce de Dieu, la fille commença à parler, et dit à son père : « Vous êtes bien simple de croire cet orgueilleux, car tout ce qu'il dit n'est que mensonge ; céans y a un homme saint et bien dévot, que par sa bonté et mérite, Dieu m'a rendu la parole; dont je suis grandement tenue à lui, car il y a longtemps que j'ai connu les grands biens qui sont en lui; et toutefois jamais ne m'en a voulu croire, pour signes j'aie faits. »

Et quand l'empereur ouït ainsi parler sa fille, qui n'avoit jamais parlé, il fut tout ravi; et reconnut toute la tromperie, et qu'il n'étoit pas vrai ce que le sénéchal lui avoit dit; et se courrouça, disant qu'il l'avoit trahi. Le sénéchal monta à cheval et s'enfuit tout honteux et tout hors de sens. Le pape qui étoit là, demanda à la fille qui étoit celui duquel elle parloit. Lors elle mena le pape et l'empereur son père à la fontaine, à laquelle Robert s'armoit et désarmoit; elle chercha entre deux pierres où Robert avoit caché le fer de la lance, et incontinent lui apporta le fer de ladite lance ; car le fer étoit bien proprement joint au bois, et le bois au fer, aussi bien si jamais n'eût été brisé. Puis là elle dit au pape : encore y a-t-il autre chose, car en ce propre lieu a été trois fois armé celui par lequel nous avons été trois fois secourus et délivrés des mains de nos ennemis ; car j'ai vu trois fois son cheval et ses armes, et par trois fois je l'ai vu armer et désarmer : mais je ne saurois bonnement dire où le chevalier alloit, ni d'où il venoit, ni qui lui donnoit armes ni harnois; mais je sais bien qu'incontinent il s'en venoit avec ses chiens. Tout ce que je vous montre est pure vérité, et ainsi le démontrois par signes : mais on ne vouloit pas me croire; et alors la fille retourna son langage vers l'empereur, en disant : c'est celui qui a bien gardé et vaillamment défendu votre honneur, parquoi il est raisonnable que par vous il soit récompensé, et s'il vous plait, nous irons lui parler. Lors le pape, l'empereur et sa fille avec sa baronnie vinrent vers Robert, lequel ils trouvèrent couché au lit des chiens, et tous ensemble le saluèrent; mais Robert ne leur répondit rien.

Comme l'hermite trouva Robert auquel il commanda de parler, et dit que sa pénitence étoit accomplie.

L'empereur donc commença à parler à Robert, et lui dit : « Viens çà, mon ami, je te prie, montre-moi ta cuisse; car je la veux voir. »

Et quand Robert l'entendit ainsi parler, il sut bien pourquoi il disoit cela ; il faisoit semblant de ne l'entendre point, puis prit une paille, et commença à la rompre entre ses mains comme par moquerie, en pleurant. Et lors fit maintes folies pour faire rire le pape et l'empereur, et aussi maints ébattemens pour les faire parler, et dire quelque chose nouvelle. Alors parla à lui, le conjura, et lui dit :

je te commande, si tu as puissance de parler, que tu parles à nous; mais Robert se leva en contrefaisant le fou, et en faisant cela il regarda derrière lui, et vit venir l'hermite auquel il s'étoit confessé. Aussitôt que l'hermite l'aperçut, il lui dit à si haute voix que chacun pouvoit l'entendre : mon ami, entendez-moi. Je sais bien que vous êtes Robert, lequel se nommoit le Diable; vous êtes maintenant agréable à Dieu, car au lieu de Diable vous aurez nom l'homme de Dieu. Vous êtes celui par lequel cette contrée est délivrée des mains des Sarrasins; je vous prie, qu'ainsi que vous avez accoutumé, d'honorer et prier Dieu, lequel m'a ici envoyé, et vous mande par moi, que d'ici en avant vous veuillez parler sans plus contrefaire le fou; car ainsi est son plaisir. Il vous a pardonné et remis tous vos péchés, parce qu'avez fait pénitence suffisante. Aussitôt Robert se mit à genoux humblement, et leva les mains vers le ciel, en disant : Souverain roi des cieux, puisqu'il vous a plu me pardonner mes offenses, soyez loué, honoré et béni. Quand la fille et tous ceux qui étoient là présens, entendirent le beau langage de Robert, ils furent tous émerveillés; car il leur sembla si beau, si doux et si gracieux d'esprit et de corps, que c'étoit chose merveilleuse. Adonc l'empereur lui voulut donner sa fille en mariage, pour les grands biens et vertus qu'il connaissoit en lui : l'hermite qui étoit là n'y voulut jamais consentir, parquoi tous se départirent, et s'en furent chacun en leur hôtel.

Comme Robert retourna à Rome pour épouser la fille de l'empereur.

Après que Robert eut obtenu pardon de ses péchés, et qu'il s'en fut allé hors de Rome, Dieu lui fit annoncer trois fois par son ange qu'il s'en retournât, qu'il épousât la fille de l'empereur, et qu'il en descendroit une noble lignée par qui la foi seroit exaltée. Alors Robert fut à Rome et épousa la fille de l'empereur en grand triomphe ; il y eut honorable et plaisante assemblée ; car tous demenoient grande joie à la fête, nul ne se pouvoit saouler de regarder Robert ; ils disoient tous : par lui nous sommes hors des mains de nos ennemis. La fête fut si grande qu'elle dura quinze jours, et après qu'elle fut passée, Robert avec sa femme voulut retourner en Normandie pour visiter son père et sa mère ; et demanda congé à l'empereur, lequel lui donna des gens pour l'accompagner, et lui donna de beaux et riches dons en or, argent et pierres précieuses.

Lors Robert et sa femme prirent congé de l'empereur et de ceux de Rome, et se mirent en chemin pour aller en Normandie. Tant cheminèrent qu'ils arrivèrent en la ville de Rouen, où ils furent reçus en grand triomphe ; car les Normands étoient en grand déconfort, pource que le duc, père de Robert, étoit mort, et étoient demeurés sans seigneur, dont ils étoient dolens ; car c'étoit un prince sage et de grand renom. Quand Robert et sa mère furent assemblés, il leur conta comme il s'étoit gouverné à Rome, et comme il avoit enduré beaucoup de maux en faisant pénitence, et puis comme l'empereur lui avoit donné sa fille en mariage, et de fait conta tout son gouvernement. Quand la Duchesse eut entendu ce que son fils lui avoit dit, elle commença à pleurer des peines et tourmens que son enfant avoit soufferts.

Comme un messager arriva devant le duc Robert, et lui dit que l'empereur lui mandoit qu'il l'allât secourir contre le sénéchal.

Cependant, comme le duc Robert étoit à Rouen avec sa mère et sa femme, racontant ses aventures, il vint un jour qu'il arriva un messager, que l'empereur envoyoit à Robert. Le messager étant descendu vint saluer le Duc et lui dit : Seigneur, l'empereur m'a envoyé vers vous, et vous prie de le venir secourir contre le sénéchal, lequel s'est rebellé contre lui et vous. Quand Robert ouït ces paroles il fut malcontent; et incontinent fit amasser plusieurs gens d'armes, les plus vaillans qu'il put trouver en Normandie, et le plutôt qu'il put se mit en chemin; lui et ses gens arrivèrent à Rome, et sans arrêter arriva où étoit le sénéchal, qui tenoit déjà le trône en sa subjection. Et quand Robert aperçut le sénéchal, il commença à s'écrier hautement, en lui disant : Traître, tu n'échapperas pas, puisque tu es venu; car jamais tu ne t'en retourneras : puis lui dit : tu mis le fer de lance en ta cuisse par tricherie; or défends ta vie, puisque tu as tué mon seigneur l'empereur par trahison, de tous tes faits faut que je te récompense selon le démérite, et disant ces paroles par grande colère, il serra les dents, et vint courant contre le sénéchal, et lui donna si grand coup sur son heaume, qu'il le rompit, et lui fendit la tête jusqu'aux dents, puis abattit sa visière, tellement que la cervelle lui tomba par terre; et tomba le traître sénéchal mort en la place. Robert le fit mettre en un lieu propre pour l'écorcher, afin qu'il fût mieux vengé de lui, et le fit faire devant ceux de Rome, et ainsi le fit mourir de mal-mort (10); c'est parquoi chacun connoîtra que c'est une grande folie de désirer chose qui n'appartient avoir; car si le sénéchal n'eût désiré la fille de l'empereur, il ne fût pas mort ainsi; mais, au contraire, il fût toujours demeuré ami de l'empereur.

Comme après que le duc Robert eut fait écorcher le sénéchal, il s'en retourna en Normandie.

Quand Robert eut fait écorcher le sénéchal et mis en paix les Romains, il s'en retourna à Rouen avec sa compagnie, où il trouva sa mère et sa femme, laquelle demena grand deuil quand elle sut que l'empereur étoit mort ainsi par le traître sénéchal; mais la Duchesse, mère de Robert, la reconfortoit, lui faisant tous les plaisirs qu'elle pouvoit penser pour la tenir en joyeuseté. Pour mettre fin à ce présent livre, nous laisserons le deuil de la jeune Duchesse, et parlerons de Robert, lequel en sa jeunesse fut tant pervers, mauvais et enclin à tous vices que c'étoit un prodige de malice : depuis il fut comme un homme sauvage, sans parler comme une bête, ensuite exaucé en noblesse et honneur, comme ci-devant avez ouï. Il vécut longuement et saintement avec sa femme, et en bonne renommée. Il eut d'elle un beau fils nommé Richard, qui fit avec l'empereur Charlemagne plusieurs grandes prouesses, et aida à accroître et exalter la foi chrétienne; sans cesse il menoit guerre aux Sarrasins, et les détruisoit. Il vécut en grand honneur dans son pays comme son père Robert; car tous deux vécurent saintement jusqu'à la fin de leurs jours. Dieu par sa puissance nous veuille faire la grâce qu'à la fin des nôtres, nos âmes puissent voler avec eux en gloire éternelle, avec tous les saints et saintes du paradis.

FIN DE LA VIE DE ROBERT LE DIABLE.

HISTOIRE

DE

RICHARD SANS PEUR,

DUC DE NORMANDIE,

FILS DE ROBERT LE DIABLE,

Qui par sa prudence fut roi d'Angleterre, et fit de grandes conquêtes et vaillances.

HISTOIRE

DE

RICHARD SANS PEUR.

Comme Richard sans peur allant dans une forêt, fut empêché d'un démon nommé Brudemort.

Il fut jadis en Normandie un duc nommé Richard, fils de Robert le Diable, et de la fille de l'empereur de Rome; lequel Richard fut longuement sans femme et sans enfant; mais il étoit si vaillant et hardi contre tous, et pour la grande hardiesse qui étoit en son corps, il alloit jour et nuit tout seul par la forêt, cherchant ses aventures, savoir s'il trouveroit un chevalier à combattre.

Et pource que le duc alloit et venoit ainsi sans qu'il eût peur ni crainte, parquoi communément on l'appeloit Richard sans peur, pour laquelle cause un esprit malin, nommé Brudemort, se vanta qu'il lui feroit peur, comme vous entendrez.

Ce diable qui s'étoit vanté de faire peur à Richard demanda permission de l'aller tenter.

Et alors quand le diable fut où étoit Richard sans peur, il s'y en alla vitement la nuit et mena avec lui dix mille huarts (11). Or, en cette nuit le duc Richard étoit parti de la ville de Rouen, et étoit entré dans un bois fort épais et ombrageux, où jamais aucun homme ne se trouva que Richard, lequel y étoit entré et avoit mené avec lui un petit chien barbet qui étoit fort joli ; mais ledit chien qui suivoit son maître fut du chemin du bois si las qu'il convint au duc Richard de le trousser devant lui, dessus le cou de son cheval. Et ainsi que le duc Richard couroit par le bois, les huarts que Brudemort avoit amenés, vinrent sans nul délai, et tous allèrent à haute voix huer et crier sur ledit Richard, lequel quand il les entendit ne fut aucunement épouvanté, mais se mit à crier et huer avec eux. De quoi les huarts tout courroucés s'en allèrent déchirer par morceaux son chien, qui étoit devant lui entre ses bras, mais à lui n'osèrent toucher ni peu ni beaucoup, n'ayant aucun pouvoir sur lui.

Comme le démon se mit sur un arbre, sous la figure d'un petit enfant, que le duc Richard fit mourir.

Quand le diable Brudemort vit que Richard ne faisoit à son plaisir, et qu'il lui eut fait mourir son chien afin qu'il le pût trahir, il alla chercher le plus grand arbre qui fût dedans ledit bois, et se coucha entre deux branches, puis se changea en un petit enfant nouveau, et commença à crier piteusement. Alors Richard sans peur arriva en ce lieu ; et comme il étoit dessous l'arbre, il entendit la voix de l'ennemi qui étoit dessus. Il descendit de dessus son cheval et ôta ses éperons, puis monta sur l'arbre. Et quand il fut en haut, il aperçut l'enfant, le prit et le regarda (car il étoit beau), et en ayant pitié l'enveloppa dans son manteau, et de branches en branches descendit de l'arbre jusqu'à terre; puis remonta sur son cheval, l'enfant devant lui, et ne cessa de marcher jusqu'à ce qu'il arrivât chez son forestier, qui se tenoit au milieu du bois, auquel il donna l'enfant, et lui commanda de le bien nourrir. Alors la femme du forestier le prit et le développa de ses drapeaux, puis Richard lui demanda s'il étoit mâle ou femelle; laquelle lui répondit : « Monseigneur, c'est la plus belle fille que jamais à mon avis fut formée, et il n'y a pas trois jours qu'elle est née. »

Adonc Richard fut fort joyeux de ces paroles, et leur dit : qu'elle soit bien nourrie, jusqu'à ce qu'elle soit en âge.

Comme Richard sans peur trouva dans le bois la Mesnie d'Hellequin (12) qui dansoit.

Le duc Richard allant parmi le bois vit passer par devant lui des lévriers et barbets, avec grande suite de chiens courir et trotter; aussi il ouït la chasse dedans son bois, et jamais il n'en eut crainte; mais dit en lui-même qu'il sauroit qui chassoit en cette forêt sans son congé.

Lors il regarda devant lui ; et vit trois chevaliers noirs, armés de toutes pièces, tenant les lances en la main, et tira son épée (car de lances ni armes il n'en avoit point) et piqua son cheval des éperons devers eux, en s'écriant qu'ils se gardassent de lui, et passant entre les lances sans nul mal recevoir, il atteignit un des trois chevaliers noirs de son épée sur la tête, tant qu'il lui fit incliner le cou sur son cheval. Et puis leur demanda franchement qui les avoit faits si hardis de passer dans son bois : les chevaliers ne répondirent rien, mais vinrent les deux lances baissées contre lui, qui fut habile, évita les coups et les lances de l'autre côté, et en passant en frappa un de son épée d'un si grand coup par derrière, qu'il le jeta tout étourdi par terre.

Et quand les chevaliers virent le jeu mal départi pour eux, ils montèrent à cheval et s'enfuirent par la forêt, et laissèrent là leurs chiens : lors Richard aperçut une bande de gens noirs qui s'entretenoient; adonc il lui souvint de la Mesnie d'Hellequin, dont il avoit autrefois ouï parler; mais pour aucune chose qu'il vit, il n'en devint aucunement peureux, mais parla à eux librement.

Ici est la devise de la Mesnie d'Hellequin.

L'histoire nous dit qu'il étoit un vaillant chevalier, qui en son temps eut grande lignée.

Ce chevalier étoit nommé Hellequin : en une guerre que fit Charles Martel contre les Sarrasins, qui étoient entrés en France, il dépensa tout son bien ; mêmement il vendit un beau château en Normandie pour fournir à ses affaires, tellement qu'après la guerre finie, lui qui n'avoit rien, commença à piller et voler le peuple, dont chacun demanda vengeance contre lui.

Comme Richard trouva un pommier en la forêt, que depuis homme n'a pu trouver.

Tant marcha Richard sans peur, qu'il s'égara par la forêt. La lune luisoit cependant, elle étoit fort claire.

Il s'adressa vers un pommier, et vit qu'il étoit chargé de belles grosses pommes rouges, dont il fut fort émerveillé, et dit en soi-même : comment les charbonniers qui passent par ici jour et nuit n'ont-ils point cueilli les fruits de cet arbre?

Lors le duc prit trois pommes de l'arbre et les mit en son sein, puis pour remarquer le lieu et la place, afin de pouvoir le trouver, il coupa une branche de l'arbre ; mais la marque de la branche ne lui servit de rien, car depuis qu'il fut parti du pommier, nul homme ne put trouver l'arbre ni aller au même lieu. Quand le noble chevalier fut parti du pommier, il fit tant qu'il arriva à Rouen après minuit, où il fut fort bien reçu de ses gens en son château, et s'en alla coucher en son lit, où il reposa jusqu'au matin à l'heure de Prime, et fit mettre les trois pommes en un bel étui par une grande dignité. Ensuite Richard s'en alla dîner au château, et fit apporter le fruit qui étoit si beau, que jamais homme n'avoit vu son pareil.

Quand Richard tint les pommes, il s'écria à haute voix, que s'il y avoit quelqu'un de ses gens qui pût trouver le pommier jusqu'à Complies, qu'il le nourriroit toute sa vie. Lors les plus grands de ses gens se vantèrent de le trouver, et Richard leur donna l'enseigne entière ; ils s'en allèrent donc parmi le bois, se donnèrent beaucoup de peine pour trouver le pommier ; mais ils ne le trouvèrent point, parquoi ils s'en retournèrent devers le duc fort lassés et travaillés. Et quand il vit revenir les écuyers sans avoir trouvé le pommier, il fit couper les trois pommes dites, et en fit planter les pepins en ses jardins et vergers.

Et après peu de temps, de chaque pepin vint un beau et fleuri pommier, lesquels il recommanda qu'ils fussent bien gardés et fussent nommés pommiers de Richard, parce qu'il avoit fait planter les pepins, comme je vous ai dit, et les pommes qui vinrent dessus l'arbre furent aussi nommées pommes de Richard.

Comme le duc Richard épousa la fée qu'il avoit fait nourrir par l'espace de sept ans.

Des grandes merveilles vous dirai de Richard sans peur, duc de Normandie, et ce n'est rien de celles que je vous ai dites en comparaison de celles que je vous veux raconter.

Vous devez savoir que cet ennemi ou fée, qui s'étoit mise en forme de fille, que le duc trouva, comme j'ai dit, amenda et crût plus en sept ans que ne font maintenant les enfans en quatorze ou quinze.

En ce temps, tous les nobles barons de Normandie firent un consistoire, et allèrent alors tous ensemble, pour avoir conseil d'aller dire à leur seigneur qu'il lui plût d'épouser une épouse dont il pût avoir des enfans pour lui succéder. »

Or arriva un jour qu'ils en parlèrent au duc, et lui dirent : « Sire, nous sommes d'accord tous ensemble de vous requérir de vous marier à quelque dame dont vous puissiez avoir lignée, qui tienne après vous le duché de Normandie.

« Seigneurs, dit le duc, puisque vous me le conseillez, je m'accorde volontiers à votre volonté. Il est vrai que j'ai une fille qu'il y a sept ans passés que j'ai fait nourrir dans une forêt, si elle vous vient à gré je la prendrai ; car je n'en pourrois pas trouver de plus belle à mon gré. » — « Sire, dirent les barons, nous y consentons, si c'est votre plaisir. »

A ces paroles il les remercia et envoya quérir la fille par deux chevaliers. Et quand elle fut venue, la fête fut célébrée à Rouen fort somptueusement, et il y eut joutes auxquelles jouta le duc Richard, le comte d'Alençon, le comte de la Marche, le duc de Bourbon, lesquels étoient venus aux noces, et aussi le duc de Vendôme, qui abattit à la joute le comte de Champagne et le prince de Galles, qui en ce temps-là étoient nouveaux chevaliers.

Comme la femme diabolique du duc Richard feignit d'être morte, et étrangla son chevalier.

Sept ans étant passés depuis le mariage de Richard sans peur, Sathanas, sa femme, contrefit la malade, et souffrit grandes douleurs en se couchant au lit : comme elle vit cela, elle manda son mari, lequel entendant ces paroles vint incontinent vers sa femme, qui étoit fort malade : « Sire, lui dit-elle, vous êtes mon mari, et je suis votre femme, qui suis en grande maladie, et je crois en mourir ; c'est pourquoi, je vous prie, octroyez-moi un don. » — « Madame, répondit le duc, demandez ce qu'il vous plaira, car je ne vous manquerai point. » — « Sire, dit la dame, je vous prie, puisqu'ainsi est qu'il faut que je meure, qu'en une chapelle qui est à une lieue et demie d'ici, vous me veilliez une nuit tout seul sans compagnie de personne. Cette chapelle est située en la forêt Ramée, où j'ai été nourrie et gouvernée l'espace de sept ans ; octroyez-moi ce don, s'il vous plaît. » — « Madame, dit le duc, j'accorde volontiers à ce que vous me demandez, et si vous trépassez, je vous irai garder toute la nuit en la chapelle ; et avec moi il n'y aura qu'un chevalier qui me tiendra compagnie, crainte qu'il ne m'ennuie.

Après ces paroles, Richard en pleurs et en larmes dit adieu à sa femme, laquelle peu après contrefit la morte ; et quand le duc le sut, il la regretta avec grandes lamentations, ce qu'il n'eût fait s'il eût connu la déception de l'ennemi d'enfer.

Lors fit tant que le corps de sa femme fut porté en très noble état en la chapelle : mais si le duc eût bien su que le diable étoit en la bière en guise de femme, il l'eût fait jeter en la rivière.

Tout le peuple s'en retourna à Rouen, et Richard demeura seul en la chapelle pour veiller sa femme, avec un chevalier pour lui tenir compagnie et non plus. Adonc veillèrent cette nuit-là le duc et le chevalier, en regrettant le corps de sa femme qu'il avoit épousée si jeune; mais avant qu'il soit jour, le duc s'apercevra de ce qu'il n'a point encore aperçu, et comme il avoit épousé une fée. Sur le minuit le duc fut surpris de sommeil et s'endormit : on n'a point ouï parler d'une si grande merveille; car comme le duc et son chevalier furent endormis, le corps qui étoit dedans la bière s'étendit si fort, qu'il rompit le coffre en plus de cinquante pièces, et la couverture aussi, et jeta un cri si effroyable qu'il fit trembler tout le bois. Et alors le duc s'éveilla sans avoir ni peur ni crainte de cette voix; mais pour sûreté, il tira son épée toute nue, et la mit devant lui.

Alors le corps qui gisoit en la bière s'écria hautement et dit : « O duc Richard ! comment faites-vous telles choses ? On parle en tous pays de votre hardiesse, et que de votre vie vous n'avez eu peur de personne vivante, tant eût-elle été hardie ; maintenant j'aperçois que pour une femme votre chair frémit de la peur que vous avez eue. » — « Je vous dis que je n'ai eu aucune frayeur ni crainte, dit le duc;

car pour qui que ce soit je n'ai mué la couleur de ma face. »

Le corps gisant dans la bière répondit : « Ah ! Richard, je vous dirai qu'on va disant par toute la terre, que vous n'avez jamais eu peur des lions, des léopards, ni des hommes ni vivans ni morts ; et maintenant je vois que vous êtes couard pour le cri d'une femme qui est de ce siècle passée, ayant par couardise tiré votre épée.

« Or maintenant je vois que toutes sortes de mensonges sont éprouvés de ce qu'on dit de vous, que vous êtes le plus hardi de tous les hommes qui sont sur la terre ; désormais vous serez réputé le plus couard de tous les hommes. »

Le duc fut irrité de ces paroles, et par dépit parla au corps, lui disant : « Tu as une folle erreur, car jamais je n'ai eu peur en toute ma vie. » Le corps répondit : « Pourquoi tiriez-vous votre épée, sinon de la peur que vous aviez ? »

« Comment ! dit Richard par grand dépit, n'étiez-vous pas morte aujourd'hui, quand on vous a mise dans cette bière ? » — « Non, répondit le corps, mais j'étois pâmée par une soif qui me surprit à l'heure de vêpres, et qui m'a causé une fièvre au corps; et si vous m'aimez d'un bon amour, je vous prie que vous alliez à la haute forêt, sur la dextre, vous trouverez un bel arbre, auquel il y a une fort belle fontaine, il vous faudra baisser pour y puiser de l'eau en un grand bassin, et vous m'en apporterez, parce que vous ne pouvez trouver un meilleur moyen pour réparer ma santé. »

Le duc Richard, à la requête de cet ennemi, qui étoit sa femme, se mit incontinent en chemin, et s'en alla à la fontaine, qui étoit un voyage inutile pour lui ; car tandis qu'il y alla, le diable se leva de la bière, et s'en fut trouver le chevalier, qui étoit demeuré seul dans la chapelle, lequel il prit avec une grande furie et l'étrangla.

Le chevalier se sentant pris à la gorge, fit des cris si hauts en mourant, que le duc qui puisoit de l'eau l'entendit, et pensa bien qu'il étoit déçu et trahi, mais il n'en eut aucune frayeur, et retourna incontinent en la chapelle d'où il étoit parti, dans laquelle il ne trouva feu ardent, ni lumière, ni lampe, car l'ennemi avoit tout éteint ; puis s'en alla droit vers la bière, et regarda dedans, mais la trouva vide, car le diable en étoit sorti : puis vint à son chevalier, lequel il trouva au milieu de la chapelle tout roidement étendu, de quoi il fut fut fort étonné ; puis le mit en la bière avec bien des lamentations, et commença à dire hautement :

« Ah ! comment m'as-tu si vilainement trompé, mauvais démon ! Si je te rencontre en mon chemin, je te donnerai de mon épée depuis la tête jusqu'aux pieds. Depuis que je suis né, je n'ai pu être déçu de mon ennemi ; mais je vois bien que je suis trahi de toi. »

Comme le Duc Richard pleura son chevalier, et reconnut qu'il avait épousé une fée.

Richard sans peur avoit très grande pitié pour la mort de son chevalier lequel il mit dans la bière, et n'eut point crainte du diable, combien qu'il l'eût mis en terre; toutefois il s'aperçut que sa femme l'avoit trompé.

Et quand ce vint au lendemain, à l'heure de Prime, la populace de Rouen se mit en voie parmi la forêt vers la chapelle. Et le Duc qui avoit veillé toute la nuit se mit en chemin, et vint contre ceux qui venoient, et leur dit :

« O vous qui êtes ici, tant grands que petits ! je vous prie, ne priez plus pour ma femme, car ce n'étoit qu'un diable, et le plus méchant qui fût en enfer. »

Lors le Duc leur raconta comme il veilla sa femme, la peur qu'elle pensa lui faire, et comme il trouva son chevalier mort et étranglé à terre ; et leur conta le fait comme il étoit arrivé.

Alors lui dirent : « Sire, n'ayez doute, nous savons bien que nos ennemis ont pouvoir de tenter jour et nuit les humains, et s'il y a quelqu'un qui vous ait trompé, n'en soyez point affligé. »

Adonc le Duc qui étoit triste et dolent, avec toute sa compagnie arrivèrent au bois de la chapelle; et en ce lieu il leur montra le chevalier gisant mort en la bière, puis le fit enterrer et chanter ses obsèques après, et s'en alla demeurer en l'abbaye de Fécamp, qu'il avoit fondée, et donna congé à tous les chevaliers, barons et gentilshommes de sa cour.

Comme le roi Charlemagne fit crier un tournoi où se trouva la fille du roi d'Angleterre, et de Richard qui en fut amoureux.

Du temps que régnoit Charlemagne, roi et empereur de Rome, il y eut une fête; aussi fut fait un tournoi que Charlemagne fit crier en la ville de Paris, parquoi il fut envoyé des messagers en campagne de toutes parts, où ils firent si bien leurs messages que la cour fut grande à Paris en peu de temps, de plusieurs seigneurs et chevaliers, entre lesquels étoient Naimes, duc de Bavière, Oger de la Marche, le preux Olivier, et Roland, neveu du roi Charlemagne, Thierri d'Ardennes, Salomon de Bretagne, Regnaut de Montauban et ses trois frères.

Le duc Richard lui troisième, Charles, comte d'Alençon, le comte de Vendôme, le duc de Bourbon, et l'Amoureux de Galles, qui conduisoit la belle Clarisse, fille d'Astropol, roi d'Angleterre (13).

Tous ces princes arrivés et la revue faite, reçurent la bien-venue de l'empereur; ce fut un samedi que les princes furent armés, et le lendemain les joutes furent commencées fort vivement.

Oger le Danois, Roland, le comte de Blaye et son cousin le duc de Vienne et autres tenoient la partie de dedans. Richard sans peur, duc de Normandie, Salomon, roi de Bretagne, les quatre fils Aymon, et Thierry, seigneurs des Ardennes, furent de la partie de ceux de dedans. Berthe, reine de France, la princesse Alix, sa fille, et Clarisse d'Angleterre, et autres dames et damoiselles y étoient montées sur des théâtres.

Les chevaliers se montrèrent tous armés au champ, et chacun tira du côté de sa partie, après que les trompettes eurent sonné.

Premièrement, Richard, qui étoit bien monté, accourut, et vint au devant de lui Roland, comte de Montpreux, comme un second Hector. Et après se joignirent ensemble, et se frappèrent de telle sorte sur les écus, que les lances volèrent en pièces. A la seconde course, Richard désheauma Roland, mais à la troisième ils s'atteignirent de telle roideur, que tous deux tombèrent par terre; et étoient si étourdis qu'ils ne savoient s'il étoit jour ou nuit. De laquelle joute chacun fut étonné, et les chevaliers des deux côtés piquèrent leurs chevaux devers les deux champions qui gisoient à terre, lesquels étoient conducteurs des deux parties, et leur aidèrent à remonter aux rencontres qu'ils firent.

Olivier, cousin de Richard, abattit par terre Salomon, roi de Bretagne; le duc de Bourgogne et Oger joutèrent ensemble, et s'entrebattirent l'un avec l'autre.

Richard sans peur abattit d'un coup de lance l'Amoureux de Galles, qui avoit abattu auparavant le duc de Bourbon et le comte d'Alençon, comme aussi chacun tâchoit d'acquérir des louanges.

Richard s'en alloit par le tournoi, abattant les chevaliers et leurs chevaux par terre, si bien que tous ceux du tournoi appréhendoient de le rencontrer. Il fit tant par ses prouesses que le prix du tournoi lui fut donné par les dames du côté de dehors, et Roland eut l'honneur de ceux de dedans.

Après que les joutes furent faites, tous les seigneurs et dames vinrent souper au palais, par le commandement du roi Charlemagne, auquel banquet il fut servi de plusieurs sortes de viandes; le duc Richard fut frappé de Clarisse, fille du roi d'Angleterre, qui étoit assise devant lui, à la table de l'empereur, et pareillement la jeune dame ne fut pas moins amoureuse de lui, pour les vaillances qu'elle lui avoit vu faire.

Richard, qui fut épris d'amour, s'entremettoit de servir la dame; et par signe d'amour montroit ce que son cœur sentoit pour l'amour d'elle, dont elle n'avoit point de peine.

Or l'Amoureux de Galles lui dénonça le jour de son départ, et Richard lui promit en signe de bon amour, qu'il se mettroit en danger de la conquêter sur dix chevaliers et l'Amoureux de Galles qui la devoit ramener en Angleterre. Et à ces paroles Clarisse fut ébahie, en louant la vaillance et le courage de son ami Richard.

Comme Richard conquit les chevaliers, et emmena la fille du roi d'Angleterre, laquelle il épousa.

Et après que la fête fut finie, tous les princes, seigneurs, barons, dames et damoiselles prirent congé du roi, qui leur fit de grands présents. Chacun s'en retourna en son pays : Clarisse aussi s'en voulut retourner chez elle, et prit congé de Charlemagne, qui la remercia de sa venue. Elle fit apprêter son chariot pour partir. Et l'Amoureux de Galles, qui l'avoit amenée en France avec dix vaillans chevaliers, qui étoient avec lui, étoient conducteurs de cette dame jusqu'à son retour.

Quand le duc Richard sut le jour qu'elle devoit partir, ainsi qu'elle lui avoit dit, se partit deux jours devant de la cour, et prit congé du roi, et se mit en chemin, si bien qu'il arriva à un château, qui étoit à dix lieues au delà de Rouen sur le chemin de Normandie, pour aller en Angleterre; et se tint si secrètement que personne ne s'en aperçut. Et alors qu'il se promenoit par dedans le château, il s'appuya sur une fenêtre qui regardoit du côté de Rouen, et commença à regarder par les champs ; alors il aperçut au bout du bois onze chevaliers armés de toutes pièces, qui tenoient le chemin du château : au milieu d'eux il y avoit la plus belle dame qu'il eût vu en sa vie, et avec elle deux demoiselles : vous saurez que c'étoit l'Amoureux de Galles avec dix chevaliers, qui conduisoient la belle Clarisse, et avoient couché la nuit précédente dans la ville de Rouen.

Incontinent que Richard les vit, il baissa son heaume sur sa tête; et monta sur son cheval qui étoit tout prêt, et prit une lance en sa main, et sortit hors du château, en courant vers les onze chevaliers tant que son cheval pût courir. Et quand il fut près d'eux il cria : « Gardez-vous de moi ou me laissez cette dame, car elle m'appartient. »

Les chevaliers qui entendirent ces paroles virent bien qu'ils seroient contrains de combattre, de quoi ils ne se soucioient guère, et eussent souhaité que Richard ne fût venu contre eux, ce qu'il fît; car il courut vers l'un des chevaliers qui venoit rudement vers lui la lance baissée, laquelle lance il rompit sur Richard, et Richard se sentant frappé, il lui bailla tel coup de glaive qu'il envoya l'homme et le cheval par terre, et puis après il passa outre. Et quand il vit que son glaive étoit encore tout entier, il courut vers un autre chevalier, et de sa lance le jetta dessus le sablon; et se rompit le bras droit en tombant : de sa lance il abattit encore quatre autres chevaliers, qui ne se relevèrent pas.

Quand l'Amoureux de Galles vit que la perte tournoit sur sa compagnie, il piqua son cheval, et vint le glaive baissé contre Richard, et lui donna un coup si fort, que la lance rompit en pièces. Le duc Richard, qui avoit reçu le coup sur son écu, frappa l'Amoureux de Galles de telle sorte, qu'il le fit tomber outrageusement sur l'herbe; et en tombant il se dénoua une cuisse. Et après que son glaive fut rompu, il tira son épée, et fut aux six autres chevaliers, et le premier qu'il rencontra, il le jeta mort sur la place.

Les autres chevaliers l'attaquèrent fort rudement et lui donnèrent fort à faire. Le duc Richard, qui avoit l'épée à la main, en frappa un si rudement, qu'il lui coupa les deux bras et tomba mort : et le neuvième fut aussi fort blessé, car Richard étoit meilleur guerrier qu'eux.

Quand les deux autres qui étoient demeurés vifs, et qui gardoient Clarisse d'Angleterre, virent que tous leurs compagnons étoient en déroute, ils se vinrent rendre à la merci du duc qui les y reçut, et leur fit promettre de remener leur seigneur l'Amoureux de Galles en une litière en Angleterre, et tous les compagnons blessés, pour être bien pansés.

Et il leur promit de faire mettre en sépulture ceux qui étoient tués; et les chevaliers, dont l'un avoit nom Yvain et l'autre Bertrand, lui promirent de faire ce qu'il leur avoit dit.

Après cela, le duc Richard s'adressa à la dame Clarisse, qui fut joyeuse de son aventure, car il l'aimoit d'un grand amour, puis il vint auprès d'elle, et lui dit :

« Madame, louons Dieu et la fortune de ce que je vous ai conquise, et vous en devez être joyeuse; car je vous aime d'un bon amour, et je ne vous oublierai jamais tant que je vivrai, et s'il plaît à Dieu et à vous, je vous épouserai par loyal mariage. »

« Cher ami, lui dit la dame, pour l'amour de vous et de votre prouesse, je suis contente de quitter mon père et mon pays, quand il vous plaira de me prendre pour votre épouse, j'en serai toute joyeuse. »

Le duc Richard et la dame Clarisse se mirent en chemin pour aller à Rouen, où ils furent reçus avec grande joie de tous les citoyens ; puis le duc manda tous les barons, seigneurs et gentilshommes de Normandie, ensemble les dames et damoiselles, en présence desquels l'archevêque de Rouen épousa Clarisse au duc Richard, en l'église de Rouen ; la fête fut faite au palais, et après, il fut fait joutes des jeunes chevaliers et écuyers du pays, à l'encontre de ceux des autres contrées ès plaines au delà de Rouen près de la mer. Après la fête passée, les seigneurs retournèrent en leurs pays, et le duc et sa femme demeurèrent paisiblement ensemble en la ville de Rouen.

Comme le roi d'Angleterre descendit en Normandie, et de Grudemort qui vint au secours de Richard sans peur.

Cependant les chevaliers qui étoient partis avec le duc Richard, et qui avoient mis l'Amoureux de Galles et ses compagnons dedans des litières, cheminèrent tant qu'ils vinrent au port de mer, sur lequel ils les mirent, et tant firent, qu'ils arrivèrent devers Astropol, roi d'Angleterre, auquel ils racontèrent leurs aventures et tout le fait comme il étoit arrivé, en lui montrant l'Amoureux de Galles et les autres chevaliers, qui étoient encore navrés, et lui dirent comme Richard les avoit tous défaits, et qu'il avoit emmené Clarisse, sa fille. Quand le roi d'Angleterre entendit ces paroles, il fut courroucé et jura qu'il vouloit ravoir sa fille et le duc Richard, puis de tous en faire cruelle justice.

Le roi Astropol attendit que l'Amoureux de Galles fût guéri, et après qu'il fut guéri, il fit assembler son armée à Londres, dont étoient conducteurs le duc de Northumbelland, le comte de Vinchestre, et plusieurs autres seigneurs, et fit équiper plusieurs navires, lesquels ils montèrent tous, et tant cinglèrent leurs voiles au vent, qu'ils arrivèrent à Dieppe en Normandie, et commencèrent à courir la terre du duc Richard, et le roi d'Angleterre lui manda qu'il eût à lui rendre sa fille, ou qu'il le détruiroit. Le duc fit une réponse fort courtoise, et dit que c'étoit qu'il aimoit sa fille, qu'il l'avoit prise pour femme, et que ce fût son plaisir à lui laisser, et qu'ils seroient bons amis, et que pour mourir jamais ne rendroit sa femme. Quand le roi d'Angleterre entendit ces nouvelles, il fut plus courroucé qu'auparavant. Alors le duc Richard dit à Roland et à Regnaut de Montauban qu'ils le vinssent secourir; mais ils ne purent venir, parquoi le roi d'Angleterre prit conseil pour assaillir le duc Richard, et lui manda qu'il vouloit avec lui batailler au delà de Dieppe, dont le duc fut fort joyeux et accepta la bataille au mardi suivant.

Et quand il vit que le mardi approchoit, il manda

que chacun fût en armes et se tînt prêt pour aller combattre, entre lesquels étoient le comte de Mortagne et le comte d'Alençon.

Quand ils furent tous en armes, le duc Richard partit de l'abbaye de Fécamp, et avec son armée fut au devant du roi, en délibération de bien combattre.

Quand les deux armées s'approchèrent l'une de l'autre, le Duc marchoit le premier à la tête de la sienne, sous la conduite des comtes d'Alençon et de Mortagne.

Le roi d'Angleterre menoit la bataille : le duc de Northumbelland menoit l'arrière-garde, et le comte de Vinchestre l'avant-garde.

Alors Richard regarda derrière lui, et vit un chevalier noir à merveille; le rencontrant il le regarda depuis le haut jusqu'en bas, mais il vit lui et son cheval plus noir que les Maures; il avoit les dents plus blanches que la neige.

Le chevalier noir qui étoit Brudemort, qu'autrefois Richard avoit épousé, et qui s'étoit ainsi transformé en guise d'un chevalier, salua Richard, et lui dit :

« Sire duc, je suis un soldat qui suis venu vers vous pour combattre vos ennemis, s'il vous plaît de me recevoir. Je ne vous demande rien, et vous me verrez mettre vos ennemis en fuite, pourvu que vous me promettiez que si d'aventure il me survenoit aucune guerre ou discorde, que pareillement vous m'aideriez si j'avois affaire de vous. » Richard lui accorda tout ce qu'il lui demandoit; puis lui demanda: « Comment avez-vous nom? » Et le chevalier noir lui répondit : « Je ne vous le cèlerai point, on m'appelle Brudemort : ne craignez rien ; car quand nous serons en bataille, jamais homme ne vous assaillera qu'alors je ne le mette à mort de mon épée. » Quand il le vit ainsi armé, et qu'il étoit plus noir que l'encre détrempée, il ne pensa jamais que ce fût celle qui avoit été sa femme par l'espace de sept ans.

Lors le duc Richard lui commanda tout son ost à conduire : il en prit la charge, et ce pendant arriva la bataille du roi d'Angleterre.

Ce chevalier noir, qui conduisoit l'ost des Normands, fit sonner les trompettes, et entra en la bataille parmi les Anglois. Les Normands le suivoient, et à son arrivée il en jeta plus de vingt morts par terre. Et Richard, qui étoit dans l'armée, rencontra le roi d'Angleterre ; ils joutèrent ensemble, et Richard qui avoit une forte lance en donna tel coup au roi qu'il le navra au côté : d'autre côté, le chevalier noir fit tant qu'il défit tous les Anglois et les mit en fuite. Semblablement le roi s'enfuit quand il vit ainsi ses gens défaits. Et les Anglois disoient tous que le chevalier noir étoit vaillant, et qu'il étoit impossible à la créature de faire ce qu'il faisoit. Ce jour-là, tous les Anglois s'enfuirent vers la mer pour entrer en leurs nefs.

Quand Brudemort les vit ainsi fuir, il s'écria tant qu'il put: « S'il y en a aucun qui d'armes soit garni, et qu'il aime par amour, qu'il se tourne vers moi, et me livre deux coups de lance, et combatte avec moi à l'épée; » mais pas un d'eux ne retourna, et ainsi laissèrent tous leurs tentes et pavillons dessus les champs, et s'en retournèrent tout confus en leurs pays.

Brudemort s'en vint vers le Duc, et lui dit: « Sire, ai-je bien fait à votre gré? Ne me suis-je pas montré à votre guerre vrai guerrier? » — « Oui, dit-il, vous êtes preux et hardi, et vous m'avez fait honneur, courtoisie et plaisir; et s'il vous arrivoit chose qu'on voulût armer contre vous, mandez-le-moi, et je me ferai toujours un plaisir de vous secourir et de combattre vos ennemis. » — « Sire duc, dit Brudemort, je m'attends bien à vous. »

Lors ils s'en allèrent, et Brudemort se prit à chevaucher tant qu'il put et entra en la forêt; et puis Richard avec les ducs, comtes, barons, et chevaliers normands, s'en retournèrent en leur ost, où chacun fut joyeux de ce que les Anglois avoient été défaits. Puis le duc Richard s'en alla à Rouen, et donna congé à ses gens, et conta à sa femme la désolation des Anglois; mais de ce que son père étoit blessé, elle en fut un peu affligée; mais aussi elle fut joyeuse de ce qu'elle étoit demeurée avec son mari.

Comme Richard sans peur suivit Brudemort en une forêt.

Alors Richard manda ses veneurs environ trois

jours après la bataille, et dit qu'il vouloit chasser ès forêts.

A son commandement, tous les veneurs vinrent et amenèrent leurs chiens, dont il y en avoit beaucoup; mais le Duc qui vit des chiens navrés, demanda aux veneurs qui avoit navré ces chiens. Et les veneurs lui répondirent : « Sire, ès bois de Riquebourg il y a un grand sanglier, qui est aussi blanc qu'un cigne; et tous les lévriers qui vont contre lui, et qu'il peut atteindre, il les met à mort. »

Quand le Duc entendit ces paroles il en fut joyeux, et dit que s'il pouvoit trouver quelqu'un qui lui enseignât le sanglier, qu'il chasseroit tant en la forêt qu'il le prendroit. Mais c'est en vain qu'il s'en met en peine, parce qu'il faudra suivre le chevalier noir qui le viendra quérir, il ne devoit pas le prendre, parce qu'il étoit fée : Cloriande et Esglantin furent fées, et demeurèrent dedans les forêts de Normandie en un beau manoir, et ils prenoient plaisir à nourrir un beau porc-sanglier, qui étoit aussi blanc que lis, et l'aimoient pource qu'il étoit si blanc. (14)

Il arriva que le porc échappa de la demeure des fées, et oncques depuis ne le purent faire rentrer. Et pour le courroux qu'ils avoient ils destinèrent qu'il ne seroit jamais pris d'hommes vivants, s'il n'étoit duc de Normandie, et engendré d'un Sarrasin et d'une chrétienne; et pensoient que cela ne pourroit arriver. Et néanmoins il est arrivé, car il prit sa grande épée, et le tua : il étoit engendré de Haro, premier duc de Normandie (qui étoit issu des Danois) lequel étoit Sarrasin, et l'engendra avec la fille du duc, laquelle étoit chrétienne. Et pour cette cause le duc Richard ne le devoit pas prendre; car il n'étoit pas engendré d'un Sarrasin et d'une chrétienne, mais il étoit fils de Robert le Diable, et à cause du nom de Diable qu'il portoit, les ennemis d'enfer en étoient courroucés, et ne désiroient autre chose qu'à décevoir son fils Richard, comme vous entendrez ci-après.

Vous saurez donc que la chasse que le Duc avoit entreprise du sanglier, fut mise en répit jusqu'au lendemain.

Richard s'en alla coucher en l'abbaye de Fécamp, pour être prêt au jour.

Et quand ce vint autour de minuit, qu'il étoit dans son lit, Brudemort, qui avoit été sa femme, se vint présenter à lui en guise d'un chevalier armé de toutes pièces, et dit au duc :

« Sire, laissez le sommeil, il vous faut apprêter pour venir avec moi, comme vous m'avez promis, si ne voulez être appelé lâche et menteur. »—« Lâche! dit Richard, pourquoi le serois-je? pour quelque chose que je voie je n'aurai point peur; et ce me seroit un grand reproche si je vous manquois au besoin, puisque vous m'avez si bien défendu contre les Anglois. »

Pour lors il se leva, et s'arma de haubert, épaulières, jambes et bras de fer, et mit son heaume sur sa tête, et dit qu'il ne craignoit estour (15) ni bataille. Le Chevalier Noir lui répondit : « Sire, avant qu'il soit jour, je vous mènerai en un lieu que vous aurez peur. »—« Ami, dit le Duc, ne dites point cela, car, depuis que je suis né, jamais je n'ai eu peur.» —« Par mon chef, dit l'ennemi, devant que le soir soit venu vous aurez peur, faites votre devoir de venir avec moi.»—« Oui, pour vrai, dit le Duc, j'y veux aller, savoir si tu mentiras ou si tu diras la vérité : car jamais homme, tant grand soit-il, ne me fera peur. »

Lors Richard et Brudemort s'en allèrent ensemble, lesquels bientôt entrèrent en une forêt où ils trouvèrent douze chevaliers qui cheminoient pour commencer la guerre, et le Duc dit au Chevalier Noir : « Sire, dites-moi qui sont ces chevaliers qui sont ici près de nous dans cette forêt. »—« Sire, dit Brudemort, je crois que devant qu'il soit jour par eux vous aurez effroi et grande peur.

Comme Richard sans peur commença la bataille pour Brudemort contre Burgifer, qui lui détenoit la sénéchaussée d'enfer.

Ainsi comme Richard et Brudemort s'en alloient devisant ensemble, virent un écuyer qui venoit à eux dans la forêt, criant : « Brudemort, où es-tu, que tu tardes si longtemps? que ne m'amènes-tu au plus tôt ce chevalier qui doit combattre pour toi? Burgifer est venu, qui est ton adversaire, auquel tu veux faire tort de ce qui lui appartient. Si tu as bon champion et fort, sache qu'il lui faudra souffrir maints coups de son glaive. »

Et quand Brudemort ouït ainsi parler l'écuyer, incontinent il se présenta avec Richard devant le roi d'enfer. « Sire, notre maître, je suis tout prêt de montrer que Burgifer nous veut déshériter à tort de la sénéchaussée que vous m'avez donnée, par un chevalier de la contrée de France, qui jamais n'eût peur d'aucune créature du monde, lequel j'ai trouvé, qui pour moi se combattra en bataille ordonnée contre Burgifer jusqu'à outrance. »

Le roi d'Enfer étoit assis en une chaise toute noire, au pied d'un orme large et spacieux, il étoit vêtu de velours noir; et il avoit la face horrible à regarder. Et avoit tout autour lui un grand nombre d'esprits tout noirs; les uns étoient armés et les autres non. Et quand le dit roi d'Enfer eut ouï parler Brudemort, il lui dit : « Allez vous délivrer par la bataille. »

—« Sire, dit Brudemort, ainsi que vous le commandez il sera fait. » Alors le duc Richard fut prêt, et garni de ses armes, il entra en bataille contre Burgifer : alors il regarda en haut et en bas, parmi la forêt, où il vit grand nombre de démons, dont il ne s'effraya point; et nonobstant il ne pourra échapper de la place qu'il ne combatte le plus fort d'entre eux.

Or, Burgifer qui étoit prêt d'entrer au champ de bataille prit sa lance et vint contre le Duc, et le duc contre lui; et pour se joindre ils firent de si durs coups que le feu tressailloit de leurs écus, et leurs lances furent rompues en pièces, et néanmoins ils ne se purent abattre par terre.

Quand leurs lances furent rompues, ils prirent leurs épées, ils s'en donnèrent tant de coups qu'ils se lassèrent les bras l'un à l'autre.

Quand Burgifer sentit les coups du duc Richard, il lui dit : « Sire, je suis tout étonné comme vous avez été si fol d'oser venir en cette place, jamais personne n'y est venu qu'il n'ait perdu la vie ; aussi je vous certifie que vous la perdrez. » — « Ami, dit le duc, je ne crains point en aucune manière, fais du pis que tu pourras, je ne te manquerai point, n'en doute pas. » — « Sire, dit Burgifer, entendez à moi un peu, je vous prie ; dites-moi qui est ce chevalier pour qui vous combattez ? » — « Je le connois bien, dit le Duc, et il est bien vaillant, puissant et fort hardi, il n'y a pas trois jours que je le vis faire grandes prouesses, si bien que je crois que je serois mort s'il ne m'eût aidé en bataille. »

Burgifer répondit : « Comment avez-vous une folle pensée ? Sachez que c'est un démon pour qui vous combattez, et ceux que vous voyez en cette vallée sont aussi tous des démons. »

Des paroles que dit l'ennemi Richard n'en mua point sa face, mais il lui répondit : « Je crois bien que pour m'effrayer tu me dis ces paroles. » Lors, Burgifer dit : « Il n'y a pas longtemps qu'il se vanta en Enfer qu'il vous feroit sortir du sens ; pour la cause que vous êtes si renommé, et que jamais vous n'avez eu aucune peur, il se vanta qu'il vous feroit avoir peur : ce qu'il a fait, ainsi que je le vois. » —

« Tu as menti, dit le duc Richard ; car jamais je n'ai eu peur de personne vivante. »

— « Non, dit Burgifer. Écoutez-moi un peu : ne vous souvient-il pas que quand vous chevauchiez parmi une forêt, une troupe de huarts vint huer dessus vous, et quand ils se prirent à huer, vous huâtes avec eux? Et c'étoient tous diables que Brudemort avoit amenés par méchanceté, pour vous jetter hors du sens.

« Et quand il vous demanda qui étoit celui qui avoit hué, vous fûtes si effrayé que vous ne répondîtes rien de la grande peur que vous eûtes, il vous fit aussi crier avec eux, et alors vous eûtes peur et crainte, vous ne le pouvez nier.

« Semblablement je sais bien que vous eûtes peur quand vous entrâtes en la chapelle, et que vous trouvâtes un homme mort, gisant en une bière, qui vous vint embrasser par derrière. D'autre part, vous ne pouvez nier la peur que vous eûtes la nuit, quand vous allâtes veiller votre femme au bois de la chapelle, laquelle vous envoya quérir de l'eau à la fontaine; et quand vous revîntes, vous trouvâtes votre chevalier étranglé, et la femme que vous aviez épousée était une fée, pour laquelle vous combattez contre en la bataille rangée. »

Quand le Duc l'eut entendu, il pensa en soi-même, et dit : « Cet esprit ici me dit la vérité, il me fait bien faire ressouvenir de toutes les aventures et les femmes que j'ai eues. » Puis il demanda à cet esprit : « Comment pouvez-vous savoir tout ce qui se fait au monde, en avez-vous la puissance? » —« Oui, dit Burgifer, par le congé de Dieu, nous savons tout ce que sont ceux qui sont en péché, et aussitôt qu'ils sont confessés, incontinent nous avons tout oublié, et ne savons plus rien. » Richard dit à Burgifer : « Je te prie, dis-moi si Brudemort, pour lequel je combats, est la fée que j'ai épousée en guise d'une femme, et avec qui j'ai été marié sept ans? » — « Oui, dit Burgifer, c'est celui-là que vous donnâtes à nourrir sept ans en la forêt. »

—« Tu me contes ici une grande aventure, dit le Duc, et me mets en grand étonnement; et néanmoins, il vint d'une nature assez franche, quand il me défendit alors, pour la courtoisie qu'il me fit, je veux contre toi ma bataille achever; je sais un tel tour que je désire te montrer. »

En même temps, le Duc commença à frapper de toute sa force dessus l'ennemi, et se baillèrent tant de coups l'un à l'autre, qu'ils en furent tout étourdis.

Comme Richard de Normandie conquit Burgifer, le quel lui cria merci.

Alors les deux champions ci-dessus nommés, qui se combattoient, furent si âprement échauffés, que Richard pour les coups qu'il put donner ne pouvoit endommager Burgifer ; c'est pourquoi il lui dit : « Tu es plus dur que le fer et l'acier, je pense que tu as fait forger tes armes dans l'Enfer ; car pour puissance que j'ai je ne les peux entamer. » Et alors Burgifer frappoit de toute sa force dessus le duc. Mais quoiqu'il reçût de durs coups, il ne lui a su mal faire en son corps; car Dieu par sa grâce le guérissait. Et jamais il n'eût conquis l'ennemi par force s'il ne se fût servi du pommeau de son épée, en laquelle étoient enchâssées plusieurs dignes reliques. Alors il commença à frapper du pommeau de son épée sur le heaume rouge de Burgifer, et lui donna tant de coups du rondon de son épée, qu'il lui fit rompre et briser ses armes en pièces. Et pour cette cause Burgifer fut vaincu et lui cria merci, et lui dit : « Sire Duc, je vous prie de ne me plus frapper ; car des plaies que vous me faites nul ne me pourroit guérir ; très volontiers à vous je me rends, car je suis vaincu. »

Quand Richard l'entendit ainsi parler, il lui dit : « Si tu veux que je te laisse en paix, rends à Brudemort la sénéchaussée d'Enfer que tu lui a faussement ravie par force. »

Ils furent d'accord ensemble, puis le duc appela Brudemort, lequel s'inclina devant lui ; et le remit en possession de la sénéchaussée que Burgifer lui vouloit tollir par force, et lui dit : « Il m'en faut retourner puisque j'ai achevé la bataille, je ne veux plus demeurer ici, montrez-moi le chemin pour m'en retourner. »

—« Sire, dit Brudemort, à votre commandement; car je suis plus tenu à vous que vous ne sauriez penser, parce que jadis vous me fîtes nourrir l'espace de sept ans, et je fus votre femme épousée. »

« Hélas! je suis bien courroucé, dit Richard sans peur, quand un démon m'a déçu et trahi.

« Or je te prie par amour que tu ne me tentes plus, ni ne me fasses nulle peine, et t'en retourne d'où tu es venu; car tu m'as chagriné. »

Et lors ils prirent congé l'un de l'autre, et Brudemort s'en retourna en la forêt, et le Duc en la ville de Rouen, où étant de retour, il dit à sa femme toutes les aventures qui lui étoient arrivées pendant son voyage (16).

Comme le roi Charlemagne manda tous ses barons et chevaliers pour aller secourir la Terre Sainte, et comme Richard s'y trouva en habit inconnu, et abattit tous les barons et chevaliers de sa cour à la joute.

Pendant que le Duc était à Rouen, il y eut des nouvelles que le patriarche de Jérusalem avoit mandé à Charlemagne, roi de France et pilier de la religion catholique, que les Sarrasins avaient pris la cité de Jérusalem, et occupoient la Terre Sainte. Et à son mandement il envoya des messagers par toutes ses provinces, pour faire savoir aux princes les nouvelles, et qu'ils se rendissent à Paris promptement avec autant de soldats qu'ils pourroient.

Entre les autres princes vers qui les messagers arrivèrent, le duc Richard de Normandie fut l'un d'eux, et quand il le sut, il répondit aux messagers qu'il se trouveroit bientôt auprès de lui.

Aussitôt il manda tous ses chevaliers, comme les comtes d'Alençon, de Mortagne, de Caen et ses autres principaux, avec lesquels il envoya deux chevaliers devers Charlemagne, en lui mandant qu'il se trouveroit bientôt devers lui. Après qu'ils furent partis, et qu'ils pouvoient être à Paris, le duc Richard s'arma d'une riche armure dorée et d'un écu aussi doré, sans avoir aucune reconnaissance (17). Puis il monta à cheval, et prit un écuyer avec lui pour porter son écu et son heaume, et s'en alla vers la ville de Paris; et fit tant qu'en un soir il arriva dans la forêt royale, qui est appelée le bois de Vincennes, et alla loger en un hermitage qui y étoit. Il envoya son écuyer vers le roi Charlemagne, et il commença à lui dire : « Sire, je suis envoyé à vous de la part d'un chevalier, lequel est armé d'une armure dorée, qui se tient dans la forêt royale, vous annoncer que pour la renommée des chevaliers de votre cour, il est venu en ce pays; il vous demande que vous lui en envoyiez, et qu'il veut jouter avec eux d'une lance, pour essayer s'ils sont d'une telle valeur comme on le dit. » Pour lors le roi fut fort joyeux d'entendre ces nouvelles-là, et alors Olivier, comte de Vienne, qui entendit ces paroles de l'écuyer, dit: « Mon ami, allez dire à votre maître, puisqu'il a si grande envie de jouter, qu'il vienne tout présentement, et qu'il trouvera un chevalier en la forêt royale, auquel il s'éprouvera, et qu'il se tienne assuré de la joute. »

L'écuyer s'en retourna devers le chevalier doré, et

lui dit qu'Olivier devoit venir jouter contre lui, dont il fut fort joyeux.

Incontinent après, Olivier s'en alla armé de toutes pièces et d'une lance, puis il prit congé du roi, et amena avec lui un écuyer. Et s'en alla en la forêt royale, où il n'y a qu'une petite lieue de Paris. Et quand il fut en la forêt, il trouva Richard tout prêt à combattre. Et aussitôt qu'ils se virent l'un et l'autre, ils laissèrent courir leurs chevaux comme la foudre, et leurs lances baissées. Olivier asséna Richard au côté, et rompit sa lance : Richard fut fort ébranlé du coup, et frappa Olivier si rudement, qu'il le fit tomber les jambes en haut ; et après qu'il eut fait son coup, il se mit au plus épais de la forêt. Olivier qui étoit tout étourdi (car il étoit armé de toutes pièces) se releva, pensant trouver le chevalier qui l'avoit abattu pour se venger ; mais comme il ne le vit plus il s'en retourna vers le roi, et lui conta son aventure.

Et quand Oger sut qu'Olivier avoit été battu, il dit qu'il essaieroit la prouesse du chevalier étranger. Lors il s'arma tout prêt à combattre et entra en la forêt royale, en laquelle il trouva Richard tout prêt comme devant. Si allèrent courir l'un contre l'autre, et Oger le frappa si rudement, que son cheval tomba des jambes de derrière ; mais il se releva incontinent, et Richard frappa Oger sur son écu, et glissa sa lance sur lui tant que le fer baissa. Et Oger ne se put tenir sur son cheval, et ainsi tomba à terre tout étourdi. Et quand Richard eut vu tomber

Oger, incontinent il se mit au plus profond de la forêt, et plus ne fut vu : et Oger après qu'il fut relevé s'en retourna à la cour.

Olivier qui le vit venir tout pensif, lui demanda comment il avoit fait avec le chevalier. Oger lui dit : « Mon cousin, ne nous moquons point l'un de l'autre, car j'ai été battu aussi bien que vous l'avez été. »

Roland arriva qui n'étoit point à la cour aux premières nouvelles, demanda ce que c'étoit : on lui conta l'aventure du chevalier doré.

Lors Roland dit qu'il iroit essayer s'il étoit fort comme on disoit : il se fit armer et prit une lance, monta à cheval et s'en retourna pour trouver le duc Richard au milieu de la forêt royale, lequel s'étoit garni d'une forte lance. Ils laissèrent courir leurs chevaux l'un contre l'autre, et Richard lui donna un tel coup qu'il le renversa par terre, et s'en retourna à Paris bien dolent.

Quand le Roi sut que son neveu avoit été abattu, il fut émerveillé qui menoit ainsi les barons.

Après y alla Salomon de Bretagne bien armé, qui comme les autres fut abattu par terre par le chevalier, et ne se pouvoit relever ; car il s'étoit dénoué une cuisse, et il fut emporté par ses écuyers ainsi navré comme il étoit.

Guy, duc de Bourgogne, s'arma après les autres, et alla jouter contre lui, qui fut abattu par terre, comme les autres. Thierry d'Ardennes voulut aussi monter à cheval, et s'en allant trouva le dit Guy qui retournoit avec sa courte honte ; puis s'en alla en la forêt royale, où il jouta contre le Duc, lequel lui fit une plaie au bras; et néanmoins ne fut pas abattu comme les autres; dont ils étoient tous bien étonnés qui pouvoit être ce chevalier : puis Regnaut de Montauban alla contre Richard, et fut abattu comme les autres par ce vaillant chevalier.

Semblablement se présentèrent Guérin, duc de Lorraine; Geoffroy, seigneur des Bordelais; Hugues, comte de Nantois, et Lambert, prince de Bruxelles; Bazin de Beauvais, et Geoffroy de Frise, Samson de Picardie, l'Amoureux de Galles, qui tenoit le lieu d'Astropol, roi d'Angleterre; Riol du Mans, et Naimes, duc de Bavière, qui tous les uns après les autres allèrent jouter contre le duc de Normandie, qui les abattit tous à coups de lance.

Quand tous les barons eurent été abattus, ils s'en retournèrent à Charlemagne, dont il fut bien émerveillé, et délibéra d'aller jouter contre le chevalier, ce qu'il fit. Charlemagne fut en la forêt pour jouter : mais le duc Richard, qui sut par un espion que le Roi venoit jouter contre lui, en fut joyeux.

Le Roi et le Duc furent l'un devant l'autre, et piquèrent leurs chevaux, et quand ce vint à se joindre, le Roi rompit sa lance sur Richard, et le vaillant chevalier rompit sa lance à terre, et ne vouloit point frapper; puis après il se fit connoître au Roi, en disant qu'il ne lui déplût de ce qu'il avoit abattu ses chevaliers.

Le Roi fut bien surpris quand il vit que c'étoit Richard, duc de Normandie ; il lui dit qu'il étoit le plus vaillant chevalier du monde.

Le Roi et le Duc s'en allèrent à Paris, et furent reçus en grande joie de tous les princes, lesquels sachant que c'étoit le duc Richard avec qui ils avoient jouté le tinrent en grande merveille de ce qu'il s'étoit ainsi célé, et l'en remercièrent.

Huit jours après que tous les chevaliers furent assemblés à Paris, et que tous les princes furent venus, ils se trouvèrent environ cent mille hommes.

Le roi Charlemagne prit son chemin pour aller vers Jérusalem sur les Turcs, et le duc Richard sans peur étoit toujours en sa compagnie, lequel y fit beaucoup de belles conquêtes et prouesses, comme il est marqué en l'histoire de Fierabras bien amplement (18).

Le Roi prit Jérusalem sur les Turcs par le moyen du duc Richard, ainsi qu'on trouve ès anciennes histoires.

Comme Richard sans peur fut en danger d'être noyé par un esprit malin.

Après le retour de Richard sans peur d'avec le roi Charlemagne en son pays, il reçut nouvelles que le roi d'Angleterre, père de sa femme, étoit mort.

Pour lors il eut volonté de se faire couronner roi d'Angleterre, et de passer la mer à pleines voiles, avec grande seigneurie et baronie, et fit apprêter douze navires de toutes choses nécessaires, pour le premier jour de mai.

Quand tout son équipage fut prêt, ils montèrent aux navires, c'est à savoir : Richard et aucuns de ses principaux en un navire, le comte d'Alençon en un autre avec cent chevaliers, le comte de Caen en un autre, et ès autres nefs plusieurs autres seigneurs, chevaliers de France, Picardie, Normandie, et beaucoup d'Angleterre, qui étoient venus quérir leur seigneur Richard.

Quand ils furent hors de terre sur la mer, le navire de Richard alloit devant, passant et traversant les ondes. Au bout de deux jours l'air se troubla, la mer s'enfla et les tempêtes se levèrent qui éloignèrent les navires les uns des autres.

Le navire du Duc venoit par mer entre les tempêtes, entre lesquelles il aperçut voguant sur la mer un petit navire presque tout brisé de la tourmente, qui venoit flottant vers lui, dessus lequel navire étoit une riche dame, accoutrée à la mode royale, qui étoit toute déconfortée; et en disant lamentablement :

« Hélas ! malheureuse et dolente que je suis d'avoir ainsi perdu mes amis, que j'ai vus noyer devant moi, et même mon frère charnel.

« Hélas ! que dira le roi mon père, quand on lui portera la nouvelle de la mort de son enfant, et mon exil, moi qui suis sa fille unique. »

A ces mots, le navire de cette dame approcha celui de Richard, qui avoit bien entendu les paroles qu'elle avoit dites. Et quand il la vit parfaite en beauté, il en eut pitié, et lui demanda qui elle étoit. « Hélas! Sire, dit-elle, secourez-moi, je vous prie, menez-moi en votre navire et ayez pitié de moi ; je suis fille du roi d'Espagne, qui nous envoya mon frère et moi vers le roi d'Écosse, qui me devoit prendre en mariage ; mais par la tourmente notre navire a été rompu ; je vous prie d'avoir pitié de moi et me sauver la vie. »

Richard sans peur incontinent s'approcha d'elle, et la fit mettre dans son navire, et la conforta du mieux qu'il put. Et à la fin le navire où étoient Richard et la dame, par les tempêtes arriva en Italie, auprès de la ville de Gênes.

Et à cette heure-là, Richard s'endormit dans son navire, à cause des fatigues et des tourmentes qu'il avoit souffertes ; étant à une lieue de Gênes, la grêle et la tempête tombèrent sur le navire qui enfonça, et tous les chevaliers qui étoient dedans périrent, excepté Richard, qui, par la volonté de Dieu, fut sauvé : c'étoit Burgifer et un malin esprit contre qui le duc Richard avoit combattu, qui ne tâchoient qu'à le tromper et lui faire peur. Le duc Richard arriva en une île où il fut en grande peine.

Comme le duc Richard fut porté par les mauvais esprits sur une haute montagne.

Et quand le duc Richard fut arrivé en cette île, il fut étonné, non qu'il eût peur ni crainte. La nuit approchant, il s'endormit dans cette île, à cause du grand travail qu'il avoit fait.

Et comme il dormoit, Burgifer qui étoit son ennemi juré, qui étoit bien courroucé de ce que Richard sans peur lui étoit échappé, vint au lieu où il dormoit, et amena avec lui plusieurs esprits, hurlant comme des taureaux et autres bêtes étranges.

Ces esprits trouvant Richard endormi, le prirent et l'enlevèrent bien haut en l'air ; mais il dormoit si fort qu'il ne se sentit point transporter.

Ils l'emportèrent sur une montagne fort haute ; et quand ils l'eurent porté en ce lieu, ils le laissèrent et s'enfuirent. La cause pourquoi ils le laissèrent là, est qu'il devoit venir en ce lieu un chevalier de France, qui étoit destiné pour aller combattre un géant qui gardoit un port de mer, et qui mettoit à mort tous les chrétiens qui alloient à Jérusalem ; ces esprits pensoient que ce fût Richard, et qui seroit mis à mort par le géant : mais tout au contraire il est arrivé, comme vous entendrez ci-après.

Comme Richard sans peur tua le géant qui gardoit le port de mer contre les chrétiens.

Quand les esprits eurent apporté le duc Richard, ils le laissèrent tomber sur le pavé à la renverse ; et pour lors il s'éveilla, et fut tout étonné parce qu'il ne voyoit pas clair.

Bien souvent il regardoit en haut et en bas ; et après avoir longtemps regardé, il se leva et aperçut une lampe allumée devant l'image de sainte Catherine; il fut bien épouvanté de cette aventure : il alla un peu plus avant, il vit qu'il étoit devant une église.

Pour lors il se mit à deux genoux en terre, et fit son oraison à Notre-Seigneur, en le priant qu'il le gardât; et alors il entendit une voix qui lui dit :

« Il t'est commandé de la part de Dieu que tu ailles mettre à mort le géant qui se tient au port de Jaffa, où les pèlerins chrétiens abordent quand ils vont à Jérusalem : prends l'épée enferrée de chaînes de fer qui est contre le grand autel de sainte Catherine, comme il est destiné, car par toi il sera mis à mort. »

Sitôt que Richard eut entendu les paroles de la voix, et que le jour fut venu, il fut trouver les religieux et leur dit ce qui lui étoit arrivé, et prit l'épée enferrée bien aisément, ce qui donna lieu aux religieux de croire que ce qu'il avoit dit étoit vrai, parce que plusieurs chevaliers avoient essayé de déchaîner l'épée; mais ils ne l'avoient pu avoir : Richard la tira du fourreau fort claire, et sans aucune tache.

Lors il prit congé des religieux, et se mit en chemin pour aller au port de Jaffa : incontinent il prit ses armes qu'un écuyer portoit après lui, et s'arma de toutes pièces : alors il aperçut un logis duquel il vit sortir le géant, qui avoit seize pieds de hauteur, qui alloit pendoyant une grande et grosse massue; et la mit sur son col, s'en allant sur le port. Et Richard lui dit :

« Païen, tourne-toi devers moi et te défends, sinon

de cette épée que je tiens, je te mettrai à mort; combats contre moi, ou bien laisse le port libre, sans plus persécuter les chrétiens, et te fais baptiser. »
— « Va, va, dit le géant, je te ferai finir ta vie par cette massue. »

A ces paroles, ils vinrent rudement l'un contre l'autre, et le géant déchargea un coup de sa massue si fort dessus Richard, qu'il lui emporta une partie de son écu, et tomba à terre : de la force du coup la massue entra bien avant dans la terre, et tandis que le géant retiroit sa massue, Richard jeta son écu derrière lui, et frappa le géant avec son épée de telle manière qu'il lui abattit le bras dont il tenoit sa massue. Et quand le géant se vit ainsi atourné, il fit un grand cri et vint à Richard pour l'embrasser, afin qu'il l'emportât devers la mer; mais le Duc qui aperçut le cas se recula de lui d'environ deux pieds, et en se reculant lui donna un si grand coup d'épée sur la tête, qu'il lui fendit jusqu'au menton, et tomba tout roide mort sur la place. Et le Duc se reposa, parce que la nuit approchoit.

Comme Richard duc de Normandie se fit porter en Angleterre par Burgifer.

Après que la nuit fut passée, et que le point du jour parut, Burgifer qui n'étoit point las de tourmenter Richard, s'apparut à lui quand il fut éveillé. Ce démon s'étoit mis en guise d'un jeune écuyer, et dit à Richard : « Tu as bien eu de l'ennui et beaucoup de tourmens que les démons t'ont faits ; mais conforte-toi, et s'il te plaît, je te servirai d'écuyer et t'aiderai en toutes tes affaires. » Mais le Duc qui le connaissoit bien, lui répondit : « Ne me tourmente plus, mais fais-moi un service. » — « Quel est-il, lui dit-il ? » Le Duc lui dit : « Je te prie que, sans me faire aucun mal, tu me portes en Angleterre. »—« Vraiment, dit Burgifer, pour les grandes vaillances que je t'ai vu faire, je le ferai bien, je te le promets ainsi. » Et lors Burgifer chargea le duc sur son col, et comme un foudre et une tempête, il se prit à courir, et tant exploita et vogua sur mer, qu'à une heure après midi il arriva avec le duc Richard sur un port de mer, auprès et à peu de distance de la ville de Londres en Angleterre. Puis prit congé de lui, et le Duc le remercia et s'en alla.

Comme Richard, duc de Normandie, fut couronné roi d'Angleterre.

Richard sans peur ne fut pas beaucoup sur le port de Jaffa sans être transporté en Angleterre, auprès de la ville de Londres, où il fit son entrée en grande joie et magnificence, et se fit couronner roi d'Angleterre, et sa femme fut aussi couronnée reine.

La fête fut grande, les joutes et tournois furent fort triomphans, desquelles joutes gagnèrent le prix de dedans le comte de Caen, et pour ceux de dehors l'Amoureux de Galles ; puis le duc Richard alla par tout son royaume d'Angleterre, où on lui fit une très humble obéissance.

Des bonnes œuvres que fit le duc Richard.

Depuis que le duc Richard fut revenu, il commença à mener une vie très sainte, et gouverner les pauvres de son royaume si honnêtement, que par leurs prières ses ennemis d'Enfer ne lui purent aucunement faire de mal, car ils lui firent plusieurs tentations par diverses fois, mais il s'est toujours échappé d'eux : Notre Seigneur Jésus-Christ l'a toujours gardé de toutes tristesses ; il a été vaillant guerrier et si hardi qu'aucun ennemi ne lui a jamais pu faire peur ni lui donner atteinte.

Le bon seigneur Richard, duc de Normandie, et roi d'Angleterre, fonda l'abbaye de Fécamp, et de Sainte-Wandrille en Normandie (19) ; il étoit fort pieux et servoit Dieu dévotement.

Il fit fonder un grand nombre de monastères et abbayes ; souvent il revêtoit les pauvres et leur donnoit à boire et à manger, et tant qu'il a vécu en ce monde, il a toujours été plein de fort bonnes mœurs. Il trépassa de ce siècle en l'autre, et est en la gloire du Paradis, comme nous devons croire, et à laquelle nous veuillent conduire le Père, le Fils et le Saint-Esprit. Ainsi soit-il.

FIN DE RICHARD SANS PEUR.

HISTOIRE

DE

JEAN DE PARIS,

ROI DE FRANCE.

HISTOIRE
DE
JEAN DE PARIS.

𝕮omme le roi d'𝕰spagne se vint jeter aux pieds du roi de France pour lui demander secours, et comme il le fit lever en le lui promettant.

Il fut jadis un roi de France sage et vaillant, qui avoit un fils âgé de trois ans nommé Jean, lequel étoit à Paris avec sa noblesse; car en ce temps on ne parloit point de guerre en France. Un jour le Roi étant en son palais avec sa noblesse, vint le roi d'Espagne qui se prosterna à ses pieds avec pleurs et gémissemens. Ce que voyant le roi de France, il dit : « Beau-frère et ami, modérez votre courroux jusqu'à ce qu'en sachions la cause; car nous vous aiderons de tout notre pouvoir. » — « Sire, dit le roi d'Espagne, je vous remercie humblement de l'offre que de votre grâce il vous a plu me faire, parce que vous et vos prédécesseurs êtes conservateurs de toute royauté, noblesse et justice. Je suis venu à vous pour vous dire mon infortune : Sachez, Sire, qu'à tort et sans raison, à cause d'un nouveau tribut qu'en mon royaume avoit été mis pour éviter la dangereuse entreprise que le roi de Grenade, infidèle à notre sainte loi, avoit faite contre mon royaume, ont par leur faute incité le peuple contre moi, si bien qu'ils m'ont voulu faire mourir, et il m'a fallu faire au mieux que j'ai pu. Et tiennent la reine, ma femme, et une petite fille, qui n'a que trois ans, assiégées dans une de mes villes nommée Ségovie ; et ont destiné à les faire mourir pour avoir mon royaume. » En disant cela, il se pâmoit aux pieds du roi de France, lequel le fit bientôt relever, puis lui dit en cette manière : « Frère, ne veuillez pas affliger votre cœur, mais prenez courage comme ci-devant vous avez fait ; car je vous promets que demain matin j'enverrai des lettres aux barons et peuple du royaume ; et s'ils ne veulent obéir, j'irai moi-même et les mettrai à la raison. »

Quand le roi d'Espagne ouït cette promesse, il fut bien joyeux ; et dit au Roi qu'il le remercioit du bien qu'il lui présentoit. De ceci furent joyeux les barons de France, car ils avoient désir de s'exciter en faits d'armes, car longtemps y avoit qu'en France il n'y avoit eu guerre. Tout ce jour le roi d'Espagne fut bien festoyé, et pour lors ne fut parlé d'autres matières, sinon que de faire bonne chère, car les barons et gentilshommes françois commencèrent à faire joutes pour réjouir le roi d'Espagne.

Comme le roi de France écrivit aux barons d'Espagne qu'ils eussent à réparer le tort qu'ils avoient fait à leur roi.

Le lendemain matin, le Roi fit écrire une lettre

comme s'en suit, et en la marge ce dessein étoit écrit : « De par le Roi, » et le contenu de la lettre étoit ainsi : « Très chers et amés, nous avons reçu la complainte de notre bien-aimé frère le roi d'Espagne, votre naturel seigneur, qu'à tort vous avez chassé de son royaume, et qui plus est tenez assiégée notre sœur, sa femme, et plusieurs autres cas qu'avez faits à l'encontre de lui, qui sont de mauvais exemples. Pour ce nous voulons savoir la vérité pour donner satisfaction qu'il appartiendra : car nous l'avons mis en notre sauvegarde, lui, sa famille et tous ses biens, vous mandant que sans délai leviez le siége devant la reine, votre honorée dame, et lui faites obéissance, comme ci-devant avez fait; et avec ce mettez quarante des principaux d'entre vous, avec compagnie qui vous semblera bon, pour dire les causes qui vous ont mu à ce faire pour en faire raison comme il appartiendra, vous notifiant que si vous y faites faute, nous irons en personne, et en ferons punition qu'il en sera toujours mémoire. Fait à Paris le premier jour de mars. » Et au dessus desdites lettres est écrit: « Aux barons et peuple d'Espagne. » Sitôt le Roi fit dépêcher un messager auquel furent données les lettres et lui commanda de faire diligence.

Comme le héraut du roi de France apporta la réponse que lui avoient faite les barons d'Espagne.

Quand le héraut fut de retour à Paris, il s'en fut descendre au palais, puis s'en vint en la chambre où étoit le Roi, auquel il dit : « Sire, il vous plaise savoir que je viens de Ségovie, où j'ai trouvé le peuple qui tient la ville assiégée. J'ai présenté vos lettres aux barons et capitaines de l'armée, qui se sont assemblés et les ont fait lire par un de leurs gens ; et ayant pris congé m'envoyèrent quérir, et me firent réponse de bouche, disant qu'ils s'étonnoient de ce que vous preniez peine d'une chose qui en rien ne vous touche, et que vous ne vous mettiez pas en peine de les venir chercher ; car pour vos lettres ni pour toutes vos menaces ne laisseront de mettre fin à leur entreprise, disant qu'ils n'ont que faire à vous : je leur requis de me donner réponse par écrit, ils me répondirent que je n'en aurois point et que dans six heures je quittasse le pays.

« Quand je vis qu'autre chose ne pouvois faire, je partis promptement, et me semble que la ville est assez forte pour tenir longtemps ; même il y a des vivres. » Quand le Roi entendit la réponse, il fut beaucoup malcontent et non sans cause ; mais les barons de France en étoient fort joyeux ; car ils avoient volonté que le Roi y allât en armes comme il fit. Incontinent le roi de France manda ses barons, capitaines et chefs de guerre, et à la fin de mai ensuivant les rois de France et d'Espagne partirent de Paris avec 40,000 combattans, et vinrent passer à Bordeaux et de là à Bayonne.

Comme le roi de France arriva en Espagne, et ne trouva personne en son chemin, sinon le gouverneur lequel s'enfuit aussitôt.

Quand le Roi fut près d'Espagne, il fit mettre ses gens par ordre et donna la charge de l'armée au roi d'Espagne; ils entrèrent en Espagne toujours serrés ensemble; car jamais ils n'étoient éloignés les uns des autres. Et ne trouvèrent aucune aventure digne de mémoire qu'ils ne fussent bien loin en Espagne; où ils trouvèrent le gouverneur avec 50,000 combattans assez mal accoutrés. Quand ils virent les François si bien rangés qu'ils n'avoient de quoi, les François n'en firent pas grand compte; car ils devoient faire lever le siége de Ségovie. Ils furent à Burgos qui leur fut ouverte, et c'est une des bonnes cités du pays. Le Roi les prit à merci parce qu'ils avoient sitôt obéi.

Comme les ambassadeurs des barons d'Espagne vinrent vers le roi de France.

Quand le roi de France et celui d'Espagne eurent séjourné huit jours en la ville de Burgos, ce pendant le roi de France remit à l'obéissance une partie des villes qui faisoient rébellion. Il les mettoit à feu et à sang, et aux autres il leur pardonnoit, tellement que de toutes les villes on apportoit les clefs au roi de France. Huit jours après furent en Ségovie, mais ils trouvèrent en chemin les messagers des barons, qui venoient vers le Roi pour traiter de paix, et furent faites plusieurs remontrances de la part des barons en se plaignant du roi d'Espagne. Mais pour conclusion, le Roi qui étoit sage, connaissant leur malice, fit réponse qu'ils se missent en défense; car jamais ne les prendroit à merci, jusqu'à ce qu'il vit les nobles se venir mettre à genoux devant le Roi pour lui crier merci, et le peuple en chemise; et vouloit avoir cinquante des plus coupables pour les punir.

Adonc ceux qui étoient venus pour cette ambassade furent bien ébahis, et non pas sans raison, voyant qu'à la puissance de France ils ne pouvoient résister, et que déjà les deux tiers du pays étoient en sa main, ils firent tant qu'ils obtinrent du Roi dix jours de répit pour aller dire les nouvelles à ceux qui les avoient envoyés, et quand ils furent vers eux, et eurent fait leur rapport, ils furent si étonnés que le plus hardi ne savoit que dire.

Comme les ambassadeurs des barons d'Espagne rapportèrent la réponse du roi de France, et comme le peuple vint devers le Roi lui crier merci quand ils surent sa venue.

Il faut entendre que le peuple étoit séparé d'avec les grands seigneurs; et voyant qu'ils ne pouvoient résister, ils vinrent à la merci du Roi, comme les ambassadeurs leur avoient énoncé. Adonc le Roi les reçut et s'informa diligemment des principaux perturbateurs et trouva que quatre des plus grands d'Espagne avoient machiné ceci pour parvenir au royaume à leur volonté. Ceux-là furent pris et cinquante de leurs complices, que le Roi fit mener à Ségovie vers la reine, laquelle vint au devant du roi de France et de son mari. Quand elle fut arrivée, elle se mit à genoux, et ne se voulut point lever jusqu'à ce que le Roi descendît de dessus son cheval, et la releva en la baisant tendrement. Et la reine qui étoit sage dit : « Très haut et puissant Roi, de votre grâce avez délivré cette pauvre captive, je prie Dieu me faire la faveur de vous reconnaître. » — « Belle sœur, dit le roi de France, tout en récompense, ne parlons plus que de faire bonne chère. Allez voir votre mari qui est ici près. » — « Sire, dit-elle, quand je vous vois, je vois tout : je ne vous laisserai point jusqu'à la ville. » Quand le Roi vit la grande humilité de cette dame, il la fit monter à cheval et la mena avec lui vers le roi son mari, qui fit fête à sa venue. Si s'en furent en parlant de plusieurs choses jusqu'à Ségovie, qui fut toute tendue de tapisserie, et fut reçu le roi de France en grand honneur et triomphe, dont lui et ses barons, et tous ses soldats se contentèrent fort bien. Et furent fort joyeux de voir la ville si bien ordonnée comme elle étoit; car oncques n'avoit vu tels triomphes.

Comme le noble et puissant roi de France entra en la ville de Ségovie, et le roi et la reine, et plusieurs prisonniers qu'il menoit avec lui, pour en faire telle punition qu'il appartiendroit.

Cette fête dura quinze jours en Ségovie, où il y eut

les jeux et ébattemens que je tairai pour cause de brièveté. Il ne laissa pas de faire justice de ceux qui avoient commencé la sédition, et au bout de quinze jours il fit dresser un échafaud au milieu de la ville ; et étant devant tout le peuple fit décoler les quatre principaux et coupables du fait, puis il envoya en chacune ville des autres pour donner exemple d'obéir à leur roi mieux qu'ils n'avoient fait. Alors il mit le roi d'Espagne en son royaume, et fut obéi et craint plus que jamais. Ce fait, le Roi s'en retourna en France puisque le royaume étoit en bonne paix.

Comme le roi d'Espagne et la reine sa femme voyant que le roi de France s'en vouloit retourner se vinrent agenouiller devant lui en le remerciant du service qu'il leur avoit fait, et lui recommandèrent leur fille.

Quand le roi et la reine d'Espagne virent que le Roi s'en retournoit, ils ne savoient en quelle manière le remercier du bien et de l'honneur qu'il leur avoit fait, par quoi ils se jetèrent à ses pieds disant : « Très puissant Roi, nous savons bien que vous ne pouvez longuement demeurer pour les affaires de votre royaume, et ne nous est pas possible de vous récompenser ; toutefois, Sire, nous ferons ce qui nous sera possible, vous priant que vous mettiez sur nous et nos successeurs tel tribut qu'il vous plaira ; car nous voulons dorénavant tenir notre royaume de vous comme bons et loyaux sujets. » Quand le Roi entendit ces paroles, il en eut pitié, et leur dit, en les relevant : « Amis, croyez qu'envie d'acquérir pays ne m'a fait venir en votre royaume ; mais le vouloir de justice conserver et honneur des princes ; ainsi, je vous prie qu'il ne soit parlé de ces choses, ne fâchez plus personne, pensez de maintenir honnêtement vos sujets en bonne justice et crainte de Dieu, par ce moyen vivrez en prospérité et non autrement ; et si quelque chose vous survient, vous me le ferez savoir, et sans faute je vous secourerai. » Quand ils virent le bon amour que le roi de France leur portoit, la reine prit sa fille, qui avoit cinq ou six mois, entre ses bras, requérant au roi de France que son plaisir fut d'entendre la requête qu'ils lui vouloient faire : « Je le veux, » dit le Roi. Alors la reine commença à dire : « Sire, puisqu'ainsi est qu'avons mis toute espérance en vous, nous vous prions que cette pauvre fille que vous voyez entre mes bras vous soit recommandée, car nous sommes hors d'espérance d'avoir d'autres enfans, étant tous deux fort âgés ; par quoi si Dieu lui fait la grâce de venir en âge de marier, vous aurez pour agréable de la pourvoir comme il vous plaira, et ce que vous verrez qui lui sera nécessaire, et à lui donnerez le gouvernement de ce pays, désirant qu'il y soit par vous ordonné, car c'est bien la raison. » Quand le roi de France vit leur grande humilité, le cœur lui attendrit et eut pitié d'eux, répondant en cette manière : « Amis, je vous remercie de la grande affection qu'avez envers moi ; et sachez que votre fille n'est pas à refuser. Si Dieu donne grâce à mon fils de vivre en âge parfait et à votre fille aussi, je serai fort joyeux qu'ils fussent conjoints par mariage ; et si Dieu me fait la grâce de vivre jusqu'à l'heure, je vous promets que mon fils n'en aura point d'autre que votre fille. » — « Sire, ne pensez pas que monseigneur mon mari et moi soyons si présomptueux que ce que nous avons requis soit afin que vous la preniez pour votre fils, mais seulement pour quelqu'un de vos barons ; car trop d'honneur seroit de lui donner votre fils, d'autant que nous ne l'avons pas mérité. » — « Certes, dit le Roi, ce qui est dit est dit, et s'il plaît à Dieu que nous vivions, il en sera plus à plein parlé : car maintenant nous ne pouvons autrement faire, sinon prendre congé de vous. » — « Vraiment, dit la reine, s'il vous plaît mon mari et moi, avec tous nos barons, vous conduiront jusqu'à Paris ; car j'ai très grand désir de voir la reine de France. »

—« Mon ami, répondit le Roi, vous ne pouvez bonnement venir, car votre peuple, qui, nouvellement a été réduit à la sujétion, pourroit récidiver en peu de temps, parce que tous les coupables ne sont pas morts, ni les parens punis, et qu'ils pourroient entreprendre, à l'encontre de vous, quelque mauvaise conspiration ; par quoi je vous conseille de rester ici, et de les tenir en bonne paix, vous tenant sur vos gardes. Et craignez Dieu et le servez devant toutes œuvres et bien vous viendra, car sans sa grâce vous ne pouvez rien avoir. Je vous recommande aussi l'état de notre mère Sainte Église, et les pauvres qui sont les membres de Jésus-Christ ; et gardez bien qu'ils ne soient opprimés ni foulés et Dieu vous aidera. » Et après ces remontrances et enseignemens que le Roi leur fit en présence de plusieurs seigneurs, barons et chevaliers, tant de Ségovie que d'Espagne, ils prirent congé les uns les autres avec beaucoup de peine.

Comme le roi de France, après qu'il eut pris congé du roi d'Espagne et de la reine, revint en France.

Toutefois, pour abréger, le Roi partit d'Espagne; ceux du pays l'accompagnèrent quelque temps, et le roi d'Espagne donna de riches dons au Roi et aux barons de France, tellement qu'il n'y en eut pas un de l'armée qui n'en fût content. Ils firent tant par leurs journées, qu'ils vinrent à Paris, où ils furent honorablement reçus, et dura la fête dix jours; puis chacun s'en retourna en sa maison.

Comme le roi de France mourut après son retour d'Espagne.

Au bout de quatre ou cinq ans, le roi de France devint malade, et à la fin mourut, dont il fut mené grand deuil par tout le pays, particulièrement de la Reine; et fut à Saint-Denis avec les autres. Les obsèques faites, la Reine prit le gouvernement du royaume et le gouverna en paix.

Comme le roi d'Espagne eut des nouvelles certaines que le roi de France étoit mort, et dont il mena grand deuil.

Les nouvelles arrivèrent en Espagne comme le roi

de France étoit mort, dont le Roi et la Reine, et les barons menèrent grand deuil ; et n'y eut monastère, couvent ou église où on ne fit des obsèques ; et portèrent le Roi et la Reine un an de deuil. Mais néanmoins il n'y a deuil qui, au bout de quelque temps, ne se passe quand les parties sont loin l'une de l'autre. Le roi et la reine d'Espagne firent nourrir (20) leur fille honnêtement, lui faisant apprendre toutes bonnes mœurs et à parler toutes langues, tant qu'on ne savoit fille en tout le royaume plus belle, plus sage et plus gracieuse qu'elle étoit. Le père et la mère devinrent vieux, et n'avoient que cette fille âgée de quinze ans ; si pensèrent entre eux qu'il étoit besoin et temps pour mieux faire à leur conduite de la marier à quelqu'un qui conduisit le royaume ; si se faisoient enquérir par toutes les terres, si on pourroit trouver mari qui fût propre pour la fille ; car ils avoient oublié la promesse faite au roi de France, si bien que les nouvelles en vinrent au roi d'Angleterre, qui pour lors étoit veuf ; par quoi il délibéra d'envoyer un ambassadeur en Espagne.

Comme le roi d'Angleterre fiança la fille du roi d'Espagne appelée Anne, par procureur.

Quand le roi d'Angleterre eut ouï parler de cette fille qui étoit si belle et bien morigénée, il pensa en lui-même qu'il étoit bon qu'il la fît demander. A cette cause, il envoya une compagnie de chevaliers en ambassade, pour demander la fille d'Espagne en mariage; et donnèrent de riches présens à la fille, qui leur fut accordée pour l'amour de son père et mère. Les fiançailles furent faites par procureur : et la fiança le comte de Lancastre au nom du Roi, dont les Anglois furent joyeux. Huit jours après, ils retournèrent dire la réponse à leur Roi, et promirent de l'amener pour achever le mariage.

Comme les ambassadeurs portèrent la nouvelle au roi d'Angleterre de ce qu'ils avoient fait avec le roi d'Espagne.

Les ambassadeurs furent reçus avec honneur du roi d'Angleterre, qui les interrogea touchant le mariage. Le comte de Lancastre raconta comme ils avoient fait étant arrivés en Espagne, qu'ils avoient parlé au Roi et à la Reine, qui étoient bien aises du mariage; et après l'avoir fiancée comme procureur, il avoit pris terme d'épouser dans quatre mois. Le Roi en fut si joyeux, qu'il fit crier par tout Londres qu'on eût à faire fête l'espace de huit jours, et qu'on en fît bonne chère. Cependant le Roi fit faire un bel appareil pour épouser celle qui avoit son cœur. Or le roi d'Angleterre ne trouvant pas assez de draps d'or en son pays, il délibéra de passer à Paris pour s'en fournir. Si partit aussitôt de son royaume, et s'en vint en fort bonne compagnie; car en ce temps on ne parloit point de guerre. Il vint descendre en Normandie, avec quatre cents chevaux accommodés à la mode du pays; et firent tant par leurs journées, qu'ils arrivèrent à Paris où étoit le jeune roi de France, âgé de dix-neuf à vingt ans, avec sa mère, qui tenoit le royaume en bonne paix.

Comme la reine de France envoya au devant du roi d'Angleterre des plus grands de ses barons et bourgeois de la ville de Paris.

Quand la reine de France eut su la venue du roi d'Angleterre, elle envoya au devant les barons et bourgeois de la ville de Paris en bonne ordonnance. Ce jour, le jeune roi qui n'étoit pas à Paris vint saluer la Reine qui le festoya; et ainsi qu'ils étoient au souper, le roi anglois déclara la cause de son voyage et de la beauté de la pucelle, et ne fut parlé d'autres matières: après souper, les joueurs d'instrumens vinrent et commencèrent à danser et firent très bonne chère. Le roi anglois désiroit fort voir le jeune roi de France; néanmoins, après avoir joyeusement passé le temps, le roi anglais s'en fut, et ses gens furent joyeux de l'honneur que la Reine leur avoit fait.

Quand le Roi fut en sa chambre, il commença à louer grandement la Reine du bon traitement qu'elle leur avoit fait; mais, quant à la Reine il lui souvint des paroles que le feu Roi son mari dit quand il revint d'Espagne, et comme il avoit promis son fils à la fille du roi d'Espagne, aussi désiroit-elle que son fils fût marié. C'est pourquoi elle lui en parla: il y consentit, et lui dit : « Ne désirant pas que le roi d'Angleterre sache notre dessein, crainte qu'il ne me prévienne, je changerai mon nom, et ferai aller mon armée par un autre lieu, et mes chariots auront souvent nouvelles de moi. Quand je serai arrivé par delà, selon que je verrai la manière d'épouser ou non, je le ferai. Et ainsi je vous prie d'en dire votre avis; car je ne suis pas si arrêté à mon opinion que je ne veuille user de votre bon conseil. »

Quand la Reine ouït si sagement parler son fils, elle en fut joyeuse et aussi ceux du conseil, et elle dit : « Mon fils, il me semble qu'avez sagement pris votre intention de vous en aller en la manière qu'avez devisé; car principalement nul mariage ne se doit faire, si les parties ne le consentent. Et veux qu'y alliez en plus haut rang que faire se pourra, car votre père en revint en grand honneur et triomphe. » Pour abréger, tous furent de même opinion, et quand tout fut bien conclu, on ordonna que le Roi ne verroit point le roi d'Angleterre, sinon secrètement, afin qu'il ne fût de lui connu; et les plus belles bagues, chaînes, colliers et autres choses nécessaires servant à se marier, seroient portées en Espagne, et qu'on en laisseroit une partie pour aider à fournir le roi d'Angleterre, et que la Reine l'entretiendroit sept ou huit jours, jusqu'à ce que le roi de France fût prêt de partir.

Le duc d'Orléans eut charge de faire faire l'appareil de ce qui étoit nécessaire. Si prirent les plus honnêtes barons de la maison du Roi, tous de son âge, et cent jeunes gens fort beaux, et se firent tous habiller comme il lui sembla le mieux. Et le roi retourna au bois de Vincennes, et dit au duc d'Orléans qu'il fît diligence, et qu'incontinent que tous les barons et pages seroient prêts, qu'on les amenât à Vincennes. Et cependant les ducs d'Orléans et de Bourbon, qui avoient toute la charge, firent apprêter deux mille hommes des principaux du royaume et quatre mille archers avec tous les ustensiles de la cuisine, et autres choses nécessaires ; même plusieurs gardes pour conduire le grand nombre de chariots ou bahuts qu'ils menoient, dans lesquels étoient des draps d'or et de soie et autres richesses sans nombre; puis suivoient lesdits chariots couturiers et brodeurs qui faisoient habits en diverses manières. Durant ce temps, la Reine entretint le roi anglois de son mieux, en attendant que son fils fût prêt.

Cependant le roi anglois fit chercher des draps d'or et de soie, mais il en trouva peu ; car le roi de France avoit pris les plus beaux.

Cependant ses gens furent les uns d'un côté et les autres d'un autre, en sorte que le roi anglois ne s'en aperçut point.

Comme les cent pages et les cent chevaliers, tous montés et habillés de même, arrivèrent devant le roi de France au bois de Vincennes.

Les cent barons et les pages vinrent bien équipés et habillés ; car ils étoient tous vêtus d'un velours brodé tout à l'entour de fin or ; les pourpoints étoient de satin cramoisi, beaux et bien en point; mais par dessus tous le Roi étoit le plus beau, car il étoit puissant homme.

Il défendit à ses gens qu'ils ne disent à personne qui il étoit, sinon qu'il avoit nom Jean de Paris, et qu'il étoit fils d'un riche bourgeois dudit lieu, qui lui avoit laissé de grandes richesses après son décès.

Quand il sut que le roi d'Angleterre voulut partir de Paris, il partit le lendemain et tira son chemin par la Beauce, car il savoit que le roi d'Angleterre vouloit tirer à Bordeaux. Pour ce, il s'en fut devant jusqu'à Étampes, et quand il fut averti que le roi d'Angleterre venoit, il partit d'Étampes, et se mit à chevaucher la Beauce tout doucement pour attendre le roi d'Angleterre. Et fut un mardi après que le Roi, qui Jean de Paris se faisoit nommer, chevauchoit avec les deux cents chevaux grisons, tels comme vous avez vu; son armée étoit allée par un autre chemin, afin que l'Anglois ne les aperçût, et conduisoient les chariots et richesses de Jean de Paris. Le roi anglois arriva à Étampes; ses gens lui dirent que devant lui il y avoit une compagnie de gens bien accoutrés, et qu'il seroit bon d'y envoyer.

Comme le roi d'Angleterre envoya un héraut pour savoir ce que c'étoit.

Quand le roi d'Angleterre entendit cela, il commanda qu'on allât quérir un héraut, lequel venu, le

Roi commanda d'aller voir cette compagnie, et qu'il s'enquît et demandât qui en étoit le seigneur, et qu'il le saluât de par lui ; incontinent, le héraut se partit, et fit tant qu'il arriva bien près d'eux, et les regarda volontiers, les voyant chevaucher en belle ordonnance, et tous les chevaux pareils.

Si prit courage, et se mit en la garde de Dieu, et vint jusque près des derniers et dit : « Dieu vous garde, messeigneurs, le roi d'Angleterre, mon seigneur, qui vient après moi, m'envoie vers vous pour savoir qui est le capitaine de toute cette compagnie.—Ami, dit un d'eux, c'est Jean de Paris, notre maître. »—« Est-il ici, dit le héraut ? »—« Oui, dirent les François, il chevauche un peu devant. »—« Vous semble-t-il que je lui puisse parler ? »—« Vous pouvez lui parler si vous chevauchez légèrement. »—« Comment le connoîtrai-je ? »—« Vous le connoîtrez à une petite baguette blanche qu'il porte en sa main. » Le héraut chevaucha par la presse, et étoit ébahi de voir tel triomphe, il se hâta et vit celui qu'il demandoit et le salua en disant :

« Très haut et puissant seigneur, je ne sais pas les titres par quoi je vous puisse honorer, si m'ayez pour excuse ; plaise vous savoir, mon redouté seigneur, que le roi d'Angleterre, mon maître, m'envoie à vous savoir quelles gens vous êtes ; car il est bien près et désire d'aller en votre compagnie. » —« Mon ami, vous direz à votre maître que je me recommande à lui, et que s'il veut chevaucher légèrement, il nous pourra atteindre, car nous n'allons pas bien fort. »—« Que dirai-je que vous êtes ? »— « Mon ami, dites-lui que je m'appelle Jean de Paris. » Le héraut ne l'osa plus interroger, doutant de lui déplaire : si retourna vers son seigneur, tout étonné de ce qu'il avoit vu. Il lui dit qu'ils étoient environ deux cents chevaliers et cent pages tous d'un même habit et de même âge : « J'ai tant fait que j'ai parlé à leur maître et l'ai salué de par vous, il m'a dit que son nom est Jean de Paris : plus avant je n'ai osé l'interroger, il n'y a point de différence entre eux, sinon qu'il porte une baguette blanche en sa main, et est merveilleusement beau par dessus tous les autres. »

Comme le roi d'Angleterre commanda à ses barons qu'ils chevauchassent fort, quand il sut nouvelles de Jean de Paris.

« Or, chevauchons, » dit le roi anglois, et commanda à ses principaux barons qu'ils chevauchassent en belle ordonnance. Quand il eut atteint les derniers il les salua, et ils lui rendirent son salut, puis leur dit : « Je voudrois que vous m'eussiez montré Jean de Paris, qui est seigneur de cette compagnie. » —

« Sire, dirent-ils, nous sommes ses serviteurs, et le trouverez un peu plus avant : il porte une baguette en sa main. » Lors le roi d'Angleterre chevaucha jusqu'à Jean de Paris, et le salua,

Comme le roi d'Angleterre arriva à Jean de Paris et le salua fort doucement, et Jean de Paris lui rendit son salut.

«De Dieu vous soit honneur, Jean de Paris, et ne vous déplaise; car j'ignore votre seigneurie. »

— «Sire, dit Jean de Paris, vous savez bien : car c'est mon titre que Jean de Paris, mais je désire de savoir le vôtre.» —«Je suis le roi anglois, et vais me marier en Espagne avec la fille du Roi.»—«A la bonne heure, et moi je m'en vais passer le temps par le pays, et délibère d'aller jusqu'à Bordeaux, et plus loin si c'est ma fantaisie. » — « Dites-moi, dit l'Anglois, de quel état vous êtes, vous qui cette compagnie menez.»—«Certes, répondit-il, je suis fils d'un riche bourgeois de Paris qui va dépenser une partie de ce que mon père m'a laissé.»—« Vous serez bientôt à bout.» Jean de Paris répondit : «De cela ne vous souciez pas, car j'en ai bien plus d'ailleurs; mais chevauchons plus fort, afin de coucher aujourd'hui près d'Orléans à six lieues du moins.» Ils furent plus fort qu'ils n'avoient accoutumé, et le roi anglois disoit parfois à ses gens : « Cet homme est fou de dépenser son bien par le pays. »

— «Sire, dirent ses gens, il a bonne contenance, s'il n'étoit bien sage, il n'eût pu rassembler une telle compagnie.» — « Il est vrai, dit le roi anglois, et si ne sais-je que penser; mais il est impossible de croire que le fils d'un bourgeois puisse maintenir un tel état. »

Puis piquoit et venoit parler à Jean de Paris, qui ne tenoit compte de lui que bien à point et en bonne sorte. Si tenoit une gravité et avoit belle contenance, puis quand ils furent près d'un lieu nommé Amenais, Jean de Paris dit au roi anglois, qui fort le regardoit : « Si c'est votre plaisir de prendre ce gré de venir souper avec moi, nous ferons bonne chère. » — « Je vous remercie, dit le roi anglois ; mais je vous prie de venir avec moi, nous deviserons des choses qu'avons vues. » — « Non, dit Jean de Paris, je ne laisserai pour rien mes gens ; » et en parlant de beaucoup de choses, ils arrivèrent au lieu pour loger la nuit, où il trouva ses fourriers qui avoient accommodé ses logis somptueusement ; car le cuisinier et maitre d'hôtel furent devant, afin que tout fût prêt quand il seroit arrivé ; ce que le roi anglois ne faisoit pas ; c'est pourquoi il falloit prendre ce qu'il trouveroit ès hôtelleries. Quand ils furent arrivés dans la ville, chacun s'en fut dans son logis avec sa compagnie.

Comme le roi d'Angleterre s'en fut à son logis, et Jean de Paris lui envoya à souper.

Quand Jean de Paris fut entré en son logis, il fut fort joyeux : le souper étoit prêt, auquel il y avoit quantité de venaison et volailles de toutes sortes ; car il y avoit des gens qui ne faisoient autre chose que d'aller par le pays et acheter ce qui étoit nécessaire. Les gens du roi anglois firent tuer bœufs, moutons et volailles telles qu'ils les purent trouver.

Quand il fut temps de souper, Jean de Paris fit porter au roi d'Angleterre, en des plats d'or et d'argent, des viandes de toutes sortes et du vin à foison, dont le roi et tous ses gens furent ébahis.

Lors il les remercia et s'assit à table pour souper tandis que cette viande étoit chaude; car son souper n'étoit pas prêt. Grands discours se tinrent de Jean de Paris, et disoit le roi anglois: « Vraiment, c'est là chose bien forte à croire qui ne le verroit, toutefois c'est un beau passetemps que sa compagnie. Plût à Dieu qu'il voulût tenir notre chemin. » — « Certes, dit un Anglois, aussi fait-il jusqu'à Bordeaux, comme il dit. » Le Roi dit. « J'en suis fort joyeux, mais nous n'avons rien de quoi lui pouvions aider, je veux que vous soyez six qui l'irez remercier des biens qu'il nous a envoyés, et demanderez s'il veut venir coucher en notre logis, je crois que nous avons le meilleur quartier, et verrez son état. » — « Volontiers irons et en saurons dire des nouvelles, s'il leur plait nous laisser entrer, et saluerons Jean de Paris de votre part. »

Comme le roi d'Angleterre envoya ses barons à Jean de Paris le remercier de ses biens, et le prier de venir coucher en son logis.

Aussitôt que les barons du roi anglois furent arrivés au quartier de Jean de Paris, ils furent ébahis de voir tant de gardes à la porte, et furent tous émerveillés. Et puis demandèrent ces gardes qui ils étoient. Ils répondirent : « Nous sommes au roi d'Angleterre, lequel nous a envoyés devers Jean de Paris, pour le remercier des biens qu'il lui a envoyés ; faites-nous parler à lui. » — « Volontiers, dirent les gardes, car il nous a recommandé de ne rien refuser aux Anglois. »

Les barons furent étonnés de ce qu'ils voyoient, quand ils furent devant le logis de Jean de Paris, ils trouvèrent d'autres gardes auxquels ils dirent la cause de leur venue. Lors le capitaine de cette garde fut savoir s'il les laisseroit entrer. Etant revenu, il dit aux barons : « Messieurs, notre maître est assis à table ; mais nonobstant il veut bien que vous entriez ; venez après moi. » Quand le capitaine entra en la salle, il se jeta à genoux, aussi firent les Anglois, qui, les voyant en cet etat, furent ébahis, vu que Jean de Paris étoit seul à table, et ses gens autour de lui, et ceux à qui il parloit mettoient le genouil à terre. Lors Jean de Paris devisa avec les Anglois. Puis, quand il eut soupé, et que graces furent rendues à Dieu, les instrumens de toutes sortes commencèrent à sonner mélodieusement, puis on les mena souper avec les nobles barons de France et furent fort bien servis.

Ils furent étonnés de la grande quantité de biens et de la grande quantité de vaisselle d'or et d'argent qu'il y avoit. Après souper les Anglois prirent congé et retournèrent à leur maître, auquel ils contèrent ce qu'ils avoient vu, dont il fut ébahi. Le lendemain Jean de Paris fut à l'église, où on lui avoit tendu un riche pavillon ; puis fut commencée la messe avec les musiciens qu'il menoit avec lui. Il y eut des Anglois qui furent tout raconter au roi anglois, lequel vint incontinent à l'église. Jean de Paris lui manda qu'il vînt à son pavillon, et qu'il seroit plus à son aise. « J'irai volontiers, dit le roi anglois. » Quand il entra dans le pavillon, si salua Jean de Paris, lequel lui rendit son salut et lui fit place auprès de lui ; il faisoit beau voir le pavillon et ceux qui y étoient. Etant la messe dite, chacun prit congé, et vinrent en leurs logis pour dîner.

Jean de Paris envoya au roi anglois de la viande toute chaude, comme il avoit fait au soir, puis montèrent en la manière qu'avez ouï pour aller jusqu'à Bordeaux, si bien que Jean de Paris avoit ses logis faits et garnis de tout ce qui étoit nécessaire. Et à chacun repas lui envoyoit de la viande, lequel s'étonnoit d'où elle pouvoit venir en de si petites bourgades où ils arrivoient.

Comme le roi d'Angleterre et Jean de Paris chevauchèrent ensemble, en devisant par le chemin.

Le roi d'Angleterre chevauchant par delà Bordeaux avec Jean de Paris, lui demanda s'il iroit avec lui jusqu'à Bayonne. Et Jean de Paris répondit que oui. « Plût à Dieu, dit le roi d'Angleterre, que votre voyage s'adressât en Espagne. » — « Par aventure, dit Jean de Paris, aussi ferai-je ; car après Dieu je fais ma volonté. » — « C'est bonne chose, dit le roi anglois. Si vous vivez longtemps, il faudra bien changer de propos. » — « Je n'ai garde, dit Jean de Paris ; car j'ai plus de bien que je n'en puis dépenser de mon vivant. »

Alors le roi d'Angleterre regarda ses gens et dit en soi-même que cet homme n'étoit en son bon sens ; mais tant y a que Jean de Paris tenoit le roi d'Angleterre plus aise qu'en sa vie n'eût été.

Comme Jean de Paris et ses gens voyant la pluie venir vêtirent leurs manteaux et chaperons à gorge.

Il avint un jour ainsi qu'ils chevauchoient, il commença à pleuvoir ; et quand Jean de Paris et ses gens virent venir la pluie, ils prirent leurs manteaux et chaperons à gorge, et vinrent ainsi accommodés jusqu'auprès du roi anglois qui commença à les regarder en cet état.

Alors dit à Jean de Paris : « Vous et vos gens avez trouvé bons habillemens contre la pluie et mauvais temps. » Lui et ses gens n'avoient nuls manteaux ; car alors il n'y en avoit point en Angleterre, et aussi n'avoient-ils pas la manière de les faire. Les Anglois portoient leurs bonnes robes qu'ils avoient fait faire pour les noces ; car en leur pays on ne portoit point de malles ni d'habits, parquoi vous pouvez bien penser comme étoient leurs robes. Les unes étoient longues, les autres étoient courtes et fourrées de plusieurs fourrures, qui étoient piètres pour la cause de l'eau ; le lendemain le drap frottoit sur les fourrures qui étoient gâtées.

Lors Jean de Paris dit au Roi : « Sire, vous qui êtes grand seigneur, vous devriez faire porter à vos gens des maisons pour les couvrir en temps de pluie.

Adonc se prit à rire et répondit : « Il faudroit avoir un bon nombre d'éléphans pour porter tant de maisons. » Puis se retira devers ses barons en riant, et leur dit : « N'avez-vous pas ouï ce que ce galant a dit ? Ne montre-t-il pas qu'il est fou ? Il croit qu'avec le trésor qu'il a, quoiqu'il ne l'ait pas acquis, rien ne lui soit impossible. »

« Sire, lui dirent les barons anglois, c'est un beau passe-temps que d'être en sa compagnie ; il fait passer le temps joyeusement : plût à Dieu qu'il voulût venir aux noces avec vous, en lui donnant une somme d'argent vous en seriez plus honoré. » — « Je le voudrois, dit le Roi, mais s'il vouloit se dire à nous, ce nous seroit honte ; car les dames priseroient peu notre état. »

Si laissèrent les Anglois le parler ; car la pluie les chargeoit tant qu'il n'y avoit celui qui ne se désirât d'être au logis. Quand ils furent en la ville, chacun s'en fut au logis, et Jean de Paris envoyoit tous les jours de ses biens au roi d'Angleterre. Le lendemain ils partirent et s'en vinrent à Bayonne ; le jour d'après ils se mirent aux champs, et chevauchant ils trouvèrent une rivière qui étoit mauvaise, où se noyèrent plusieurs Anglois.

Comme en passant une rivière beaucoup des gens du roi anglois se noyèrent, et Jean de Paris et ses gens passèrent hardiment.

Quand les Anglois furent près de la rivière, ils commencèrent à passer le gué ; il y en eut plus de soixante de noyés qui étoient mal montés, dont le Roi fut déplaisant. Jean de Paris venoit tout doucement après, qui ne s'ébahissoit point de cette rivière ; car lui et tous les siens étoient bien montés. Et quand ils furent à la rivière, ils passèrent à la volonté de Dieu, car la rivière étoit devenue enflée, parquoi il y avoit risque et péril. Le roi anglois qui étoit au bord de la rivière lamentoit ses barons, et voyoit comment Jean de Paris passoit sans dommage. Quand ils furent outre, le roi anglois dit à Jean de Paris : « Vous avez eu meilleure fortune que moi ; car j'ai perdu beaucoup de mes gens. » Jean de Paris se prit à sourire et dit : « Je m'étonne que vous ne faites pas porter un pont pour passer vos gens, quand ce vient aux rivières. » Le roi anglois se prit à rire, nonobstant sa perte, puis lui dit : « Chevauchons un peu, car je suis fort mouillé, je voudrois bien être au logis. » Adonc lui dit Jean de Paris, qui feignit de ne l'avoir pas entendu : « Sire, chassons un peu par ce bois. » — « Je n'ai pas envie de rire, dit l'Anglois. » Si chevauchèrent tant qu'ils arrivèrent chacun en leurs logis, où les Anglois commencèrent à plaindre leurs parens qui étoient noyés ;

mais patience, car il falloit aller aux noces, qui fut en partie cause d'oublier mélancolie. Quand ce vint un autre jour qu'ils étoient aux champs, et quand le roi anglois eut oublié une partie de sa mélancolie, il dit à Jean de Paris : « Mon ami, dites-nous, je vous prie, en passant le temps, pour quelle raison venez-vous en Espagne ? » — « Sire, dit Jean de Paris, volontiers je vous le dirai. — Je vous dis pour vrai, qu'il y a environ quinze ans que feu mon père, à qui Dieu fasse pardon, vint chasser en ce pays, et quand il partit il tendit un lacet à une cane ; je viens m'ébattre pour voir si la cane est prise. » — « Vraiment, dit le roi d'Angleterre en riant, vous êtes un maître chasseur qui venez si loin chasser une cane ; si elle est prise elle seroit pourrie et mangée des vers. » — « Vous ne savez pas, dit Jean de Paris, que les canes de ce pays ne ressemblent pas les nôtres : celles d'ici se conservent mieux. » De ceci rirent les Anglois, qui n'entendoient pas à quelle fin il disoit ces propos : les uns disoient qu'il étoit fou et les autres non.

Approchant la cité de Burgos, où étoit le roi, et en laquelle les noces se devoient faire : le roi d'Angleterre dit à Jean de Paris : « Monseigneur, si vous vouliez venir avec moi jusqu'à Burgos, puis vous avouer de moi, je vous donnerai de l'or et de l'argent largement, et si vous verrez une belle assemblée de dames et de seigneurs. » — « Sire, dit Jean de Paris, d'y aller je ne sai ce que j'en ferai ; car ce sera si mon plaisir y est : et quand est de m'avouer de votre service, cela ne vous faut pas penser ; car votre royaume ne me le feroit pas faire, j'en ai plus que vous. »

Quand le roi d'Angleterre entendit ce refuser, il fut dolent, et eût bien voulu que Jean de Paris eût été en France, doutant que s'il alloit à Burgos, son état n'en seroit pas prisé comme le sien; mais il ne lui en osa plus parler, fors qu'il lui dit : « Pensez-vous point y venir? »—« Certes, dit Jean de Paris, peut-être que non, selon que je le trouverai en moi ». A tant laissèrent ces paroles; mais le roi anglois pensa bien qu'il y viendroit, et s'ébahissoit fort.

Et quand ce vint au lendemain, Jean de Paris dit au roi d'Angleterre qu'il ne l'attendit pas : car il ne vouloit bouger de tout le jour; alors le roi d'Angleterre s'en partit et tant chevaucha avec ses barons, que ce jour même il arriva à Burgos, où ils furent bien reçus en grand honneur et triomphe, et tous ses chevaliers de même.

Comme le roi d'Angleterre arriva à Burgos, où il fut honorablement reçu.

Environ les trois ou quatre heures du soir, le roi d'Angleterre arriva à Burgos, où il fut honorablement reçu; car il y avoit une belle et somptueuse compagnie, où il y avoit le roi d'Espagne, le roi de Portugal, le roi et la reine de Navarre, le roi d'Écosse, le roi de Pologne, et plusieurs autres princes, barons, dames et damoiselles, qui étoient en grand nombre, qui tous firent un grand honneur au roi d'Angleterre et à ses barons aussi. Mais quand la fille du roi d'Espagne l'eut bien considéré, elle n'en fut pas joyeuse, et pensa en elle-même que ce n'étoit pas son fait; toutefois la chose étoit si avancée qu'il n'y avoit aucun remède pour garder l'honneur de son père.

Mais retournons à Jean de Paris, lequel ayant fait avancer son train, chevaucha tout le dimanche jusqu'à deux lieues de la ville, et vint loger en une petite ville proche de là, puis envoya deux hérauts accompagnés de cinq cents chevaliers au roi d'Espagne pour demander logis pour Jean de Paris.

Comment deux hérauts étant près de la porte y laissèrent les cinq cents chevaliers qui étoient venus avec eux, et n'entrèrent en la ville qu'eux et deux serviteurs, qui étoient habillés de même.

D'un riche drap d'or étoient vêtus les hérauts, montés sur deux haquenées richement accoutrées, et quand ils furent près de la cité, ils firent arrêter leurs gens jusqu'à ce qu'ils fussent retournés, et ne menèrent que chacun un page habillé d'un fin velours violet; et étoient les accoutremens de leurs chevaux de même. Si entrèrent dans la ville, et demandèrent où étoit le roi; et dirent qu'ils étoient hérauts de Jean de Paris, et vouloient dire quelque chose au roi de par lui. Alors on fut dire au roi d'Espagne qu'il y avoit les hérauts les mieux en point qu'on eût jamais vus, et se disant serviteurs d'un nommé

JEAN DE PARIS.

Jean de Paris, qui les envoie devers lui. « Que vous plaît-il qu'on lui dise ? » Le Roi dit : » — « Entretenez-les jusqu'à ce qu'on ait soupé. »

Comme le roi d'Angleterre commença à raconter les faits de Jean de Paris, dont fut ri pendant tout le souper.

Voyant le roi anglois que Jean de Paris vouloit venir à la fête, il commença à dire : « Monsieur, je vous prie que vous donniez bonne réponse aux hérauts; car vous verrez merveilles. »—« Et qui est ce Jean de Paris, dit le roi d'Aragon? » — « Sire, dit-il, c'est le fils d'un riche bourgeois de Paris, qui mène le plus beau train qu'on puisse voir. »—« Combien a-t-il de gens? »—« Deux ou trois cents chevaux bien accoutrés. » — « C'est une terrible chose, dit le Roi, qu'un simple bourgeois de Paris puisse maintenir un tel état si longuement comme devenir ici. » — « Comment! dit le roi d'Angleterre, de vaisselle d'or et d'argent il n'en manque point ; il est capable de payer un royaume; car il semble mieux un rêve qu'autre chose. Et est plus fort content en fait d'honneur qu'oncques vîtes hommes ; et si vous dis qu'il déprise honneur de roi contre le sien. Autrement il est fort doux et fort communicatif; mais quelque manière qu'il ait, il semble qu'il vient de la lune, car il dit des mots qui n'ont ni chien ni queue, autrement on le croiroit homme. » — « Mais encore, que dit-il ? dit le roi d'Espagne. » — « Je vous le dirai. » — « Un jour chevauchant ensemble qu'il pleuvoit fort, lui et ses gens prirent certains vêtemens qu'ils faisoient porter par des chevaux qui préservoient de la pluie, je lui dis qu'il étoit bien en point pour la pluie ; il me répondit que moi qui étois roi d'Angleterre devois faire porter à mes gens des maisons pour les garder de la pluie. » De ce mot ils se prirent à rire. « Or écoutez, messieurs, dit le roi de Portugal, il ne faut pas se moquer du monde en son absence ; je ne crois pas qu'il ne soit sage homme, s'il peut trouver manière de mener cette compagnie, car ce n'est pas vraisemblable que ce soit sans grand sens et entendement. » Les paroles du roi de Portugal donnèrent grande foi aux seigneurs et dames ; car fort sage étoit : « Encore n'avez-vous rien ouï, je vous en dirai encore des plus nouvelles : Un jour passant une rivière, plusieurs de mes gens furent noyés dans l'eau qui couroit roide, puis étant hors du rivage, comme je regardois la rivière, il s'en vint à moi pour me bien consoler, et me dit : « Vous qui êtes un puissant roi, vous devriez faire amener avec vous un pont pour faire passer la rivière à vos gens afin qu'ils ne fussent noyés. » Quand il eut dit cela, ils commencèrent à rire par la salle. Alors la fille du roi d'Espagne qui écoutoit, lui dit : « Monseigneur, dites-nous l'autre, je vous prie. » Il répondit : « Volontiers je le dirai : L'autre jour, ainsi que nous marchions ensemble je lui demandai en passant qui étoit la cause qui le faisoit venir en ce pays. Il dit que son père à son retour avoit tendu un lac et à une cane, et maintenant il venoit voir si ladite cane étoit prise. » Quand on ouït ces paroles, le roi commença à rire plus que devant, et tellement fit durer ce qu'il récitoit de Jean de Paris que le souper fut parachevé. Quand les tables furent levées, le roi envoya quérir les hérauts qui étoient richement accoutrés, lesquels étant devant la compagnie saluèrent le roi, comme vous verrez ci-après.

Comme les hérauts de Jean de Paris entrèrent en la ville où étoit le roi d'Espagne accompagné de plusieurs rois, barons, dames et chevaliers, pour demander logis pour leur maître.

« Sire, Jean de Paris notre maître, vous salue et vous prie de lui donner logis en un quartier de la ville, pour lui et ses gens. » — « Mes amis, dit le roi, pour les logis vous ne demeurerez pas ; car je vous en ferai donner ». Alors il envoya un maître d'hôtel avec eux, et leur dit : « Allez, mes amis, si vous avez besoin de quelque chose, je vous le ferai donner. » Ils s'en furent par la cité, et leur voulut-on donner logis pour trois cents chevaux, mais ils n'en tinrent compte. Si furent amenés devant le roi, qui leur demanda s'ils avoient assez de logis. « Non, dirent les hérauts ; car il nous en faut dix fois autant. » — « Comment ! dit le roi d'Espagne, avez-vous à loger plus de trois cents chevaux ? » — « Oui, sire, plus de deux mille, ou ils ne viendront pas ici : il nous faut bien depuis la petite église jusqu'à la porte, et ne pouvons pas à moins. » — « Vous l'aurez demain matin, dit le roi d'Espagne, car je désire voir votre maître. Je ferai tantôt déloger ceux qui sont logés, et demain les trouverez prêts. » Alors ils prirent congé du roi d'Espagne et lui dirent : « Nous serons suivis des fourriers qui marqueront les logis. »—« Amis, dit le roi, n'y a faute, et me recommande à votre maître. » Grand discours fut tenu de Jean de Paris, et leur tardoit que le lendemain fût venu pour le voir.

Comment les hérauts vinrent devers Jean de Paris pour lui dire la réponse que le roi d'Espagne leur avoit faite.

Les hérauts marchèrent toute la nuit pour aller faire réponse à Jean de Paris de ce qu'ils avoient fait avec le roi d'Espagne ; ils arrivèrent près de lui et lui contèrent ce qu'ils avoient fait, et la parfaite beauté de la pucelle, qui plut à Jean de Paris. Alors il les fit retourner pour aller conduire les cinq cents premiers chevaux pour faire les logis, puis appela tous les princes et barons, les priant de garder le commandement, ainsi qu'ils avoient délibéré de le servir, car ils ne tâchoient qu'à lui être agréables. Quand ce vint le matin, les seigneurs et les dames qui étoient venus aux noces se levèrent bien matin, de peur qu'ils avoient de ne pas voir arriver Jean de Paris ; pendant qu'ils en parloient, les deux hérauts et les deux pages arrivèrent qui menoient les cinq cents chevaliers : les nouvelles vinrent au palais que Jean de Paris venoit, et quand les fourriers le surent ils s'approchèrent du palais du roi afin de savoir si Jean de Paris y étoit, et ils avancèrent pour parler à lui.

Comment les fourriers de Jean de Paris passèrent par devant le palais du roi d'Espagne, lequel leur dit qu'ils fussent les bien venus.

Alors les fourriers passèrent vers le palais du roi d'Espagne, et le Roi les reçut fort honorablement, le Roi dit à un des fourriers : « Dites-nous où est Jean de Paris, afin de le voir. » Le fourrier lui dit : « Il n'est pas en cette compagnie. »—« Qui êtes-vous, dit-il ? » —« Nous sommes les fouriers qui venons lui faire ses logis. » Quand le roi ouït sa réponse il fut ébahi, et dit au roi d'Angleterre : « Vous disiez qu'il n'y avoit que trois cents chevaux, et en voilà plus de cinq cents qui sont passés. »—« Voilà des gens bien en point, dit la fille d'Espagne, vous devez régaler leur seigneur qui vient nous faire tant d'honneur. »—« Vraiment, ma fille, vous dites vérité, je vais envoyer ces gens qui sont venus pour le faire fournir de linge, vaisselle et tapisserie. Il appela son maître d'hôtel, et lui dit : « Allez au quartier qu'avez donné à ces gens, et leur faites donner ce qu'il faudra ». Le maître d'hôtel y fut et les trouva en besogne : les uns faisoient barrières, les autres rompoient les maisons pour passer de l'un à l'autre; les autres tendoient des tapisseries ; et sembloit que ce fût un monde. Quand le maître d'hôtel vit cela il fut bien ébahi, et dit : « Je viens ici pour demander ce qu'il vous faut, soit vaisselle ou tapisserie, je vous en ferai délivrer. »—« Si répondit un des hérauts, et dites au roi que nous le remercions ; car les chariots arriveront tantôt qui portent les ustensiles. Si le roi a affaire de tapisserie ou vaisselle d'or ou d'argent, nous en avons assez pour lui, venez-nous le dire, et nous en envoyerons douze chariots chargés qui le fourniront. » Le maître d'hôtel s'en fut tout émerveillé le dire au roi devant toute la baronie et les dames, qui écoutoient le rapport qu'il faisoit : Si ne parloient que de Jean de Paris duquel la venue tardoit tant.

Le Roi fit célébrer la messe, tous les princes et tous les seigneurs furent l'ouïr ; et quand ce vint sur la fin, voici venir un écuyer qui vint dire : « Venez voir arriver Jean de Paris, et vous hâtez. » Adonc les rois prirent les dames par la main et s'en vinrent aux fenêtres du palais ; les autres sortirent dans la rue afin de mieux voir.

Comment les conducteurs des chariots vinrent en belle ordonnance et après eux les chariots de la tapisserie.

Peu après arrivèrent deux cents hommes d'armes bien en point, et furent deux trompettes devant deux tambours de Suisse et un fifre; et étoient montés sur de bons chevaux qu'ils faisoient sauter : c'étoit un triomphe de les voir, et venoient deux à deux en belle ordonnance. Le roi d'Espagne demandoit au roi anglois, qui étoient ces gens-là? « Je n'en sais rien, dit-il, car je ne les ai point vus en notre voyage. » Lors le roi de Navarre, qui tenoit la pucelle par la main, demanda ; « Qui êtes-vous, Messieurs? »—«Nous sommes les conducteurs de chariots de Jean de Paris, qui viennent peu après nous. » La pucelle dit : « Voici un état bien triomphant pour le fils d'un bourgeois. » Après arrivèrent les chariots de tapisserie, à chacun desquels y avoit huit coursiers richement harnachés, et y avoit cinq chariots couverts de velours. « Hélas! dit la pucelle, nous ne le verrons point, il sera dedans ces riches chariots. » Lors le roi de Navarre courut après ceux qui les conduisoient ; car à chacun y avoit deux hommes pour conduire les chevaux : « Dites, mes amis, qui est-ce qui est dans ces beaux chariots ? » Ils répondirent que c'étoit la tapisserie de Jean de Paris. Quand ils furent passés dix ou douze, il dit à un autre : «Dites moi, mon ami, qui est dans ces chariots ? » — « Monseigneur, répondit-il, tous ceux qui sont couverts de vert sont les chariots de la tapisserie et du linge. » Ils furent ébahis quand ils ouïrent cette réponse. « Ah! mon ami, dit la pucelle au roi anglois, vous ne nous aviez pas dit tout ce que vous saviez de Jean de Paris. — « Ma mie répondit le roi anglois ; je n'en avais vu sinon ce que j'en avois dit : je suis bien ébahi que ce peut être. » Ainsi comme ils parloient, les chariots achevèrent de passer.

Comme vingt-cinq autres chariots entrèrent qui portoient les ustensiles de la cuisine.

Aussitôt que les premiers chariots furent passés,

il en vint vingt-cinq autres qui étoient tous couverts de cuir rouge. Tantôt après le roi de Portugal demanda : « Messieurs, quels chariots sont ceux-ci? » — « Ce sont les chariots des ustensiles de cuisine de Jean de Paris. » — « Je me tiendrois bien heureux, dit le roi de Portugal, d'en avoir une demi-douzaine de pareils. Qui est celui qui peut mener et entretenir tel triomphe? Et ne le verrons-nous pas? » Et comme ils devisoient on vint dire que le dîner étoit prêt. « Hélas! dirent les dames, ne parlez point de cela ; car il n'est plaisir que voir richesses innumérables. » Quand les chariots furent passés, il en arriva vingt-cinq autres couverts de damas bleu, et les coursiers étoient harnachés de même, comme nous verrons ci-après.

Comme il entra dans la ville vingt-cinq autres chariots couverts de damas bleu, qui portoient les robes de Jean de Paris.

« Regardez, dit la princesse, voici venir d'autres chariots plus riches que les autres. » Quand ils furent près, on demanda à ceux qui les menoient à qui étoient ces charriots. Ceux qui les menoient répondirent : « Ce sont les chariots de garde-robe de Jean de Paris. » — « Quels habillemens peut-il avoir là-dedans, dit-elle? » Puis elle cria par la fenêtre : « Dites-moi, mon ami, combien y en a-t-il? » Ils répondirent : « Vingt-cinq. » — « Voilà assez de richesses, dit le Roi, pour acheter tous nos royaumes. » Grand bruit étoit par toute la cité, spécialement au palais, de la venue de cet homme. Le roi d'Angleterre étoit tout étonné de voir et d'entendre ce qu'il entendoit; car de lui on ne faisoit plus d'estime, mêmement il n'avoit loisir de parler, ni de jouer avec sa fiancée, comme il désiroit, dont il étoit marri. Et pour abréger la matière, les vingt-cinq chariots passés, en vinrent vingt-cinq autres couverts de fin velours cramoisi brodés d'or avec des franges fort riches. Quand on les vit approcher chacun s'avança pour regarder.

Comme les chariots de la vaisselle de Jean de Paris entrèrent.

« Certes, dit la pucelle, je crois que Dieu de Paradis doit à cette heure arriver : Est-il homme qui puisse assembler une telle noblesse? » — « Si l'on m'eût dit, dit le roi de Navarre, que ce fût le roi de France, je n'en m'en fusse point étonné; car c'est un beau royaume; mais de ce bourgeois-ci je ne sais où j'en suis. » — « Comment, dit la pucelle, vous semble-t-il que le Roi en pût faire autant? » — « Oui, dit-il, s'il l'avoit entrepris. » Tant parlèrent que vingt-cinq chariots passèrent fors un, auquel le Roi demanda : « Ami, qu'y a-t-il en ces chariots couverts de cramoisi? » — « Sire, dit-il, c'est la vaisselle de Jean de Paris. » Incontinent après arrivèrent deux cents hommes d'armes bien en point, comme pour combattre; et venoient quatre à quatre, en bel ordre et sans bruit. Le roi d'Espagne appela le premier qui portoit un pain en sa lance, et lui dit : « Jean de Paris est-il en cette belle compagnie ? » — « Sire, dit-il, nenny, car lui et sa compagnie dînent aux champs, mais nous sommes commis. » Quand les chariots et les deux cents hommes d'armes furent passés, le roi d'Espagne dit qu'on allât dîner ; cependant les dames lui firent requête qu'il laissât bonne garde à la porte pour qu'il ne passât sans être vu. « Ne vous souciez, dit le Roi, j'en serois plus marri que vous. » Adonc on dîna en ne parlant que des merveilles qu'on avoit vues, dont le roi d'Angleterre n'étoit guère content, mais la reine d'Espagne l'entretenoit au mieux qu'elle pouvoit. Après dîner ils commencèrent à deviser : mais il vint deux écuyers qui dirent : « Venez voir la plus belle compagnie du monde. » Lors sortirent les rois avec les dames et chevaliers, tenant chacun une demoiselle par la main, et vinrent aux fenêtres, et les autres dans la rue, qui étoit toute pleine de peuple.

Comment les archers de la garde de Jean de Paris entrèrent en grand triomphe et honneur.

Tantôt arrivèrent six clairons bien en point, qui sonnèrent si mélodieusement que c'étoit merveille ; vint un grand coursier sautant qui portoit une enseigne ; et après lui venoient deux mille archers bien en point ; et y avoit beaucoup d'orfévrerie qui reluisoit au soleil. Le roi d'Espagne demanda à celui qui portoit l'enseigne si Jean de Paris étoit là, il répondit que non, que c'étoient les archers de la garde. « Comment! dit le roi d'Espagne, appelez-vous ceci archers, qui tous semblent être des seigneurs? » — « Vous en verrez bien d'autres. » Si passa outre, menant ses gens en bonne ordonnance. Il ne faut pas demander comme ils étoient regardés : vous n'eussiez pas dit un seul mot, tant ils étoient attentifs à regarder ces merveilles. Et vint un des hérauts de Jean de Paris au palais, pour demander au roi d'Espagne la clef de l'église pour avoir Vêpres; car Jean de Paris les vouloit entendre ce jour-là. Le Roi lui dit : «Mon ami, vous aurez tout ce que vous demanderez, mais je vous prie, demeurez pour nous montrer Jean de Paris.»—«Je vous laisserai mon page, qui vous le montrera; il ne vient pas encore, il y a trop de gens d'armes à venir qui viendront devant lui. Et il laissa son page, et la pucelle lui demanda son nom. Il dit qu'il se nommoit Gabriel. « Gabriel, je vous supplie que point vous ne partiez de moi ; et voyez cet anneau que je vous donne. » La pucelle lui dit : « Mon ami, quand viendra Jean de Paris ? » — « Mademoiselle, il arrivera auparavant ses gens d'armes. » — « Comment! dit la pucelle, ne sont-ce pas ceux qui passent ? » — « Non, dit le page, ce sont les archers de l'avant-garde qui sont deux mille et autant de l'arrière-garde. Le roi d'Aragon dit : « Comment! va-t-il faire la guerre à quelque prince, qu'il mène tant de gens d'armes ? » — « Non, dit le page, c'est le train de son état. » — « Je crois que ces gens-là sortent par une porte et rentrent par l'autre, dit le roi anglois. » — « Ce seroit finement fait, » répondit le roi de Portugal.

Comme le maître d'hôtel de Jean de Paris entra honorablement avec les cent pages d'honneur.

Après que les archers furent passés, il arriva un bel homme, qui étoit vêtu de drap d'or, avec un bâton à la main, monté sur une haquenée. Après lui venoient les cent pages d'honneur de Jean de Paris vêtus de cramoisi, et leur pourpoint de satin brodé d'or, et richement montés sur chevaux grisons harnachés de velours cramoisi, comme robes de pages. Ils venoient leur petit train bien arrangés deux à deux, et les faisoit beau voir ; car on les avoit choisis ; aussi étoient-ils bien dignes d'être regardés. Or la pucelle pensoit que celui qui alloit devant les pages étoit Jean de Paris, elle se leva pour le saluer : aussi firent plusieurs barons et dames ; mais le page s'en aperçut, et dit : « Mademoiselle, ne bougez jusqu'à ce que je vous avertisse ; car celui que voici est le maître d'hôtel ; cette semaine il est en office, et quatre qui sont par semaine ; et après lui les pages d'honneur pour savoir comment les logis sont préparés. » Le page montroit aux rois toute l'ordonnance. Ils s'étonnoient, et disoient qu'il étoit pour subjuguer tout le monde.

Comme un chevalier qui portoit une épée dont le fourreau étoit couvert d'orfévrerie et pierres précieuses entra en grand triomphe.

Quand les hommes d'armes furent passés, vint un chevalier revêtu de drap d'or, sur un coursier de même, sinon que la housse étoit de violet. Celui-ci portoit en sa main une épée dont le fourreau étoit semé de riches pierreries. Le page cria aux seigneurs et dames, disant : « Mademoiselle, voilà celui qui porte l'épée de Jean de Paris, il sera maintenant ici. » — « Hélas! mon ami, regardez bien afin de me le montrer de bonne heure. » — « Aussi ferai-je, » dit le page. Après vinrent six cents hommes montés sur grisons bien accommodés avec des harnois tout semés d'orfévrerie; et par dessus les croupes des chevaux y avoit de fort belles chaînes d'argent toutes dorées; et les chevaliers qui étoient montés dessus étoient habillés de velours cramoisi comme les pages.

Comme Jean de Paris arriva en la cité de Burgos en grand triomphe.

Ce page voyant venir Jean de Paris appela la pucelle, disant : « Madame, je vais m'acquitter envers vous, et vous montrer le plus noble chrétien que vous vîtes, c'est Jean de Paris. Regardez celui qui porte un bâton blanc en sa main, un collier d'or au cou, comme il est beau personnage et gracieux. L'or de son collier ne change point la couleur de ses cheveux. « La pucelle fut joyeuse des nouvelles que le page disoit. Lors arriva Jean de Paris richement habillé; à l'entour de lui six pages, trois deçà et trois delà. Quand la pucelle l'aperçut, elle devint rouge qu'il sembloit que le feu lui sortoit du visage. Le roi de Navarre lui serra la main s'en étant bien aperçu. Quand Jean de Paris parla, elle lui tendit un couvre-chef de plaisance qu'elle tenoit, en le saluant doucement. Quand Jean de Paris la vit, il fut épris d'amour, fit la révérence et la remercia; puis passa outre avec ses gens.

Comme cinq cents hommes d'armes de l'arrière-garde entrèrent en belle ordonnance.

Jean de Paris étant entré, arrivèrent les cinq cents hommes d'armes de l'arrière-garde qui étoient derrière, pour savoir si Jean de Paris n'avoit point d'affaires. Si furent ébahis les seigneurs et dames de voir tant de gens ; et dit la pucelle : « Hé Dieu, y a-t-il encore des gens d'armes ? » — « Madame, dit le page, c'est l'arrière-garde de mon maître, qui sont cinq cents de même à ceux qui sont passés. » — « Il seroit mal de prendre noise à un tel homme, dit le roi de Navarre, je crois qu'au monde n'y a tant de richesses. » Lors les dames vinrent au devant du Roi le prier qu'il envoyât quérir Jean de Paris, et le roi d'Espagne leur promit d'y envoyer.

Comme le comte de Quarion et son compagnon allèrent devers Jean de Paris.

Le roi d'Espagne dit aussitôt au comte de Quarion et à trois de ses barons : « Dites à Jean de Paris que nous le prions de venir en ce palais pour commencer la fête. Et quand ils vinrent au quartier de Jean de Paris ils trouvèrent les rues fortifiées, avec bonne garde, qui leur demanda à qui ils étoient. «Nous sommes, dit le comte, au roi d'Espagne, qui nous envoie à Jean de Paris. » — « Entrez dirent-ils, avec votre compagnie. » Lors entrèrent et virent les rues tendues de riches tapisseries. Étant devant le logis ils trouvèrent grande compagnie de gens d'armes avec leur capitaine, auquel le comte demanda à parler à Jean de Paris. « Qui êtes-vous, dit le capitaine? » — « Je suis le comte de Quarion, à qui le roi d'Espagne a donné charge de venir parler à Jean de Paris. » — « Suivez-moi, dit le capitaine. » Après qu'ils furent entrés en la première salle, qui étoit tapissée d'un drap d'or à haute lisse, et quand ils eurent un peu regardé, le capitaine vint qui leur dit : « Attendez encore un peu, parce qu'on tient conseil et n'ose heurter à l'huis. » Quand ils eurent un peu attendu, on ouvrit la porte; le capitaine entra avec un des chambellans, et lui dit que le comte Quarion vouloit parler à Jean de Paris : « Je vais appeler le chancelier qui parlera à vous. » Il alla quérir, et quand il fut arrivé, il leur demanda ce qu'ils vouloient : « Nous voulons parler à Jean de Paris de par le roi d'Espagne. » — « Comment ! dit le chancelier : est-il si malade qu'il ne puisse venir jusqu'ici ? Vous n'y pouvez y parler. » Le comte entendant sa réponse fut ébahi et s'en retourna dire la réponse au roi d'Espagne, dont les dames furent fâchées, croyant qu'il n'y viendroit pas.

Lors le chancelier sortit de la chambre avec cinquante hommes, et reçut les rois honorablement et leur compagnie ; puis dit au roi d'Espagne : « Sire, que venez-vous faire ici ? vous soyez le bien-venu. »— « Je ne me pourrois tenir, dit le roi d'Espagne, de venir voir Jean de Paris, et le prier que son plaisir soit de venir à présent en mon palais voir les dames qui désirent le voir ; je vous prie que je puisse parler à lui. »—« Venez donc, je vous montrerai le chemin. » Puis le mena en la chambre du conseil, qui étoit tendue de satin rouge broché de feuillage d'or, le ciel de même, et le parement. Puis vint heurter à la chambre du conseil où Jean de Paris étoit en la manière qui s'ensuit : Premièrement la chambre, le ciel et le parement étoient tendus d'un velours vert, à grands personnages d'or, enrichi de perles où étoit portrait l'Ancien Testament. Au coin de la chambre avoit un riche siége à trois degrés, couvert d'un riche poêle d'or ; et par dessus avoit un riche pavillon fait d'orfévrerie émaillée, à grand nombre de chaînettes d'or qui tenoient diamans, rubis, émeraudes, saphirs, et plusieurs autres pierres précieuses qui étinceloient merveilleusement, Jean de Paris et ses gentilshommes étoient tous vêtus de drap d'or si riche que merveille, et tous d'une même sorte, fors que Jean de Paris qui avoit un riche collier tout couvert de riches pierres.

L'huissier vint ouvrir la porte pour voir qui avoit frappé, et trouva le chevalier auquel les rois dirent : « Que fait votre maître? — « Monseigneur, dit l'huissier, il est en son siége où il devise avec ses barons. » — « Voici le roi d'Espagne, dit le chevalier, qui vient le voir. » Et entrèrent dans la chambre, comme vous verrez ci-après.

Comme les rois d'Espagne et d'Angleterre entrèrent avec plusieurs barons dans la chambre.

Le chancelier se mit à genoux devant Jean de Paris, disant : « Sire, voici le roi d'Espagne qui vous vient saluer. » Lors s'inclina devant lui, et Jean de Paris se leva de son siége et le vint accoler.

« Sire roi d'Espagne, Dieu vous maintienne et toute votre compagnie. » — « Toutefois, soyez le bien-venu en ce pays, dit le roi d'Espagne, je vous prie que vous veniez en mon palais voir les dames qui ont un grand désir de vous voir, et aussi plusieurs rois, princes et seigneurs qui vous recevront. »

Incontinent toutes sortes de confitures furent mises dans de grandes coupes d'or, avec des vins de plusieurs sortes, dont le roi d'Espagne étoit émerveillé. Quand ils eurent fait collation, Jean de Paris dit au roi d'Espagne : « Allons voir les dames. »

Comme Jean de Paris s'assit au plus haut lieu de la salle avec la pucelle.

Jean de Paris étant arrivé en la salle, avec le roi d'Espagne et le roi d'Angleterre, les grands seigneurs et dames s'en vinrent au devant d'eux. Et Jean de Paris salua les rois d'Aragon, Navarre et aussi ceux d'Écosse et de Pologne; puis ôta son chapeau, salua les reines en les baisant, et puis prit la pucelle par la main, en lui disant : « Je vous remercie, ma sœur, de votre présent. » Elle rougit et s'inclina; mais Jean de Paris dit à ses barons : « Saluez les dames, puis nous irons nous reposer. » Puis, prenant les reines par les mains, s'en fut seoir au plus beau lieu de la salle, et dit : « Messeigneurs, prenez place, car nous avons pris la nôtre. » Et commença à deviser; et en parlant, la pucelle dit à Jean de Paris : « Sire, vous avez amené une belle armée. » — « Madame, je l'ai fait pour l'amour de vous. » — « Comment, dit la pucelle en rougissant, pour l'amour de moi? » — « Oui, » dit Jean de Paris. Le roi de Navarre dit au roi d'Espagne : « Mon cousin, votre beau-fils blâmoit cet homme, en disant que parfois il disoit des mots de folâtre, je crois que non; mais il les donne si couverts que nul ne les peut entendre : je voudrois que nous les lui puissions faire expliquer. » — « Je le veux bien, dit le Roi d'Espagne, mais j'ai peur de lui déplaire. »

Comme le roi d'Espagne fit apporter la collation pour Jean de Paris.

Adonc le Roi fit apporter la collation, et le maitre-d'hôtel demanda à un des barons de Jean de Paris comme il le feroit boire : « Attendez, dit-il, je vais quérir celui qui le sert. » Incontinent s'en fut dire au duc de Normandie qu'on vouloit servir du vin. Adonc il appela son écuyer, et lui dit qu'il s'en fût prendre les coupes pour servir; puis demanda aux autres écuyers avec lui, et se vinrent présenter à Jean de Paris, lequel prit la sienne et commanda de donner les autres aux rois en disant : « Buvons tous trois pour dépêcher, et les autres boiront quand il leur plaira. » Et but sans attendre; puis donna sa coupe à la pucelle, en disant : « Chère amie, tenez, j'ai bu à vous, je crois que vous ne me craindrez guère. » — « Sire, dit-elle, il n'y a cause pour moi et je vous remercie. » Les rois, seigneurs et dames burent, qui fort s'étonnoient de ce que Jean de Paris prenoit ainsi l'honneur sur tous les rois qui étoient plus vieux que lui. Quand la collation fut faite, les rois, princes et dames s'approchèrent de Jean de Paris pour causer ensemble.

Lors lui demanda le roi de Navarre : « Sire, que dites-vous de notre jeune épousée? » — « Je n'en saurois dire que tout bien et honneur, dit Jean de Paris; car il me semble que Dieu l'a parfaite à son plaisir, et n'y a rien oublié; elle n'a besoin que d'un

bon officier. » — « Sire, dit-elle, et quel officier ? »
— « Demandez à messeigneurs, dit Jean de Paris,
s'ils vous sauroient nommer. » — « Ah! vos mots
sont si forts à entendre, dit le roi de Portugal, que
nous n'y saurions qu'exprimer; c'est pourquoi nous
vous prions, que vous les vouliez expliquer. » —
« C'est encore bien aisé à entendre, dit Jean de Paris, car je crois que de maîtres-d'hôtels, écuyers et
secrétaires elle est assez bien fournie; mais volontiers quand les dames sont loin de leur pays, elles
en désirent souvent avoir des nouvelles, et pour ce
elle a besoin d'un bon courrier. » Quand ils entendirent ces paroles, chacun se prit à rire. « Sire, dirent les rois d'Espagne et d'Écosse, vous savez bien
ce qu'il faut aux belles, mais en vos mots il faut
toujours gloser. »

Comme le roi d'Espagne demanda à Jean de Paris l'explication des mots qu'il avoit dits au roi d'Angleterre.

Pour lors le roi d'Espagne dit à Jean de Paris : « Si
je n'avois peur de vous déplaire, je vous demanderois l'explication d'aucuns mots que vous avez dits
en chemin. » — « Demandez-moi ce qu'il vous
plaira, dit Jean de Paris, car rien ne me peut déplaire. » — « A votre congé, dit le roi d'Espagne,
mon beau-fils, le roi d'Angleterre, devoit porter à
ses gens des maisons pour les garder de la pluie, je
ne puis interpréter ces mots. » Lors Jean de Paris
se prit à rire, puis dit : « Cela est bien aisé à enten-

dre, exemple à moi et à mes gens, qui avoient manteaux et chaperons à gorges ; et quand il faisoit beau nous les mettions dans nos bahus, et c'est ces maisons que je désire à votre beau-fils. » — « Encore je vous demanderois volontiers une autre chose, dit le roi d'Espagne, si c'étoit votre plaisir ; c'est qu'un autre jour vous dites qu'il faudroit qu'il fît porter à tous ses gens un pont pour passer la rivière. » — « Il est bien vrai que par deçà Bayonne nous trouvâmes une petite rivière bien creuse. Le roi d'Angleterre et ses gens étoient mal montés, il en fut noyé beaucoup ; et quand nous fûmes passés, le Roi nous faisoit des plaintes de ses gens, et lui dit qu'il devoit faire apporter un pont pour les faire passer. Et cela signifie qu'il devoit avoir de bons chevaux pour la passer. » — « Pourquoi après avez-vous dit que votre père étoit venu en ce pays il y a environ quinze ans, et avoit tendu un lac à une cane, et que vous veniez voir si la cane étoit prise. » — « De cela, dit Jean de Paris, je ne blâme point le roi d'Angleterre ; car il n'est pas aisé à entendre : il y a environ quinze ans que le roi de France, mon père, vint en ce pays, et quand il s'en voulut retourner tous deux lui donnâtes votre fille pour la marier, et il vous promit que ce seroit pour moi ; voici maintenant la cane que je suis venu pour prendre. »

Comme le roi de France épousa la fille du roi d'Espagne.

Le roi Jean épousa la fille du roi d'Espagne en la

13.

ville de Burgos; et grandes réjouissances furent faites par tout le royaume : le soir étant venu, le roi Jean dit qu'il ne coucheroit point au palais, et pour ce furent les dames en son logis avec la mariée. Quand elles virent les merveilles qui y étoient, toutes disoient qu'à bonne heure étoit née la pucelle. Cependant, comme les dames la déshabilloient, le roi Jean arriva avec sa compagnie, puis dit à la pucelle : « Hé bien, ma mie, ne vous déplaît-il point d'avoir laissé le palais de votre père? » — « Monseigneur, dit-elle, je n'ai eu jamais si parfaite joie comme j'ai eu quand je me suis trouvée céans. »

Comme le roi Jean demanda congé au roi d'Espagne pour s'en retourner en France.

Après que les noces furent passées, le roi de France dit au roi d'Espagne : « Vous savez bien que j'ai grande charge de mon royaume; et ai la plus grande part de mes barons avec moi, ayant laissé ma mère seule, qui a un grand désir de voir ma femme : ainsi, si c'est votre plaisir, vous nous donnerez congé. » Le roi d'Espagne entendant ces paroles, lui dit : « Mon fils, puisque vous me faites cet honneur de prendre ma fille à femme, je vous prie de la bien gouverner, et pour mon royaume, mettez-y un gouverneur tel que bon vous semblera; car dès maintenant je vous le donne pour toujours. »

Comme le roi de France et sa femme partirent pour s'en retourner en France.

Le roi de France, après avoir pris congé les uns des autres, partit d'Espagne lui et la reine sa femme avec ses barons; et firent tant par leurs journées (21) qu'ils arrivèrent en France, où ils furent reçus par les villes en grand honneur et triomphe. Et arrivèrent à Paris, où la réception qu'on leur fit seroit trop longue à raconter : grands honneurs furent faits aux seigneurs et barons d'Espagne, lesquels avoient conduit leur dame jusqu'à Paris; et demeurèrent en France six mois, puis retournèrent en Espagne. Au bout de neuf mois, la Reine eut un beau fils, lequel fut roi de France, après le décès de son père.

FIN DE JEAN DE PARIS.

HISTOIRE

DE

JEAN DE CALAIS.

HISTOIRE

DE

JEAN DE CALAIS.

Au nord des Gaules, sur le bord de la mer, est une ville appelée *Calais*. Un des principaux et des plus riches négocians de cette ville avoit un fils unique, à qui il avoit donné toute l'éducation nécessaire pour lui former l'esprit et le corps. La nature l'avoit doué des charmes de l'un et des graces de l'autre; ainsi ses maîtres le virent bientôt passer leurs espérances.

Il s'attacha sur toutes choses à l'art de naviguer; et lorsqu'il eut joint la pratique à la théorie, il fut le plus brave et le plus excellent homme de mer de son tems. Son jeune courage ne lui permettant pas de languir dans une molle oisiveté, il engagea son père à lui équiper un vaisseau assez fort pour nettoyer la côte d'un nombre infini de corsaires, que le grand négoce des habitans de Calais y avoit attirés, et qui faisaient mille brigandages dans ces mers.

Son père loua son audace, et lui fournit abondamment tout ce qu'il lui falloit pour l'exécution d'un si beau projet. Tout étant prêt, il mit à la voile, et sa valeur, soutenue par sa prudence, le servit si bien, qu'ayant battu ces voleurs de mer en plusieurs rencontres, il les détruisit si parfaitement qu'il n'en paraissoit plus.

Ces nouvelles portèrent les habitans de la ville de Calais à un tel degré de reconnaissance, qu'ils lui préparèrent des arcs de triomphe, en joignant à son nom celui de la ville, comme lui étant redevable de sa tranquillité et de la sûreté de son commerce, ce qui fait que l'historien ne le donne jamais à connoître que sous le nom de Jean de Calais.

Ce jeune héros étoit près, par son retour, de jouir des honneurs qui l'attendoient, lorsque son vaisseau fut battu par une si cruelle tempête qu'il fut porté dans des mers inconnues. Le calme ayant succédé à l'orage, Jean de Calais ayant mis en usage tout ce que l'art et l'expérience lui avoient appris pour trouver les terres, découvrit une île ; il s'en approcha, et ayant mis sa chaloupe en mer, aborda, lui neuvième, au bord d'un bois, dans lequel il entra suivi de huit soldats.

Sa surprise fut extrême de le trouver taillé et coupé par de grandes et belles allées, cette attention lui paraissant extraordinaire dans un pays qu'il avoit cru inhabité ou barbare. Mais son étonnement eut de quoi s'augmenter, lorsque s'étant avancé, il entendit parler flamand, langue qui lui étoit familière. Il conduisit ses pas du côté des voix qu'il venoit d'entendre, et vit trois hommes superbement vêtus qui s'approchèrent de lui avec politesse.

Jean de Calais les pria de lui apprendre dans quel pays il étoit, et s'il y avoit sûreté pour lui et pour sa troupe. « Qui que vous soyez, lui répondit celui qui paraissoit être au dessus des autres, je trouve surprenant que vous ignoriez que vous êtes dans l'Orimanie, état florissant, où règne le roi du monde le plus juste, de qui la sagesse a dicté les lois auxquelles il s'est soumis lui-même, et dont l'observation religieuse fait le bonheur de cet empire : ne regrettez point d'y être abordé, vous y serez en assurance. Montez sur cette hauteur, ajouta-t-il, qui vous cache la grande et superbe ville de Palmanie, qui sert de capitale à ces riches états : vous y verrez une rivière majestueuse qui forme le plus beau port de l'univers, et dont l'abord est la sûreté de toutes les nations. »

Jean de Calais le remercia ; et charmé des grâces que lui faisoit la fortune, il s'avança sur le sommet qui lui cachoit la ville, et découvrit le plus beau pays du monde : il descendit dans cette capitale, le cœur rempli de joie ; mais étant arrivé dans une grande place, il vit le corps d'un homme déchiré par les chiens : cet objet lui fit horreur; il se repentit de s'être engagé si avant. Il demanda cependant pourquoi, dans une si grande ville, et dont on lui avoit dit que les lois étoient si sages, il ne se trouvoit pas quelqu'un assez charitable pour faire donner la sépulture à ce malheureux.

On lui répondit qu'il subissoit la peine de la loi, qui ordonnoit que tous ceux qui mouroient sans payer leurs dettes, seroient jetés aux chiens pour en être la proie; et que leurs âmes étoient errantes, sans que les intelligences éternelles leur donnassent le lieu de repos destiné aux justes : qu'on faisoit cette punition publiquement, parce qu'il se trouvoit souvent des personnes assez généreuses pour acquitter les dettes de ces malheureux et faire donner la sépulture à leurs corps.

Il n'en fallut pas davantage à l'âme magnanime de Jean de Calais : excité par la compassion, il fit publier sur le champ, à son de trompe, par toute la ville, que les créanciers de cet homme n'avoient qu'à lui faire voir leurs titres, et qu'il s'offroit de les acquitter ; et le lendemain ayant fait entrer son vaisseau dans le port, il prit l'argent nécessaire pour satisfaire à sa parole; il la tint exactement, et fit d'honorables funérailles au cadavre du débiteur.

Après avoir reçu du suprême magistrat et du peuple les louanges qu'une pareille action méritoit, il ne songea plus qu'à prendre les hauteurs de cette terre favorable, pour en pouvoir donner connaissance à sa patrie, et lui ouvrir un chemin qui facilitât un négoce utile aux deux nations.

Un soir qu'il se retiroit d'assez bonne heure sur son bord, il aperçut un vaisseau qui venoit de mouiller auprès du sien, sur le pont duquel il vit deux dames fondant en pleurs ; elles étoient magnifiquement parées, et leur air fit juger à Jean de Calais qu'elles étoient d'une naissance distinguée. Il s'informa à qui appartenoit ce vaisseau ; il apprit qu'il étoit à un corsaire qui venoit d'entrer dans le port, que les deux personnes qu'il voyoit étoient deux esclaves qu'il vendroit le lendemain.

Le cœur sensible de Jean de Calais fut touché de leur malheur, et il forma le dessein de les retirer de l'abîme dans lequel elles alloient tomber. Pour cet effet il manda le corsaire, et sans marchander du prix, il donna au pirate tout ce qu'il voulut, et fit venir les deux esclaves sur son bord.

Mais quelle fut sa surprise, lorsqu'elles eurent ôté leurs voiles, de voir deux jeunes beautés capables d'attendrir l'âme la plus barbare! Les pleurs qu'elles répandoient ne faisoient qu'augmenter leurs charmes, et sembloient leur servir d'armes pour vaincre tous les cœurs ; une des deux surtout frappa celui de Jean de Calais d'un trait qu'il ne put parer.

Après avoir donné quelque temps à l'admiration que lui inspiroit son amour naissant, il les consola, leur dit qu'elles étoient libres, et qu'un respect inviolable suivroit l'action qu'il venoit de faire ; et qu'en les retirant des mains du pirate, il n'avoit point d'autre dessein que de les rendre à leurs parens, sans espoir d'aucune rançon.

Ces paroles généreuses rassurèrent les belles captives. L'air noble de Jean de Calais et les grâces qui accompagnoient toutes ses actions touchèrent leur cœur, et les termes les plus obligeans lui marquèrent leur reconnaissance. Quelque temps après il mit à la voile, et sa navigation fut si heureuse, qu'il se trouva bientôt sur les côtes d'Albion, où le mauvais temps l'obligea de relâcher.

Pendant le voyage, il ne passoit presque pas de momens sans être auprès de ses esclaves; et comme il étoit jeune, insinuant et fait pour plaire, il trouva bientôt le chemin du cœur de celle qui l'avoit charmé : le même trait les blessa si profondément, qu'ils ne purent se le cacher longtemps. Ils s'aimèrent, ils se le dirent, et ne consultant que la vivacité de leurs sentimens, ils se jurèrent un amour éternel.

Lorsque Jean de Calais fut assuré de son bonheur : il pria cette jeune beauté de lui déclarer qui elle étoit, et par quel accident elle et sa compagne avoient été enlevées par le pirate. « Ne croyez pas, ajouta-t-il, que ma curiosité ait nul motif désobligeant : qui que vous soyez, il n'est rien que je ne trouve fort au dessous de vous ; et pour vous prouver ce que je dis, je vous donne ma foi dès ce moment et sans en savoir davantage, si vous voulez bien m'accepter pour époux. »

— « Je reçois avec plaisir, lui répondit la belle esclave, la foi que vous m'offrez ; je vous donne la mienne, et fais tout mon bonheur d'être unie à vous pour jamais ; mais pour ma naissance, souffrez que je vous en fasse un mystère que je trouve nécessaire au repos de ma vie. Qu'il vous suffise de savoir que le ciel ne m'a pas fait naître indigne de vous, et d'apprendre que je me nomme Constance et ma compagne Isabelle. Je n'ai point soupçonné votre curiosité d'avoir rien d'offensant pour moi : ne vous offensez pas non plus du silence que je m'impose ; notre amour l'exige de moi. Je dois me taire pour être à vous, et je veux éloigner de mon esprit tout ce qui pourrroit m'empêcher de suivre un penchant plus fort que ma raison. » Jean de Calais étoit trop amoureux pour presser la belle Constance après un tel aveu : il lui promit de ne lui en plus parler ; et sans consulter davantage, ils s'unirent pour jamais.

Cependant Isabelle, qui avoit été témoin de leur union, prenant le moment que Jean de Calais étoit occupé à donner des ordres dans son vaisseau, ne put s'empêcher de marquer sa surprise à Constance sur l'action qu'elle venoit de faire. « Quoi ! madame, lui dit-elle, est-il possible que l'amour vous aveugle assez pour oublier qui vous êtes ? Croyez-vous pouvoir vous cacher toujours, et que les nœuds que vous venez de former ne soient point rompus lorsqu'on saura où vous êtes ? Je ne parle point de moi ; dans quelque obscurité que vous me fassiez vivre, attachée à votre sort sans nulle réserve, je ne m'en séparerai jamais ; votre seule gloire m'intéresse, et je ne puis voir sans douleur que vous abandonniez l'espoir le plus brillant pour écouter votre tendresse. »

Je ne m'offense point, ma chère Isabelle, lui répondit Constance, du discours que tu me tiens ; je me suis dit mille fois les mêmes choses ; mais l'amour est plus fort. Le sort brillant dont tu me parles, n'a rien que d'affreux pour moi, ne pouvant le partager avec ce que j'aime; et je trouve l'obscurité qui te gêne au dessus du destin le plus éclatant, puisqu'elle me donne la liberté de suivre mon penchant. Mes nœuds dureront toujours en gardant mon secret, et je ne le découvrirai jamais, ou du moins que lorsque je verrai qu'on ne pourra les rompre qu'en faisant rejaillir sur moi une honte mille fois plus grande que celle de mon hymen avec le plus aimable homme du monde. Et puisque tu me chéris assez pour ne me point quitter, pousse encore cette tendresse à chérir ma tranquillité, et à ne jamais découvrir un secret dont elle dépend. »

C'est de cette façon qu'elle imposa silence à sa compagne, qui, ne voyant point de remède à ce qu'elle appeloit un malheur, se résolut d'obéir. L'heureux Jean de Calais, charmé de posséder Constance, rendit grâce au ciel des dons qu'il en avoit reçus; et comblé des faveurs de la fortune et de l'amour, il se rembarqua, et le temps favorable à ses vœux le fit aborder au port de Calais. Le bruit de son retour fut bientôt répandu, son père et tous les habitants de la ville furent le recevoir, et lui rendirent les honneurs que méritoient ses actions héroïques.

Mais quelle fut la douleur de ce jeune héros, de voir son père désapprouver son mariage avec Constance! L'histoire sincère qu'il lui fit de la façon dont il l'avoit trouvée irrita son courroux, et quelque vive que fût la peinture que Jean de Calais lui fit de son amour pour elle et de ses vertus, ce père sévère ne lui put pardonner d'avoir pris un engagement qui lui paraissoit si fort au dessous de lui, et il n'épargna rien pour l'obliger à l'abandonner; mais il lui protesta qu'on lui arracheroit plutôt la vie, qu'il avoit donné sa foi à la personne du monde qui en étoit la plus digne, et qu'il la lui garderoit jusqu'au tombeau. Le vieillard, plus irrité que jamais de sa résistance, le bannit de sa maison, malgré les sollicitations des principaux de la ville, qui s'intéressoient pour lui; il lui ordonna de ne plus paroître à ses yeux.

Jean de Calais, sensiblement touché de l'outrage que son père faisoit à sa chère Constance, se retira dans une maison qui étoit près du port, avec elle et sa fidèle compagne. Ces altercations entre le père et le fils ne purent lui être cachées : sa fierté en fut alarmée, et malgré tout son amour, elle fut sensible au mépris que le père de son époux parut avoir pour elle. Cependant elle ne se démentoit point : toujours tendre, toujours fidèle, elle consola Jean de Calais ; et l'année de son mariage étoit à peine finie qu'elle accoucha d'un fils qui fit toute l'attention de ce cher époux pendant plusieurs années qui se passèrent sans qu'il pût attendrir son père. Mais enfin, pressé par des amis communs, il consentit à fournir à Jean de Calais de quoi équiper un second vaisseau, pour porter et établir un négoce éclatant avec les nations qu'il avait découvertes, espérant que l'absence et les hasards lui feroient oublier Constance et son fils.

L'armement fut bientôt prêt; quoiqu'il flattât les désirs de Jean de Calais par l'espoir d'acquérir une nouvelle gloire, il ne put voir approcher le jour de son départ sans ressentir une douleur amère d'être obligé de se séparer d'une épouse et d'un fils qu'il aimoit si tendrement.

Constance, de son côté, n'étoit pas plus tranquille; les périls où s'alloit exposer Jean de Calais, et la crainte qu'un fatal oubli ne la chassât de son cœur, troubloient également son repos. Elle répandoit ses pleurs dans le sein de sa chère Isabelle, qui les partageoit avec un zèle digne de l'un et de l'autre ; mais enfin l'amour offrit à Constance un moyen de retenir son époux dans ses chaînes, et d'obliger son père à rougir du cruel traitement qu'il lui avoit fait souffrir.

Elle cacha son dessein à sa fidèle Isabelle, craignant qu'elle ne l'en détournât; mais lorsqu'elle vit qu'il n'y avoit plus que peu de jours à s'écouler jusqu'au départ de Jean de Calais, elle se jeta à ses genoux, en le priant de ne pas lui refuser deux grâces qu'elle avoit à lui demander. Ce tendre époux la releva, et l'embrassant avec les témoignages de l'amour le plus vif, lui jura qu'il était prêt à lui tout accorder. « Je vous conjure donc, lui réponditelle, de me faire peindre sur la poupe de votre vaisseau, avec mon fils et ma chère Isabelle. Lorsque cela sera exécuté, et que vous serez au jour de votre embarquement, je vous dirai la seconde grâce que j'exige de votre tendresse. »

Jean de Calais ne trouvant rien dans cette demande qui ne flattât sa passion, en lui donnant occasion d'avoir sans cesse devant les yeux ce qu'il avoit de plus cher, y consentit avec plaisir. Il employa à cet ouvrage les plus habiles peintres qu'il put trouver. Ils travaillèrent si promptement, qu'ils ne retardèrent point le départ de Jean de Calais, qui, voyant le temps favorable, en voulut profiter pour s'embarquer.

Alors la généreuse Constance l'accompagnant jusqu'à son vaisseau : « Voici le jour, lui dit-elle, les yeux baignés de larmes, où tu me dois accorder la dernière grâce que j'ai à te demander : ne me la refuse pas, ainsi que tu me l'as promis. Tourne la proue de ton vaisseau du côté de Lisbonne, et va mouiller le plus près que tu pourras du château de cette ville ; c'est là que tu verras à quel point je t'aime, et quels sacrifices t'a fait mon amour. »

Quoique Jean de Calais ne pût comprendre le sens d'un pareil discours, il lui promit d'exécuter ce qu'elle souhaitoit. Ils s'embrassèrent, et s'étant séparés avec peine, il fit mettre à la voile, l'âme remplie d'espoir, d'amour et de douleur. Il tint parole à Constance ; et sa navigation ayant été heureuse, il vint aborder directement sous le château de Lisbonne.

L'arrivée et la beauté de son vaisseau attirèrent presque toute la ville sur son bord. Le roi de Portugal même sentit exciter sa curiosité par tout ce qu'on lui en dit, et voulut en juger par ses yeux. Il descendit de son château, suivi d'une cour nombreuse. Jean de Calais le reçut avec tous les honneurs dus à la majesté royale. Ce prince fut charmé de sa bonne mine, de son esprit et de l'air de grandeur qu'il répandoit dans ses moindres actions.

Il examina avec soin la construction de son vaisseau ; mais lorsqu'il eut jeté les yeux sur le tableau qui en ornoit la poupe, il ne put s'empêcher de marquer son étonnement par un cri qui attira les regards de toute la cour sur ces objets. Chacun parut être agité du même trouble que le roi ; mais voyant qu'il gardoit le silence, personne n'osa le rompre, et renferma ses pensées dans le fond de son cœur.

Jean de Calais, surpris des divers changements qu'il remarquoit sur le visage du roi, lui en demanda respectueusement la cause, et le supplia de lui dire s'il étoit assez malheureux pour qu'il eût trouvé dans son vaisseau quelque chose qui lui déplût. « Non, lui répondit le roi en se faisant effort pour se remettre ; je suis charmé que vous ayez abordé en ces lieux ; je veux que vous y soyez reçu comme vous le méritez ; mais je vous défends d'en sortir sans mon ordre. »

A ces mots il se retira, et sa cour le suivit, sans avoir la hardiesse d'ouvrir la bouche sur ce qu'elle venoit de voir. Le roi entra dans son cabinet, l'âme agitée de tant de différens mouvemens, qu'il avoit peine à les démêler lui-même. Il s'étoit bien aperçu que ceux qui étoient avec lui avoient eu la même idée, ce qui le détermina à s'instruire au plus tôt de la vérité, pour ne pas donner le temps à ses courtisans de divulguer des choses que lui seul devoit savoir. Cette résolution prise, il fit dire à Jean de Calais de le venir trouver.

Ce jeune guerrier n'étoit pas plus tranquille que le roi : il ne pouvoit comprendre ce qui avoit causé son trouble à la vue du portrait de Constance. Les dernières paroles de cette chère épouse lui revenoient dans la mémoire ; et les rassemblant avec les actions du roi, il cherchoit à pénétrer le mystère qu'elles renfermoient, lorsqu'il reçut l'ordre de ce prince.

Il y fut, en remettant au ciel le soin de l'éclaircir. Le roi le fit entrer seul avec lui dans son cabinet, et lui montrant un visage ouvert : « Je suis persuadé, lui dit-il, que ce qui s'est passé tantôt vous a donné de l'inquiétude ; je ne puis vous cacher que j'en ai une que vous pouvez dissiper. J'ai pris pour vous une estime particulière, et je n'épargnerai rien pour vous le prouver, si vous ne me déguisez point la vérité.»

—« L'ambition d'acquérir quelque gloire, répondit Jean de Calais, en se baissant profondément, ne peut entrer, seigneur, dans les âmes capables de mensonge ; l'honneur et la probité seront toujours les guides de mes actions et de mes paroles. Je ne voudrois pas, au péril de ma vie, manquer à ce qu'ils exigent de moi, même avec mes plus grands ennemis. Jugez, seigneur, si j'en serois capable avec un prince dont la justice et les vertus font mon admiration. »

— « Ainsi donc, lui dit le roi, vous n'aurez point de peine à m'avouer qui sont les deux femmes et l'enfant que vous avez fait peindre sur la poupe de votre vaisseau. » — « Non, seigneur, lui répondit promptement Jean de Calais ; l'une des deux est ma femme; l'enfant est son fils et le mien ; et l'autre est une de ses amies, que j'ai tirée avec elle d'un funeste esclavage. » Le roi de Portugal soupira, et répandant quelques larmes qu'il ne put cacher : « Et de laquelle, lui dit-il, êtes-vous l'époux ? »—« De la plus belle, » répondit Jean de Calais. — « Et son nom qui est-il ? » continua le prince.—« Constance, » répondit-il.—« Et celui de sa compagne ? »—« Isabelle. »—« Ah ! s'écria le roi, je n'en puis plus douter. Mais, reprit-il, achevez d'être sincère, en me contant en quel temps et comment ces deux personnes sont tombées entre vos mains, et de quelle façon vous vous êtes résolus, cette Constance et vous, à vous donner la foi. »

Alors, sans hésiter, Jean de Calais rapporta fidèlement au roi de Portugal tout ce qui lui étoit arrivé depuis qu'il étoit parti la première fois du lieu de sa naissance; et quoiqu'il affectât de parler de lui avec modestie, il en dit assez pour faire connoître de quelle utilité sa valeur avoit été à sa patrie : il conta ensuite son naufrage sur les côtes de l'Orimanie, son aventure touchant le cadavre, et enfin la manière dont il avoit délivré Constance et Isabelle.

« J'adorai Constance, continua-t-il, du premier moment que je la vis ; en la pratiquant, j'admirai sa vertu, son courage à supporter ses malheurs ; et je ne crus point de plus grande félicité pour moi que d'être uni à elle pour jamais. J'eus le bonheur de lui plaire, elle accepta ma foi ; mais elle m'a caché sa naissance avec un soin extrême. Il est vrai que je ne l'ai jamais pressée là-dessus. Mon cœur, content de sa vertu, dédaigna de s'instruire de ce qui doit le moins attacher les âmes généreuses ; la mienne préféra l'esclave qui mérite la couronne aux reines dont les sentiments ne répondent pas à la grandeur de leur rang. J'en ai un fils qui fait tout mon bonheur et celui de sa mère ; et c'est pour obéir à cette chère épouse que j'ai tourné la poupe de mon vaisseau du côté de ces lieux. J'ignorois son dessein : j'ignore aussi le vôtre, seigneur, dans le récit que vous avez exigé de moi ; mais je sais que, quels qu'ils puissent être, je serai toujours fidèle à Constance, et que je ne m'en séparerai jamais. Voilà, seigneur, l'exacte vérité que vous m'avez demandée. Heureux si elle peut exciter dans votre âme les sentimens d'estime que je cherche à m'acquérir parmi les nations où mes desseins et le hasard me font aborder ! »

— « Oui, lui dit le roi en l'embrassant, la vertu a trouvé le chemin de mon cœur ; et pour reconnaître ta sincérité par une pareille franchise, apprends que cette épouse qui t'est si chère est la princesse ma fille unique, héritière de cet empire, et que sa compagne Isabelle est fille du duc de Cascaës. »

— « O ciel ! s'écria Jean de Calais, qu'il m'est glorieux, seigneur, de vous avoir conservé ce précieux trésor ! Mais hélas ! dans quel abîme de maux cette aventure va-t-elle me plonger ? »

— « Non, non, lui répondit le roi, assure tes esprits sur ce que tu peux craindre ; je suis aussi généreux que toi. Sans connaître ma fille que pour une esclave, tu n'as pas dédaigné de l'attacher à toi par des nœuds légitimes ; tu n'as point attaqué sa vertu par des feux criminels ; tu l'as tirée d'un esclavage où cette vertu n'auroit peut-être pu triompher de la violence d'un amour odieux. Tu l'aimes, tu lui es cher ; le secret qu'elle t'a fait de sa naissance me le prouve, puisque sans doute elle craignoit en la déclarant, que j'empêchasse un hymen que j'aurois pu trouver inégal, ne te connaissant pas. Elle t'a conjuré d'aborder en ces lieux avec son portrait, sûre que je la reconnoîtrois et que ton mérite toucheroit mon âme, comme il a touché la sienne ; de plus, elle t'a donné un fils, et sa gloire aujourd'hui demande que tu sois son époux, quoiqu'il lui eût été défendu autrefois de faire une semblable alliance. Je t'accepte donc pour gendre, continue ce grand prince, et je reconnois ton fils pour le mien. »

Jean de Calais ne put s'empêcher de l'interrompre, il se jeta à ses pieds ; les termes les plus touchans prouvèrent sa reconnaissance pour ses bontés et son amour pour la princesse ; le roi le releva avec tendresse. « Ce n'est pas assez, continua ce prince, mon cher Jean de Calais, que mon consentement ; il faut que mon conseil l'approuve ; mais je parlerai de façon à lui faire connoître que c'est ma volonté ; et la joie que mon peuple aura de recevoir la princesse lui fera tout accorder. »

Alors ce monarque lui conta qu'environ au temps qu'il avoit marqué dans son récit, Constance et Isabelle furent enlevées par des corsaires, qui les trouvèrent se promenant au bord de la mer, où leur jeunesse imprudente les avoit fait venir sans gardes et sans secours, qu'il n'avoit rien négligé depuis près de cinq ans pour savoir ce qu'elles étoient devenues, mais que toutes ses recherches ayant été inutiles, il avoit langui jusqu'à ce jour dans une morne tristesse; qu'il avoit fallu l'éclat de son arrivée pour exciter sa curiosité. « Je rends grâces au ciel, continua-t-il, de m'avoir écouté, puisqu'il m'a rendu par tes mains ce que j'ai de plus cher. »

Après cela ce prince fit appeler tous les principaux de sa cour, qui l'avoient accompagné dans le vaisseau de Jean de Calais : et leur ayant permis de dire ce qu'ils pensoient des personnes qui y étoient peintes, il s'écrièrent tous que c'étoient la princesse sa fille et la fille du duc de Cascaës. Le roi leur avoua la vérité ; et comme Jean de Calais avoit reçu ce prince sur son bord avec une magnificence extrême, il n'y en eut pas un qui ne le trouvât digne de posséder un bien qu'il s'étoit acquis en le leur conservant.

Le roi fit assembler son conseil, et proposa la chose en prince qui souhaitoit que l'on fût de son avis. Personne n'en eut un contraire : le seul Don Juan, premier prince du sang, s'opposa fortement au bonheur de Jean de Calais ; mais quoique son éloquence fût animée par des raisons secrètes et qui lui étoient sensibles, il fallut céder au nombre. Le roi qui croyoit que l'intérêt et la gloire de l'état l'avoient fait parler, ne lui en voulut point de mal ; et comme on résolut qu'on équiperoit une escadre pour aller chercher la princesse, il en donna le commandement à Don Juan, et ordonna que Jean de Calais l'accompagneroit.

Cet honneur ne le consola point des pertes qu'il faisoit. Ce prince aimoit depuis longtemps la princesse de Portugal ; il étoit neveu du roi et par conséquent héritier de l'empire, si Constance venoit à manquer ; mais son amour ayant mis des bornes à son ambition, il s'étoit flatté qu'un heureux hymen pourroit un jour satisfaire l'un et l'autre. La perte de la princesse avoit ralenti sa passion et réveillé ses prétentions au trône ; et lorsqu'il apprit qu'elle étoit vivante, mais entre les mains d'un autre, qui lui ravissoit à la fois sa maîtresse et l'empire, l'amour et l'ambition reprirent toutes leurs forces, et furent bientôt accompagnés de ce que la haine et la jalousie peuvent inspirer de plus terrible contre un rival.

Ce fut avec ces sentimens que Don Juan s'embarqua avec Jean de Calais, dont la vertu, l'espoir et la joie fermoient le cœur à des soupçons qu'il eût même rejetés, s'il eût été en état ou capable de les concevoir. On fit partir une corvette pour donner avis à Constance de tout ce qui s'étoit passé à Lisbonne et pour la préparer à son départ.

Cette belle princesse avoit vécu dans une grande retraite, depuis qu'elle étoit séparée de son époux : son fils et Isabelle étoient sa seule compagnie ; elle s'entretenoit souvent avec elle de l'étonnement qu'elle s'imaginoit bien que le roi son père auroit eu. Isabelle, qui n'avoit su son dessein qu'après le départ de Jean de Calais, trembloit dans son âme que le roi ne lui fît un mauvais traitement : elle marqua quelquefois sa crainte à Constance, mais en cherchant des détours pour ne la pas alarmer mal à propos. La princesse qui pénétroit tout ce qu'elle n'osoit lui dire, la rassura.

« Le roi mon père, lui disoit-elle, a de la tendresse pour moi ; il sera charmé de me revoir : la vertu de Jean de Calais le touchera : enfin, je suis persuadée que mon bonheur sera parfait. » — « Mais, madame, lui répondit Isabelle, puisque vous aviez cette pensée, pourquoi l'avoir exécutée si tard ? Qui peut vous avoir empêché d'instruire le roi de votre aventure ? » — « C'est un effet de mon amour, lui disoit la princesse ; je voulois attendre que le ciel remplît mes désirs en me rendant mère, afin que le roi mon père trouvât ma gloire intéressée à cimenter les nœuds que j'ai formés ; et si mon époux ne fût point parti, je l'aurois engagé moi-même à effectuer ce que j'avois projeté. »

« Cependant, madame, ajoutoit Isabelle, si le roi

désapprouve vos feux, s'il ne veut pas reconnoître Jean de Calais pour votre époux ? » — « J'aurai, dit la princesse, la satisfaction d'avoir prouvé mon amour à ce que j'aime, en lui sacrifiant le trône où j'étois né ; j'aurai le plaisir de faire voir à son père que celle qu'il regarde comme une vile esclave eût été reine si elle eût moins estimé son fils. » C'étoit avec de tels discours qu'elles écoulèrent le temps de l'absence.

Cependant Don Juan fit tant de diligence et le vent fut si favorable, que l'escadre arriva presque aussitôt que la corvette d'avis. Aux nouvelles qu'elle apporta tout le pays fut en mouvement ; chacun s'empressa à rendre ses respects à la princesse, de qui la joie ne put s'exprimer en voyant réussir son projet si glorieusement pour elle et son cher époux.

Le père de Jean de Calais se repentant du mépris qu'il avoit marqué, fut le premier à engager toute la ville à lui faire les honneurs qu'exigeoient sa naissance et son rang : il lui demanda pardon en présence de tous de son manque de respect, et son zèle éclata si sensiblement, que la princesse lui dit, en l'embrassant et l'appelant son père, qu'elle ne se souviendroit jamais de ce qui s'étoit passé et qu'elle l'oublioit sans peine, en considération d'un époux qui lui étoit mille fois plus cher que la vie.

Cette princesse eut à peine reçu les hommages de la ville de Calais, que le port retentit de mille cris de joie qui annoncèrent l'arrivée de l'escadre. Les habitans, magnifiquement vêtus, se mirent sous les armes, et furent en bon ordre recevoir Don Juan et Jean de Calais, qui débarquèrent au bruit des trompettes et des cymbales. Les chemins étoient remplis de monde, les fenêtres garnies de dames, et un peuple innombrable les accompagna jusqu'à l'hôtel-de-ville, où le principal magistrat avoit fait loger la princesse avec son fils et Isabelle pour lui faire plus d'honneur.

Elle vint recevoir son époux et Don Juan sur le perron qui séparoit son appartement de l'escalier. Elle étoit environnée des dames les plus qualifiées de la ville. Don Juan, comme ambassadeur, s'avança le premier, mit un genou en terre et lui baisa la main; Jean de Calais parut ensuite, qui fit la même action; mais la princesse, bien loin de lui présenter la main, ouvrit ses bras, et se jetant dans les siens en le faisant relever, elle l'embrassa mille fois, en lui disant tendrement que ce n'étoit pas à lui à lui rendre des respects qu'il falloit désormais qu'il partageât avec elle. L'amour de ces deux époux attendrit toute l'assemblée : leur grâce et leur beauté attiroient son admiration, et l'on fut bien longtemps sans rien entendre que : *Vivent Jean de Calais et la princesse de Portugal !*

Tant de marques de bienveillance de la part du peuple et d'amour de la princesse déchiroient l'âme de Don Juan; il se contraignit cependant, et voulant faire croire que ses ordres étoient d'assez grande importance pour n'être pas rendus publics, il demanda une audience particulière à Constance; mais cette princesse qui connoissoit le fond de son cœur, voulut s'épargner un entretien qui auroit pu lui être désagréable, et lui répondit tout haut qu'elle n'avoit point de secret pour son époux ; qu'il pouvoit s'expliquer devant lui, et que sachant les bontés du roi pour Jean de Calais, ses ordres devoient lui être communiqués comme à elle.

Don Juan sentit toute l'étendue de ce refus ; il avoit autrefois parlé de son amour à Constance, qui l'avoit toujours traité avec indifférence. Ainsi il ne douta point que la crainte d'entendre ses plaintes et le mépris qu'elle faisoit de sa tendresse, ne la fit agir de la sorte : il résolut dans son âme de s'en venger, et continuant de dissimuler sa rage et ses desseins, il rendit à la princesse un compte exact de ce qui s'étoit passé entre le roi et Jean de Calais, et finit en la conjurant de la part de ce prince de partir incessamment.

Constance lui dit qu'elle étoit prête et que rien ne pouvoit la retenir, dans l'impatience qu'elle avoit d'aller rendre grâce au roi de toutes ses bontés. Après tous ces complimens pleins d'une cérémonie qui gênoit également ces heureux époux, l'infortuné Don Juan se retira dans l'appartement qu'on lui avoit préparé, et laissa Jean de Calais et sa belle princesse en liberté.

Que ne se dirent point ces tendres époux ! Avec combien d'ardeur Jean de Calais expliqua-t-il la vive reconnoissance que lui inspiroit le sacrifice que Constance avoit prétendu lui faire, en lui cachant sa naissance et son rang! Et quelle joie ne fit-elle pas paroître, de pouvoir partager avec lui les honneurs qui y étoient attachés! Je ne finirois jamais, si je prétendois décrire tout ce qu'ils se dirent.

Ainsi, pour abréger une histoire dont la suite a des événemens encore plus surprenans que ce que je viens de vous apprendre, je vous dirai que Constance et Jean de Calais récompensèrent magnifiquement le zèle des habitans de cette ville ; voyant le temps favorable à leur navigation, ils résolurent de s'embarquer pour profiter de la belle saison. Cette charmante famille, composée de Constance, de son époux, de leur fils et de la fidèle Isabelle, abandonna Calais pour aller voir Lisbonne. Toute la ville les accompagna jusqu'à leur bord ; on leur souhaita un bonheur constant et durable.

Don Juan fit mettre à la voile, en détestant dans son âme les faveurs dont le ciel combloit son rival en rendant le temps et les vents propices à ses désirs. Mais il n'eut pas long temps à se plaindre du sort : le troisième jour de leur navigation, les cieux se couvrirent d'épais nuages, le vent devint furieux, et la mer agitée annonça le plus terrible orage qu'on puisse voir ; la foudre, la tempête et l'impétuosité des flots battoient à la fois et sans relâche cette escadre malheureuse.

Jean de Calais mit en œuvre toute son expérience pour garantir le navire qui portoit tout ce qu'il avoit de plus cher. L'amour qui l'animoit paroissoit seconder ses soins pour un bien si précieux : mais le traître Don Juan qui l'observoit sans cesse, et dont la rage et la jalousie troubloient également le cœur et la raison, le voyant occupé dans le fort de la tempête à observer le tems, prit le sien si justement, que sans pouvoir être vu de personne il vint derrière lui, et le poussa si rudement, qu'il le précipita dans la mer, dont les vagues gonflées l'une sur l'autre le firent bientôt perdre de vue à son barbare homicide.

Cependant le gros temps faisoit aller si vite le vaisseau dans lequel étoient Constance et Don Juan, qu'on avoit déjà bien fait du chemin sans qu'on s'aperçût que Jean de Calais y manquoit. Mais la princesse, toujours attentive à son sort, alarmée de ne le point voir, le demanda, le fit chercher, et chacun s'empressant à la satisfaire, on n'entendit plus que des cris douloureux qui annoncèrent à cette malheureuse épouse qu'on ne le trouvoit pas.

Je n'ai point de termes assez forts pour vous exprimer son désespoir : la tempête ne l'intimide plus, une forte crainte lui donne le courage; elle vient sur le pont, elle crie, elle appelle son époux, et les profonds abîmes du funeste élément retentissent du son de sa voix. Le perfide Don Juan s'approche et paroit le plus empressé à chercher Jean de Calais; mais trop sûr de son destin, il lui fait entendre qu'un coup de vent l'a jeté dans la mer.

Quelle affreuse nouvelle pour une femme si passionnée! Elle s'arrache les cheveux, ses mains meurtrissent son beau visage, la vie lui fait horreur, et pour la terminer, elle cherche à s'élancer dans la mer. Don Juan se met au devant d'elle : Isabelle embrasse ses genoux; il n'est pas jusqu'au moindre matelot qui ne quitte tout pour s'opposer à son dessein; mais leurs soins sont inutiles, et sa douleur lui prêtant des forces elle est prête à franchir les obstacles qu'on y met, lorsque Isabelle lui présente son fils, qui, lui tendant les bras, semble le supplier de vivre encore pour lui. Cet objet la saisit, l'étonne, l'arrête; et sans calmer son désespoir, il lui ôte le courage d'en suivre les mouvemens; et ne pouvant plus supporter les maux qu'elle ressent, elle tombe évauouie dans les bras d'Isabelle.

On profita de cette foiblesse pour l'arracher de cet endroit : Isabelle et Don Juan mirent leurs soins à la faire revenir; ils y réussirent, mais rien ne put calmer sa douleur. Le nom de Jean de Calais étoit sans cesse dans sa bouche. Don Juan voulut la consoler : mais la perte de son époux ayant redoublé sa haine pour ce prince, elle ne voulut point l'écouter; elle lui ordonna même de ne plus se présenter à elle le reste du voyage.

La tempête cessa, la mer devint calme, et ces tristes vaisseaux arrivèrent à Lisbonne sans autre accident. La présence de la princesse répandit une joie universelle dans cette cour; mais lorsque le roi la reçut dans ses bras, et que ses pleurs et ses sanglots lui eurent appris la perte qu'elle avoit faite, il ne put lui refuser des larmes; ce tendre père partagea sa douleur. Le bruit de ce malheur ne fut pas plus tôt répandu, que les grands et le peuple firent de leur part un deuil universel.

Le seul Don Juan jouissoit d'une secrète joie, espérant que le temps feroit finir les pleurs et l'amour de Constance ; mais pour y parvenir plus vite, il fit tant par des voies souterraines et qui ne pouvoient le trahir, qu'il engagea les peuples du royaume des Algarves à se révolter, sentant bien qu'il auroit le commandement de l'armée pour les remettre dans leur devoir.

Cela ne manqua pas ; le roi lui remit le soin de châtier ces rebelles. Alors, charmé de voir réussir son dessein, il marcha contre les révoltés, qui s'étoient retranchés au bord d'une rivière. Il les attaqua, pénétra dans leurs retranchemens, et après un combat de six heures, il remporta une victoire complète ; et poussant plus loin ses conquêtes, il prit toutes leurs villes, et fit punir les autres d'une rebellion qu'il avoit fomentée lui-même ; il soumit de nouveau les Algarves au roi de Portugal, et revint à Lisbonne, où les états assemblés lui décernèrent les honneurs du triomphe.

Ce n'étoit pas encore assez pour lui ; il les engagea, par ses intrigues, à demander la princesse en mariage, consentant que son fils régnât après lui. Cette union étoit si sortable, que les états l'approuvèrent, et la demandèrent au roi qui, ne pouvant s'opposer à ce qui lui sembloit juste, le proposa à la princesse, qui ne put l'entendre sans désespoir. Elle renouvela toute sa douleur, et elle protesta au roi qu'elle se donneroit plutôt la mort que d'épouser un prince qui faisoit l'objet de sa haine ; mais l'intérêt de l'état l'emporta sur ses raisons ; il fallut obéir, et le jour fut pris pour la célébration de ce funeste hymen, que le peuple souhaitoit avec ardeur. Le même moment fut destiné au triomphe de Don Juan, pour lequel le Roi avoit ordonné au dessous du château un feu superbe, disposé par plusieurs compartimens, lequel devoit offrir aux yeux un spectacle magnifique et nouveau.

Il s'étoit écoulé près de deux ans depuis la perte de Jean de Calais, duquel il est temps que je vous entretienne. La mer ne lui avoit pas été si funeste que Don Juan l'avoit espéré. Cet époux infortuné trouva dans les débris de quelque vaisseau qui avoit fait naufrage de quoi se garantir de la mort ; il combattit longtemps contre la fureur des eaux, et fut enfin poussé dans une île déserte, où il aborda dans l'état où vous pouvez juger que devoit être un homme qui sort d'un semblable péril.

Il fit longtemps réflexion sur sa triste aventure ; et malgré la douleur accablante qu'il ressentoit de se voir si cruellement séparé de Constance et de son fils, il remercia le ciel de lui avoir sauvé la vie, espérant qu'il trouveroit encore par sa bonté les moyens de rejoindre des objets si chers.

Ce fut avec ces pieux sentiments qu'il parcourut cette île d'un bout à l'autre, sans y trouver aucune marque d'habitation. Il n'y vit que de timides animaux, auxquels il fut obligé de déclarer une innocente guerre, pour conserver, dans ces sauvages lieux, des jours que les eaux avoient respectés. Il y vécut de cette sorte les deux années que Constance avoit passés à pleurer, sans qu'il vît aucune facilité qui pût lui donner l'espoir de la revoir.

Il commençoit à s'abandonner à ses douloureuses réflexions, lorsqu'un jour, se promenant sur le bord de la mer, il vit un homme dans l'éloignement, qui lui parut venir droit à lui. La joie s'empare de son cœur ; et voulant jouir au plus tôt d'une vue qui ramenoit son espérance et la confiance qu'il avoit toujours eue dans dans les effets de la Providence, il doubla le pas, et l'ayant joint : « Je me croyois seul dans cette île, lui dit-il en l'abordant, n'ayant jamais remarqué, depuis que j'y suis, nul vestige qui pût me faire connoître qu'il y eût d'autre homme que moi. Je croyois y terminer mes jours malheureux, sans espoir de secours ; mais votre présence fait renaître mes espérances ; et si vous êtes seul avec moi, nous trouverons peut-être ensemble des moyens que je n'ai pu imaginer pour en sortir. »

« Il est vrai, lui répondit l'inconnu d'un ton grave, que cette île étoit inhabitée avant ton abord, et je ne fais moi-même que d'y aborder. » — « Comment cela se peut-il ? lui répondit Jean de Calais. Mes yeux ne découvrent aucun navire qui vous ait pu porter. » — « Les chemins que j'ai pris, lui dit-il, sont inconnus aux hommes.

« Je vois, continua-t-il, en remarquant l'étonnement de Jean de Calais, que mon discours te surprend; mais tu seras encore plus surpris lorsque tu sauras que je ne viens ici que pour toi. Je te connois, Jean de Calais, je sais tous tes malheurs et la trahison de Don Juan ; mais sache que ce n'est pas là les seules peines qu'il te prépare; il est prêt à épouser ta femme; elle t'aime toujours tendrement, et quoiqu'elle croie ta mort certaine, elle t'est fidèle. La seule amitié paternelle et les raisons d'état dont on la rend victime l'obligent de donner la main à ce traître : le jour de demain doit éclairer ce fatal hymen, qui sera le dernier de sa vie, si tu ne parois promptement. »

« Grand Dieu ! s'écria Jean de Calais, et comment pourrois-je empêcher tant de malheurs, en l'état où je suis ? Hélas ! je supportois avec quelque patience ceux où j'étois plongé; j'implorois encore le ciel avec quelque confiance; je me flattois que sa bonté me tireroit d'ici, puisqu'elle m'avoit arraché à la mort; ta vue même avoit cimenté cet espoir dans mon âme; mais ce que tu m'annonces met le comble à mon désespoir. Mon perfide rival sera possesseur de Constance si je ne parois, il n'a plus qu'un jour à passer pour l'être ! Eh ! par quel moyen puis-je paroître ? Le vaisseau le plus léger, le vent le plus favorable me seroient inutiles quand je les aurois; mon seul recours doit être dans la fin de ma vie. »

« Calme ces transports, lui répondit l'inconnu,

je te dis que je ne suis venu ici que pour toi et pour empêcher le mariage et le triomphe de Don Juan ; tu peux connoître ce que je suis par tout ce que je t'ai dit. Ainsi remets ton sort à la disposition divine, rappelle ta vertu, suis-en exactement les lois, et tu sauras un jour par quelle raison le ciel prend soin de ta destinée. »

Jean de Calais était si surpris de ce qu'il entendoit et de la sûreté avec laquelle cet homme parloit, qu'il doutoit s'il étoit éveillé ; mais faisant réflexion qu'il ne lui pouvoit rien arriver de plus cruel que ce qu'on venoit de lui annoncer, et qu'il n'étoit pas en état de démêler le mensonge d'avec la vérité, il résolut de s'abandonner à l'inconnu et lui promit tout ce qu'il voulut.

Alors ils s'assirent auprès d'un arbre, et cet extraordinaire compagnon lui conta tout ce qui s'étoit passé à la cour de Portugal depuis sa prétendue mort, et les efforts que Constance avoit faits pour lui garder sa foi. Pendant ce récit, Jean de Calais ne put résister à la violence du sommeil qui vint l'accabler ; malgré l'intérêt qu'il prenoit à ce discours, il s'endormit.

Mais quel fut l'excès de son étonnement lorsqu'à son réveil il se trouva dans une des cours du château de Lisbonne ! Il regarda de tous côtés, et bien sûr qu'il ne s'abusoit point, il ne douta plus du pouvoir de celui qui l'avoit conduit dans ce lieu ; mais son embarras étoit extrême de ne savoir comment il pourroit s'offrir aux yeux de la princesse ; l'état misérable où il étoit, ses habits en lambeaux, une barbe proportionnée au temps qu'il y avoit qu'il ne prenoit point soin de sa personne lui faisoient croire avec justice qu'on ne pourroit le reconnoître.

Cependant l'espoir dont il se sentoit animé lui fit prendre le parti d'aller dans les cuisines. Un officier qui le vit, touché de compassion, lui permit de s'approcher du feu, et le destina sur-le-champ à porter du bois dans les appartemens; il s'en acquitta exactement, cherchant dans son esprit quel moyen il trouveroit pour voir la princesse. Il concevoit que les apprêts qu'on faisoit étoient pour la fête qui lui devoit être fatale, et son cœur gémissoit de n'entrevoir nul expédient pour la troubler.

Il étoit enseveli dans ces tristes réflexions, lorsque le hasard fit descendre Isabelle dans les offices, voulant donner elle-même quelques ordres. Jean de Calais la reconnut et la regarda si attentivement qu'elle ne put s'empêcher d'examiner celui qui avoit cette hardiesse; elle ne put méconnoître des traits si gravés dans son souvenir : la ressemblance de ce malheureux avec Jean de Calais la frappa, elle le parcourut des yeux avec soin; et les ayant jetés sur ses mains, qu'il affecta de lui faire voir, elle aperçut un diamant à son doigt, qu'elle reconnut pour être le même que Constance avoit autrefois donné à ce cher époux, et qu'il avoit conservé malgré tous ses malheurs.

Alors ne doutant plus que ce ne fût Jean de Calais lui-même, mais, cachant son trouble, elle re-

16.

monta dans l'appartement de la princesse, à laquelle elle conta son aventure, en ajoutant qu'elle n'avoit osé parler devant tant de témoins à celui qu'elle croyoit son époux, craignant de l'exposer dans le misérable état où il étoit.

Constance ne balança pas un moment à cette nouvelle : elle conjura Isabelle de chercher quelque prétexte pour lui faire voir cet homme. Elle y courut, et l'ayant trouvé chargé de bois, elle lui ordonna de le porter dans le cabinet de la princesse. Elle les y attendoit avec une impatience extrême. Jean de Calais obéit, posa son bois à l'endroit qu'Isabelle lui marqua ; mais ne voyant personne qui pût le contraindre et la princesse qui le regardoit avec attention, il se jeta à ses pieds.

A cette action Constance démêla aisément, sous cet équipage malheureux, l'homme du monde qui lui étoit le plus cher. Elle pensa expirer de joie ; et se jetant dans ses bras, leurs soupirs, leurs larmes et leurs sanglots furent longtemps les seuls qui exprimèrent les mouvemens de leurs cœurs. Isabelle, qui avoit eu soin de fermer la porte du cabinet, vint se joindre à eux, et les priant de se calmer, leur fit connoître qu'il ne falloit perdre aucun instant pour avertir le Roi du retour de Jean de Calais, afin de rompre l'hymen fatal dont on faisoit les apprêts.

Ce discours étoit trop sensé pour n'y pas faire attention. Nos tendres époux interrompirent leurs caresses pour prendre les mesures qui leur étoient nécessaires. Ils résolurent que la princesse enverroit prier le Roi de lui faire la grâce de passer dans son appartement pour une affaire qui intéressoit l'état et sa gloire; que le secret qu'elle demandoit l'obligeoit à le prier de venir seul, afin de n'avoir personne de suspect.

Celui que Constance chargea de ce compliment s'en acquitta si bien, que le Roi ne tarda pas à se rendre seul chez la princesse sa fille. Il ne fut pas plus tôt entré dans son cabinet, que cette princesse se jeta à ses pieds, et lui prenant les mains : « Seigneur, lui dit-elle, Jean de Calais est vivant, il est de retour; rendrez-vous ses yeux témoins d'un hymen qui va causer ma mort? » Le roi de Portugal la releva, et malgré la surprise que lui donna cette nouvelle, il lui jura qu'elle devoit tout attendre d'un père qui l'aimoit tendrement.

Jean de Calais qui s'étoit caché parut alors, et mettant un genou à terre : « L'état déplorable où je parois à vos yeux, Seigneur, lui dit-il, vous permettra-t-il de me reconnoître? » Le Roi recula quelques pas, et le reconnaissant : « O ciel! lui dit-il, en lui tendant les bras, que vois-je? En croirai-je mes yeux? Quels malheurs vous ont éloigné de nous? Quel accident vous a mis comme vous êtes? Et quel miracle nous rassemble? »

Jean de Calais lui conta la trahison de Don Juan, son abord dans l'île déserte et l'étrange aventure qui l'en avoit fait sortir et rendu à Lisbonne.

Le Roi sentit toute l'énormité du crime de Don

Juan, et jura que ce jour qui devoit être celui de son hymen et de son triomphe seroit celui de sa mort. Il consola Jean de Calais, le pria d'oublier ses infortunes et de se mettre en état de paroître aux yeux de toute la cour ; il embrassa la princesse et rentra dans son appartement, si fortement irrité contre le traître, que l'ayant trouvé qui l'attendoit avec grand nombre de seigneurs, il lui dit de le suivre sur l'édifice du feu, pour lui faire remarquer quelque chose qui y manquoit. Don Juan le suivit : ils y entrèrent ensemble ; mais le Roi le voyant occupé à examiner toutes les différentes espèces de machines, sortit adroitement de ce lieu, et l'y ayant enfermé, il ordonna sur-le-champ qu'on y mit le feu. Ces ordres furent exécutés si promptement, que le perfide fut consumé avant qu'on sût ni le crime ni la punition.

Le Roi, à l'instant d'après, manda les états qui étoient encore assemblés, leur exposa la perfidie de Don Juan et son supplice. Tous d'une commune voix approuvèrent sa justice et détestèrent l'action de Don Juan. Alors le Roi fit venir Jean de Calais, qui fut reconnu de nouveau et proclamé héritier de l'empire, après la mort du Roi, comme étant époux de la princesse, les états déclarant leur fils pour leur successeur. Cet événement singulier remit la joie dans la cour du roi de Portugal, qui fit inviter tous les grands du royaume pour être témoins du bonheur de Jean de Calais et de la princesse, dont l'amour et la joie ne peuvent s'exprimer.

Le jour de ce fameux festin, où chacun ne pensoit qu'aux plaisirs, on vit entrer dans le salon qui renfermoit cette auguste assemblée un homme dont la taille et l'abord surprirent également. On le regarda longtemps sans rien dire ; mais lui, s'avançant vers Jean de Calais : « Reconnois, lui dit-il, celui qui t'a tiré de l'île déserte et conduit dans ce palais ; c'est moi qui conduisis le corsaire qui enlevoit la princesse près de ton vaisseau, où tu l'achetas sans la connoître ni l'avoir vue, et dans le seul dessein de lui rendre la liberté. Apprends par ces expériences combien le ciel chérit les hommes vertueux ; jouis en paix de ton honneur, sois toujours sage, inviolable et modéré ; le ciel ne t'abandonnera jamais ; tu seras véritablement prince, parce que tu devras ce titre à la vertu plutôt qu'aux lois d'une naissance qui ne dépend point de nous et dont on tire peu d'éclat quand la sagesse ne l'accompagne pas. »

Le spectre disparut et laissa l'assemblée dans la joie et l'étonnement de l'heureux dénoûment de cette aventure. On célébra avec magnificence l'union de Constance et de Jean de Calais, qui fut ratifiée authentiquement.

Ainsi finit l'histoire de Jean de Calais, dont la mémoire ne s'éteindra jamais, par les actions généreuses qu'il a faites pendant sa vie.

FIN DE JEAN DE CALAIS.

L'INNOCENCE RECONNUE

ou

LA VIE ADMIRABLE

DE GENEVIÈVE,

PRINCESSE DU BRABANT.

VIE ADMIRABLE

DE

GENEVIÈVE DE BRABANT.

Dans une des provinces de la Gaule Belgique, qui fut autrefois le pays de Tongres, environ le temps que la gloire du grand Clovis commençoit à s'obscurcir et que les enfans de ce grand monarque dégénéroient en cœur et en générosité, naquit une fille des princes de Brabant. A peine cette petite créature vit les premiers rayons de la lumière, que ses parens lui donnèrent une première naissance qui la rendit fille du Ciel, d'où elle reçut, par une grâce divine, le beau nom de Geneviève.

Les anges ont des attraits contre lesquels on a de la peine de conserver sa liberté, et Geneviève possédoit des grâces trop charmantes pour n'être pas visibles. On ne pouvoit haïr sa dévotion, à moins que d'être insensible ; et c'étoit assez d'être raisonnable pour n'être plus pécheur après l'avoir admirée. Le plus doux plaisir dont elle fut tentée, c'étoit l'amour de la retraite et de la solitude.

Cette inclination lui fit bâtir un ermitage au coin d'un jardin. C'étoit là qu'elle dressoit de petits autels de mousse et de ramée. C'étoit là qu'elle s'occupoit en prières le long des jours. Quand sa mère lui remontroit qu'il étoit temps d'avoir de plus sérieuses pensées, elle répondoit : « que c'étoit le lieu où les plus grands saints étoient allés chercher les traces du Sauveur. »

Ah ! Geneviève, vous ne savez pas d'où cette inclination vous vient, et pourquoi Dieu vous l'a donnée. Un jour viendra que vous suivrez l'exemple de cette grande pénitente à laquelle l'Egypte a donné son nom, bien que vous n'en deviez pas imiter les débauches (22). Ce sera alors que vous reconnoîtrez la Providence divine, qui dispose de vous par des moyens secrets si inconnus à tout autre qu'à elle. Dieu a coutume de nous donner à la naissance des qualités qui font nos bonnes fortunes et l'ordre de toute notre vie. Ce grand archevêque de Milan, tout petit enfant qu'il étoit, bénissoit ses compagnons en leur imposant les mains, comme s'il eût déjà été ce que par après il devoit être.

Tous ceux qui remarquoient les dévotions de notre petite vierge ne pénétroient pas dans les desseins de Dieu, et ne voyoient pas ce qui ne parut que longtemps après. Si j'entreprends d'écrire les perfections de cette grande sainte, je ne m'estime pas plus obligé de les toucher toutes, que ceux qui se mettent sur l'eau le sont de prendre la rivière à la source.

Me voici tout d'un coup dans la dix-septième année de notre incomparable Geneviève ; mais qui pourroit remarquer toutes les vertus de son âme et toutes les beautés de son corps? Une autre plume que la mienne diroit que la nature avoit fait des coups d'essai dans toutes les autres beautés de son siècle, pour donner en elle un ouvrage accompli de sa puissance. Ce que je veux dire sur ce sujet, c'est que Geneviève, pour accroître cette beauté, n'avoit garde d'y ajouter ces artifices par qui la laideur vous semble belle. Elle n'avoit point d'autre vermillon que celui qu'une honnête modestie mettoit sur ses joues, point de blanc que celui de l'innocence, et point de senteur que celle de la bonne vie. Aussi n'y avoit-il point de rides sur son visage à réparer par le pinceau.

Encore bien que notre Geneviève apportât fort peu de soin à conserver sa beauté naturelle, cela n'empêcha pas qu'elle n'eût un nombre infini d'adorateurs. Parmi ceux qui en firent la recherche, Sifrigius, que nous nommerons Sifroy, ne fut pas le dernier ni le plus malheureux, puisqu'il remporta ce que tant d'autres avaient désiré.

Ce jeune seigneur, ayant appris de renommée une partie des perfections de cette princesse, en voulut plutôt croire ses yeux que le bruit commun. Le voilà en chemin avec un équipage si magnifique qu'il ne laissa à aucun des rivaux la vanité de faire avec lui de comparaison.

Etant arrivé, il s'en fut tout aussitôt faire la révérence au prince et à la princesse sa femme, qui lui permirent de saluer leur fille Geneviève, à laquelle il fit toutes les offres de services qu'on pourroit attendre d'un amour sincère. Ce fut après l'avoir vue qu'il s'écria de n'avoir jamais rien vu de si beau.

Cette erreur n'occupa pas longtemps son esprit, car il ne l'eut pas entretenue deux fois qu'il la trouva remplie de tant de douceur et de modestie que son amour augmenta. Il tâcha de l'exprimer par ses soupirs, n'osant le déclarer par ses discours, de crainte de faire passer ses véritables sentimens pour des impertinences. Etant en cette appréhension, il alla trouver le prince et la princesse, auxquels il déclara le dessein de son voyage; il leur parla en ces termes :

« Monseigneur et Madame, si vous êtes aussi favorables à mes desseins comme votre douceur m'a fait espérer, je m'estimerois le plus heureux des hommes. Je ne suis point, grâce à Dieu, sorti d'une maison dont le nom puisse servir de reproches ; mais quand la gloire de mes ancêtres n'ajouteroit rien à mon mérite, je ne suis pas si dépourvu qu'il ne me fût pas aisé d'avancer des choses dont peut-être un autre que moi tireroit de la vanité.

« La fortune ne m'a pas donné si peu de biens que je ne puisse soutenir la dignité de votre maison; mais quand ils seroient moindres je ne pourrois vous céler l'ardente affection que j'ai pour la princesse votre fille, non pas tant pour sa beauté, qui est incomparable, que pour ses vertus qui sont sans exemple. C'est donc à vous de faire mes joies ou mes déplaisirs. »

Il est peu de sages filles qui ne se troublent quand on leur parle d'un mari. Voilà pourtant Geneviève où tous ses parens la portèrent par son obéissance : la voilà mariée à un palatin. Ce seroit inutile de dire qu'on n'oublia pas toutes les réjouissances qui pouvoient honorer une noce si belle.

Tous ceux qui virent le bonheur de ce mariage le crurent éternel. Mais, hélas! qu'il y a peu de roses parmi beaucoup d'épines. Après que nos jeunes mariés eurent passé quelques mois à la cour du Brabant, il fallut partir pour aller à Trèves. Les parens de Sifroy la reçurent avec tout le respect que sa qualité et son mérite devoient attendre. Saint-Hidulphe, qui pour lors étoit pasteur de cette grande ville, fut bien aise de voir sa bergerie accrue d'une innocente brebis; pour lui témoigner sa joie, lorsqu'elle étoit sur le point de partir pour aller en une maison de campagne, il lui donna sa bénédiction.

Ce lieu de plaisance étoit situé en une campagne qui n'étoit terminée que par l'horizon. Ce château étoit entouré d'un parc où il sembloit que le printemps régnoit toujours; ce fut dans ce lieu plein de délices que Sifroy et Geneviève menèrent la plus douce et innocente vie de leur siècle.

Que pourroit-on souhaiter de plus, sinon que ce bonheur durât longtemps? Mais à peine deux ans s'étoient écoulés de cette vie innocente, qu'Abderam, roi des Maures, qui étoit passé d'Afrique en Espagne, ne promettoit rien moins à son ambition que la conquête de toute l'Europe. La France lui était un friand morceau, mais il craignoit d'y trouver d'autres gens que des Goths. Il dressa, pour cet effet, la plus formidable armée que l'Occident eût jamais vue. La renommée d'une telle armée, jointe à tout l'intérêt du Septentrion, amena une grande troupe de noblesse à Martel, d'autant que les braves guerriers trouvoient autant de gloire à combattre sous le commandement de ce grand capitaine qu'à gagner des victoires sous la conduite d'un autre.

Sifroy, étant un des plus puissans princes d'Allemagne, eut honte de dormir dans le sein de son épouse, d'autant que les autres pensoient au salut public; mais il trouva beaucoup de résistance dans la résolution de Geneviève et plus d'une difficulté à surmonter, puisqu'il avoit l'amour et l'honneur. D'un côté, l'amour le piquoit vivement; d'autre part, il ne pouvoit se résoudre à quitter un bien qu'il ne commençoit qu'à goûter; car si Dieu n'eût envoyé une forte résolution à Geneviève pour la porter au consentement de ce voyage, le désir de conserver sa réputation étoit en danger de donner de la violence à son amour. Toutefois, quand il fallut se séparer, ce fut où ces deux amans eurent besoin de leur vertu. Passons donc au plus tôt ce fâcheux départ de peur de nous noyer dans leurs larmes.

Comme Sifroy partit pour aller à l'avance, et comme il laissa la direction de sa femme et de ses biens à Golo.

L'appareil de la guerre étoit préparé et le jour

du départ venu ; le comte appela tous ses domestiques, et après leur avoir recommandé l'obéissance à l'endroit de sa chère femme, il prit son favori par la main, puis adressant la parole à Geneviève, il lui dit : « Madame, voici Golo à qui je laisse le soin de vos consolations ; l'expérience que j'ai de sa fidélité me fait espérer que l'ennui de mon absence sera en quelque façon modéré par la confiance de son service. »

A ces mots, la pauvre Geneviève se pâma ; on la releva, elle retomba par trois fois. Tous les domestiques coururent aux remèdes pour rappeler son âme, qui sembloit s'enfuir de peur de voir le départ de Sifroy, ou peut-être par la crainte de demeurer sous la conduite de Golo.

Le comte qui avoit reconnu un changement notable dans le visage de sa femme lorsqu'il lui recommandoit la fidélité de son favori baissa les yeux, disant : « C'est à vous seule, reine du ciel, glorieuse mère de mon Sauveur, que je laisse le soin de ma chère Geneviève. » — « Allez, Sifroy, allez hardiment où l'honneur vous appelle. Ne craignez pas qu'il arrive aucune disgrâce à celui de votre femme. Vous ne pouvez la mettre en de plus sûres et de plus fidèles mains où vous la laissez. »

Sifroy étant parti et étant arrivé à l'armée, où il fut très bien reçu du grand Martel, je crois qu'il ne seroit pas hors de propos de décrire la bataille où Sifroy se rencontra, afin de tracer une légère image des peines que soutenoit en même temps notre généreuse princesse. Il ordonna aux habitans de Tours de n'ouvrir leurs portes qu'aux vainqueurs, et, pour ôter tout espoir de fuite, il mit sur les ailes de son armée plusieurs chevaliers avec commandement de couper les jambes à ceux qui se retireroient de leurs rangs pour prendre la fuite. Avant de commencer la bataille, il parla ainsi à ses soldats :

« Compagnons, je vois bien que l'ardent désir que vous avez de combattre m'empêche de vous faire un long discours ; aussi le crois-je inutile, puisque vous êtes plus disposés à vaincre que moi à dire de belles paroles.

« N'attendez pas que j'aille chercher dans les siècles passés des exemples de valeur ; j'ai toujours reconnu que vous aimiez mieux en donner à la postérité que de les prendre de vos ancêtres. Quand nous aurions résolu d'être insensibles à nos intérêts, et que la ruine de nos maisons, le saccagement de nos villes, la désolation de nos femmes ne nous porteroient pas au désir de la vengeance, l'injure qu'on a faite à Dieu et à la religion suffiroit.

« Je n'aurai jamais si mauvaise opinion de votre piété que de croire que vous veniez à mépriser ce Dieu que nous adorons, cette religion que nous professons, ces saints que nous honorons et ces églises que nous avons bâties ; il ne se peut faire que vous permettiez à l'impiété de ces Maures de profaner ce que nous possédons de saint dans notre patrie.

« Allez, chers compagnons, combattre généreusement pour la gloire de Dieu et devant le glorieux Saint-Martin, de qui vous soutenez la querelle, et souvenez-vous que vous êtes François, dont la gloire ne doit point avoir aucune borne que celle du bout du monde. »

L'ardeur et le courage de nos François ne permirent pas à Charles-Martel de parler si longtemps. Voilà donc ces lions qui enfoncent dans cette formidable armée de Sarrasins. Nos François massacroient tout ce que la fuite ne tiroit point de dessous leurs armes victorieuses, quoiqu'ils remportassent la plus glorieuse victoire dont on ait jamais entendu parler, les Sarrasins laissant sur la place trois cent soixante-quinze mille morts avec leur roi.

Après cette heureuse journée, on présenta à Martel un grand nombre de genettes, qui sont de petits animaux noirs, mouchetés de rouge, et voulant les faire servir de monument et de trophée à sa victoire, il institua l'ordre de la Genette, dont le nombre des chevaliers fut fixé à seize, parmi lesquels Sifroy tenoit un des premiers rangs ; il envoya donc visiter Geneviève par un de ses gentilshommes, qu'il lui envoya avec cette lettre :

« Madame, depuis le temps que je partis d'au-
« près de vous, si j'avois voulu croire mon im-
« patience, je me plaindrois de n'avoir pas vécu
« depuis que les considérations de l'honneur appor-
« tèrent une rude contrainte à mes sentimens. Et

« comme les félicités passées sont des misères pré-
« sentes, je ne puis me souvenir du bonheur que
« j'ai possédé sans m'avouer le plus misérable de
« tous les hommes.

« Si l'assurance que j'ai de vivre dans votre
« cœur ne flattoit ma douleur, il y a longtemps
« qu'elle seroit maîtresse de mes sens, et qu'elle ne
« trouveroit plus de remède dans ma raison.

« C'est votre confiance qui m'a conduit où la
« mort sembloit être aussi certaine que la vie y est
« peu assurée. Car je veux bien que vous sachiez
« que le plus puissant motif qui me jetoit dans le
« péril étoit celui-ci : tu vis dans le sein de Gene-
« viève ! Qui seroit si cruel d'offenser cette belle
« et innocente poitrine pour se procurer du mal !
« Non, toute la barbarie n'a pas assez de cruauté
« pour faire un si lâche crime, et la mort même,
« tout impitoyable qu'elle puisse être.

« Je vous conjure donc, ma chère épouse, d'es-
« suyer vos larmes et d'arrêter ces soupirs qui me
« viennent chercher si loin ; autrement je ne croi-
« rois pas que vous preniez aucune part en ma
« bonne fortune. Et afin que vous ayez quelque su-
« jet de le faire, je vous offre le présent dont il a plu
« à notre général d'honorer mon courage et ma
« hardiesse.

« Je ne puis le présenter à une personne qui me
« soit plus chère; et que si vous le recevez avec la
« joie que je me promets, je tirerai autant de sa-
« tisfaction comme si l'on m'érigeait des statues, et

« que si toutes les bouches de la Renommée s'em-
« ployoient à ne parler que de mon mérite. C'est
« là l'estime que je désire que vous ayez de mon
« affection. Adieu, Madame. »

Laissons partir Sifroy pour la province, et allons trouver la comtesse avec Lanfroy qui ne fut pas beaucoup de temps à se rendre auprès d'elle. Quand on vint dire qu'il étoit arrivé un gentilhomme de la part de son mari, elle ne put contenir sa joie et lui demanda comment se portoit Sifroy. « Madame, voilà des lettres qui vous le diront de meilleure grâce que moi. » Et les ayant ouvertes, elle les lut plusieurs fois ; néanmoins sa joie ne fut pas entière, considérant que son palatin étoit absent. Et interrogeant Lanfroy, il lui dit que son maître étoit à Tours, prêt à partir pour Avignon, pour assiéger le reste des Sarrasins qui s'y étoient retirés. Tous ces discours ne plaisoient en aucune façon à la comtesse, qui jugeoit bien que cette guerre tiendroit longtemps son mari. Enfin, ayant appris que l'on attendoit encore la venue d'un autre roi, nommé Amère, qui amenoit du secours à son mari, elle vit bien que le retour de Sifroy ne se devoit espérer que l'année suivante ; c'est ce qui la fit d'abord résoudre à lui dépêcher son gentilhomme quelques jours après avec cette réponse :

« Monsieur, si la lettre que vous m'avez écrite
« m'a donné de la consolation de mes maux, je n'en
« veux pas d'autre témoin que celui qui me l'a
« rendue ; mais si elle m'a causé de nouvelles ap-

« préhensions, il n'y a que mon amour qui vous le
« puisse dire. Certes, comme je désirois votre
« retour sur toutes choses, n'étoit-ce pas assez de
« me céler le temps que je vous posséderois? Hélas !
« peut-être que mon malheur n'ira pas si loin et que
« ce temps sera plus long que ma vie. Quand les
« nouvelles de cette grande bataille me furent ap-
« portées, je ne puis vous exprimer de combien de
« craintes mon cœur fut saisi; cette tempête est
« passée, cet orage est dissipé et vous me jetez dans
« un autre désespoir. Oh! que vous appréhendez
« peu ce qui m'expose au hasard de perdre mon
« époux ! Considérez, cher Sifroy, que la fortune
« n'a point de moyen plus extraordinaire de faire
« sentir ses félicités que le peu de durée : sa con-
« stance ne pouvant être assurée doit être sus-
« pecte.

« Ne m'estimez pas ignorante en ce point, étant
« persuadée que des ruisseaux de sang des ennemis
« ne valent pas une goutte de celui de mon cher
« Sifroy. Cette seule pensée me fait espérer que
« vous vous garderez de votre courage, qui est le
« plus redoutable de vos ennemis, de peur d'exposer
« trois personnes à la même mort. Si vous avez ré-
« solu de chercher les occasions de mourir sans
« ressource, attendez que cette petite créature que
« je crois porter en mes flancs soit hors de danger
« d'en faire son sépulcre. »

La douleur avoit commencé cette lettre et la douleur la finit. Notre palatin étoit au siége d'Avignon quand il la reçut. De vous dire le trouble que les dernières paroles jetèrent dans son âme, ce seroit l'occupation de quelqu'un qui chercheroit les matières. Je le ferois néanmoins s'il n'étoit temps de vous découvrir la plus infâme trahison qui puisse tomber dans l'esprit d'un serviteur.

Golo, auquel Sifroy avoit donné plus d'autorité que le sauveur d'Egypte n'en eut de son maître, avoit toujours regardé Geneviève avec un respect qu'il devoit à sa vertu, pendant que le comte demeura avec elle; cela fit que ce traître cacha son feu pour quelque temps, mais enfin il ne put plus brûler. Ses pensées combattirent longtemps sa passion, et peut-être eût-elle été vaincue si elle n'eût été aidée de la présence de son objet.

Que fera notre intendant devenu esclave de la plus sale des passions? Il prend courage et se résout de découvrir sa flamme à celle qui en étoit l'innocente cause. Il va en la chambre de la comtesse; mais aussitôt qu'il en aperçoit la modestie sa témérité en attend les reproches. Un jour que la princesse regardoit quelques tableaux qu'elle avoit fait faire, elle demanda à Golo son jugement sur cette peinture. Lui, qui cherchoit la commodité de déclarer sa passion, fut aise de rencontrer celle-ci.

Alors, voyant que ses demoiselles et ses domestiques étoient trop éloignés d'elle pour entendre, il lui dit : « Vraiment, madame, si jamais pinceau a rencontré, c'est en ce sujet. Il n'est point de beauté, pour excellente qu'elle soit, qui approche de ce portrait ; pour moi, je m'estime heureux d'avoir des yeux assez bons pour y attacher mon cœur. »

En parlant ainsi il avoit toujours sa vue arrêtée sur Geneviève. Notre chaste comtesse l'aperçut bien ; néanmoins la crainte de paraître trop fine lui fit dissimuler de comprendre ce qu'elle pouvoit ignorer. Golo croyant donc que son discours étoit trop clair pour n'être pas intelligible, continue ce qu'il avoit si mal commencé.

Ah ! Geneviève, votre douceur a trop de complaisance. Je vous laisse à penser si notre intendant avait la tête dans les étoiles. Prenant la sage dissimulation de sa maîtresse pour un consentement effectif, ce fut alors qu'il montra son visage plus à découvert et que ses soupirs firent la moitié de ce mauvais discours :

« Madame, je ne vois rien d'aimable que vous ; ce sont vos attraits qui ont vaincu la confiance que j'opposois à ma fidélité ; mais puisque je connois que vos réponses favorisent mes desseins, j'espère n'être pas malheureux. »

Un coup de foudre eût frappé Geneviève avec moins d'étonnement que ces mots ; néanmoins, étant revenue à la liberté, sa colère et son indignation lui présentèrent la honte de son infidélité avec des reproches si aigres, que s'il eût eu beaucoup d'amour, sans doute qu'il n'auroit jamais eu tant d'imprudence.

« Comment, misérable serviteur, dit-elle, est-ce ainsi que vous gardez la fidélité que vous avez promise à votre maître? Avez-vous bien osé porter la vue sur une personne qui a autant d'horreur de votre crime que d'envie de le punir; la dissimulation dont je me suis servie n'étoit-elle pas un avertissement à votre témérité que je ne voulois pas écouter? Gardez-vous de me tenir de semblables discours, car j'ai le moyen de vous faire repentir de votre folie. »

Que dira Golo? il n'est pas temps de parler et il voit que les serviteurs se sont aperçus de l'émotion de la comtesse. Se persuadant qu'une autre occasion la rendroit plus favorable à ses poursuites, il s'excusa ainsi envers sa maîtresse :

« Madame, repartit ce rusé, s'il y a de ma faute en ce que vous me reprochez, elle est pardonnable, espérant lui faire telle satisfaction, que si elle est raisonnable, elle ne sera plus fâchée. »

Ceux qui ouïrent ces paroles crurent que l'intendant avoit offensé quelqu'un de la maison et qu'il lui promettoit de la satisfaire. Il y avoit un cuisinier à la maison qui avoit gagné les bonnes grâces de la comtesse à cause de sa vertu. L'intendant s'en étant aperçu résolut de faire encore une fois ses honteuses demandes et, au cas qu'il fût refusé, de rendre la chasteté de la comtesse suspecte à Sifroy. Sa grossesse servoit de prétexte à sa malice, et l'envie que les autres domestiques portoient à ce pauvre cuisinier permettoit d'ajouter foi à cette calomnie.

Un soir que la fraîcheur du temps convia la comtesse à sortir; comme elle se promenoit dans un jardin, Golo, feignant d'avoir quelque affaire à lui communiquer, s'en approcha ; et, après plusieurs paroles lancées à dessein, il dit : « Madame, ce n'est pas pour vous contraindre de m'aimer contre votre inclination, mais seulement pour vous fléchir à une seconde requête que je vous fais d'avancer ma mort avec ce fer, puisque votre rigueur ne permet pas à ma constance d'espérer ce que mérite mon amour. » Et en lui tenant cette abominable langage, il présenta sur-le-champ un poignard. Ah ! Geneviève, qu'avez-vous dit ? Cette parole vous coûtera la vie si la cruauté de Sifroy seconde les artifices de Golo. Mon cher lecteur, c'est maintenant que vous allez voir souffrir l'innocence : l'histoire que je m'en vais réciter est capable d'en donner un triste exemple.

Enfin notre intendant, piqué de ce refus, se retira plein de rage et de fureur. Quelques jours après, Golo fit appeler deux ou trois des plus affidés de la maison, et puis ayant fait couler trois ou quatre larmes de ses traîtres yeux, il leur dit en soupirant : « Mes amis, je ne saurois vous expliquer avec combien de déplaisir je me suis contraint de découvrir une chose que j'ai longtemps cachée.

« Si le péché de notre maîtresse ne ternissoit l'honneur de son mari, je permettrois à mon silence de taire le crime de Geneviève, de peur de publier le déshonneur de Sifroy.

« J'ai honte de vous dire ce que j'ai vu ; mais quel moyen de vous cacher une chose dont mes yeux sont témoins? ceux qui n'ont point vu les caresses de ce misérable cuisinier peuvent ignorer leur malice. Pour moi, en la fidélité duquel notre maitre s'était reposé du soin de sa femme, comme j'avois plus d'obligation de veiller sur ses déportemens, aussi ai-je vu des choses que je voudrois n'avoir jamais vues.

« Ah ! traître et perfide cuisinier ! est-ce ainsi que tu couvrois ton crime du voile de piété? Je ne veux pas croire que Madame ait conçu de l'amour pour ce misérable, que ses yeux n'aient été aveuglés par quelques charmes.

« J'ai cru que je devois prendre vos avis sur une si mauvaise affaire, afin de cacher l'infamie de cette maison autant qu'il nous sera possible. Cependant je m'en vais donner avis à Monseigneur de notre résolution et de la diligence que nous aurons apportée pour empêcher que cette infamie ne devienne publique. »

Toute cette belle harangue n'étoit pas pour persuader ceux qui étoient prévenus sur l'innocence de la comtesse; mais c'étoit seulement dans la vue de garder quelque apparence de forme en une justice si extraordinaire. Voilà donc une funeste résolution prise contre ces innocentes victimes qui, dans la suite, causa leur mort.

Comme Golo fit mettre Geneviève et le cuisinier en prison; ce qui leur arriva.

Un jour que Geneviève étoit encore au lit, Golo

appela le cuisinier, et avec des paroles qui avoient cela de commun avec le tonnerre qu'elles ne grondoient que pour lancer la foudre, lui reprocha qu'il avoit mis un poison amoureux dans les viandes de la princesse, par le moyen duquel il avoit disposé de ses volontés et de sa personne, ayant joui d'elle à son plaisir. Le pauvre Drogan eut beau protester qu'il étoit innocent, appeler le ciel et la terre à témoin de ses déportemens et de l'honnêteté de sa maîtresse, il fallut passer le guichet et faire une longue pénitence. Ce fut une chose digne de compassion quand ce malheureux imposteur alla dans la chambre de Geneviève pour faire le mauvais discours qui avoit rendu Drogan coupable. Véritablement la sainte dame eut besoin de toute sa vertu dans cette rencontre : encore sa patience échappat-elle un peu ; mais comme il n'y avoit personne qui ne fût à Golo, aussi n'y eut-il aucun qui écoutât ses justes plaintes, ni qui fût ému de sa misère. On la prend, on la mène dans une tour d'où elle pouvoit assez entendre les pitoyables cris de Drogan, mais non pas soulager ses maux. Tant de regrets pouvoient faire mourir une femme grosse de huit mois, si Dieu n'en eût pris un soin particulier ; et toute la consolation qu'elle avoit parmi tant de tristesse, c'étoit que le ciel ne pouvoit laisser cette injure commune sans s'en déclarer complice. Tâchant quelquefois de faire sortir ses soupirs de la prison, elle se plaignoit amoureusement en cette sorte :

« Hélas ! mon Dieu ! est-il possible que vous permettiez les maux que je souffre, ayant une parfaite connoissance de leur extrémité? Que vous ai-je fait pour me rendre le triste sujet de tant de douleurs? Mais non, très pitoyable Père, n'avez-vous pas de châtiment plus doux et moins honteux? Cette faveur me seroit bien nécessaire, je ne la demande pourtant pas : pourvu que cet innocent que je porte ne soit point opprimé sous ma ruine, je consens que vous la permettiez. Qu'on me cache dans les ténèbres d'une prison et qu'il voie la lumière du jour et celle de votre grâce ; qu'on me frappe et que les coups ne retombent point sur lui ; qu'on me calomnie, et que le blâme ne lui en demeure point ; qu'on me fasse mourir, et qu'il vive! je pourrai espérer de votre miséricorde qu'un jour on reconnaîtra que la mère étoit misérable, mais innocente; affligée, mais sans péché; calomniée, mais sans sujet; condamnée, mais sans crime.»

C'est ainsi que la pauvre innocente soupiroit nuit et jour sans espérer aucun soulagement que du ciel ; car, l'attendre des hommes, c'eût été aider à se décevoir et chercher des illusions. Golo étoit le dragon qui gardoit ce trésor, où il avoit toujours son cœur : il alloit souvent voir Geneviève qui recevoit plus de peine et de déplaisir de toutes ses importunités que des maux qu'il lui faisoit endurer. Ce malheureux, considérant que sa maîtresse avoit trop de vertu pour pécher, tâcha de couvrir son crime sous prétexte de mariage. Il fit donc courir un bruit que le palatin s'étoit embarqué sur mer pour son retour et qu'il avoit fait naufrage.

Sur cette nouvelle, il supposa des lettres qu'il fit glisser dans les mains de Geneviève, afin de la disposer à ses recherches par l'assurance de la mort de son mari. Mais la sainte mère de Dieu découvrit cet artifice, ce qui anima la comtesse d'un tel dépit que l'intendant ne lui fit pas plus tôt l'ouverture de son mariage, qu'elle le renvoya avec un soufflet. Il conjura la femme qui lui portoit ses vivres de gagner le cœur de la princesse et d'adoucir son esprit par tous les artifices dont elle pourroit s'aviser; il espéra de pouvoir aisément tromper une femme par le même moyen dont le diable se servit contre un homme; mais il se trompa, car il trouva que Geneviève est un rocher : si les vents le battent, c'est pour l'affermir; si les flots le frappent, c'est pour le polir; ni menace, ni flatterie, ni douceur, ni cruautés, rien ne la fit succomber.

Pendant toutes ces menaces le terme des couches de Geneviève arriva : hélas! pourrai-je dire qu'une princesse fut contrainte d'être elle-même sage-femme? Pourrai-je dire qu'en cette nécessité, où les bêtes ont besoin d'assistance, la femme d'un puissant palatin fut abandonnée de tout secours? Qui pourroit ouïr ce qu'elle dit sans pitié?

« Hélas! mon pauvre enfant, que ton innocence m'a causé de douleur! Hé! que mes misères te feront souffrir de maux! » Craignant que la nécessité de toutes choses et les incommodités du lieu ne le fissent mourir hors de la grâce de Dieu, elle le baptisa hardiment. Geneviève, appelez votre fils Bénoni ou Tristan; il doit porter le nom de la marraine, puisque Dieu est son parrain (23). Après que ce petit enfant fut né, sa mère l'enveloppa dans de vieilles serviettes qu'on avoit laissées là par mégarde.

Tout ce procédé était encore inconnu à Sifroy; il estima donc qu'il devoit prévenir l'esprit de son maitre et lui faire savoir le malheur de sa maison. Deux mois s'étoient écoulés depuis les couches de Geneviève, lorsqu'il instruisit un des serviteurs pour lui apporter des nouvelles; encore vouloit-il faire paraître de la prudence dans sa maison ; et, à cet effet, il écrivit ces trois mots au palatin :

« Monsieur, si je n'appréhendois de publier une
« infamie que je veux cacher, je confierois un grand
« secret à ce papier; mais tous vos domestiques,
« et particulièrement celui-ci, ayant vu la diligence
« dont j'ai usé et les artifices qui ont trompé ma
« prudence, je n'ai besoin que de leur témoignage
« pour mettre ma fidélité en lumière et mon service
« en estime; croyez tout ce qu'il dira et me man-
« dez votre volonté. »

Nous avons dit que le comte étoit au siége d'Avignon quand il reçut les premières nouvelles de sa femme. Jamais le changement d'action ne donna tant d'étonnement à ce misérable que le discours de ce messager en mit dans l'esprit du palatin. Il ne méditoit que de hautes et de cruelles vengeances. De l'admiration il tomboit dans la colère, de la colère dans la fureur, et de celle-ci dans la rage.

« Ah! maudite femme ! falloit-il souiller si honteusement la gloire que j'ai tâché d'acquérir dans les combats? Devois-tu apporter tant d'artifice pour couvrir ta perfidie et faire servir la piété à tes ordures ? Eh bien, tu n'as point fait de compte de mon honneur ; je n'épargnerai pas ton sang, ni celui de ton enfant, que tu n'as mis au monde que pour servir de bourreau à ton crime. »

Après avoir bien pensé à la vengeance de ce crime, que la seule crédulité avoit fait, il dépêcha le même serviteur vers Golo, avec commandement de tenir sa femme si étroitement enfermée, que personne ne l'abordât. Pour ce misérable esclave qui étoit en prison, qu'il cherchât dans l'horreur et l'extrémité de son péché quelque supplice proportionné à son attentat. L'intendant reçut ce commandement avec plaisir. Pour l'exécuter avec prudence, il fit préparer un morceau à ce misérable, qui lui ôta bientôt le goût de tous les autres. Voilà le premier acte de notre sanglante tragédie.

Ayant appris que le comte devait arriver bientôt, il alla au devant de lui jusqu'à Strasbourg: Il y avoit assez près de la ville une vieille sorcière, sœur de la nourrice de Golo, dont il crut se pouvoir servir à dessein. Il va en sa maison et lui donne les mains, afin de faire voir à Sifroy ce qui n'avoit jamais été. Sa partie étant ainsi dressée, il alla au devant du palatin, son maître, qui le reçut avec mille témoignages de bienveillance. Quand il l'eut tiré à l'écart, il lui demanda l'état déplorable de sa maison. Ce fut ici que les larmes et les sanglots de Golo se rendirent complices de sa trahison. Le comte louoit infiniment la conduite de son intendant. Enfin, après l'avoir fort souvent interrogé sur toutes les particularités de son malheur, le rusé Golo, craignant d'être surpris en ses reproches, lui dit : « Monsieur, je ne crois pas que vous doutiez d'une fidélité que je voudrois vous témoigner au préjudice de ma vie; mais si vous voulez apprendre d'autres preuves de cette mauvaise affaire que de ma bouche, j'ai le moyen de vous faire voir comme le tout s'est passé. Il y a près d'ici une femme fort savante qui vous fera voir toutes mauvaises pratiques. »

A ces paroles, Sifroy est surpris d'une curiosité qui bientôt lui causera des regrets; il pria Golo de le conduire dans cette maison, ce qu'il lui promit. Sur le soir, le comte et son confident se dérobèrent de la suite et se coulèrent dans le logis de la sorcière. Le palatin lui donna quantité d'écus dans la main, et la conjura de lui faire voir tout ce qui s'étoit passé pendant son absence. La vieille rusée, qui vouloit accroître son désir par un refus qu'elle fait, feint d'y trouver de la difficulté, même de l'en détourner par beaucoup de raisons, lui représentant qu'il pourroit peut-être voir des choses dont l'ignorance lui seroit plus utile que la connoissance n'en étoit désirable, et qu'un malheur n'est jamais entier quand il est caché. Tout cela ne se disoit que pour donner plus d'envie à Sifroy d'être trompé. Le voyant donc résolu, elle le prit par la main avec Golo, et le mène en une petite voûte qui étoit sous sa cave. Rien ne donnoit de lumière que deux grosses chandelles de suif vert. Après avoir marqué deux rangs d'une baguette et mis Sifroy dans l'un, sur lequel cette sorcière prononça certains mots dont l'horreur faisoit dresser les cheveux, elle tourna trois fois à reculons proche de son seau, et soufflant autant de fois dessus, les mouvemens de l'eau arrêtés, le comte s'approche par son commandement, et comme il se fut incliné par trois fois, il jeta les yeux sur le verre. La première fois, il aperçut sa femme qui parloit au cuisinier avec un visage riant et un œil plein de douceur. La seconde fois, il voit sa Geneviève qui passoit ses doigts entre ses cheveux, le vantant avec beaucoup de mignardises ; mais la troisième, il vit des privautés qui ne pouvaient s'accorder avec la modestie.

Quand un éléphant est en furie, c'est assez de lui montrer des brebis pour l'adoucir. L'intendant, qui craignoit qu'il en fût ainsi de son maître, tâcha, en éloignant Geneviève, de lui ôter un objet de douceur de devant les yeux. Il montra au comte qu'il est à craindre que sa juste colère, voulant punir le crime de sa femme, ne le publiât ; qu'il jugeoit plus à propos d'en donner la commission à quelque autre qui s'en déferoit doucement, tandis qu'il se rendroit à petites journées en sa maison.

Comme la nourrice fut voir Geneviève dans la prison, et lui dit que Golo avoit ordre de la faire mourir.

L'intendant, de retour en sa maison, ne manqua pas de révéler tout ce mystère à la nourrice, avec défense de le communiquer à qui que ce fût. Mais la providence de Dieu ne voulut pas permettre que cette femme fût plus secrète que les autres, qui ne savent pas ce qu'elles cèlent, et qui n'ont de silence que pour les choses qu'elles ignorent. A peine eut-elle appris ce dessein de la bouche de Golo, qu'elle le versa dans l'oreille de sa fille, qui, pour avoir une méchante mère, n'étoit pas sans qualités louables et surtout sans une tendre compassion des misères de Geneviève. La comtesse s'apercevant qu'elle pleuroit, lui demanda le sujet de ses larmes. « Ah ! Madame, répondit cette pauvre fille, c'est de votre vie : Golo a reçu commandement de Monseigneur de vous faire mourir. — Hé bien ! ma fille, dit la comtesse, vous et moi avons occasion de nous en réjouir ; il y a longtemps que je demande à Dieu cette faveur. Mais que deviendra mon pauvre enfant ? — Madame, il doit mourir avec vous. » A ces paroles, Geneviève demeura immobile. Le premier mot que sa douleur lui permit de former, ce fut celui-ci : « Ah ! mon Dieu, souffrirez-vous que cette petite créature, qui ne sait pas encore pécher, soit affligée, et qu'un enfant soit coupable parce qu'il est malheureux ! »

En disant ceci, elle trempoit ses petites joues de ses larmes, et depuis ayant donné à l'amour tous les baisers qu'il demandoit, elle s'adressa à cette pauvre fille : « Ma mie, je ne sais si je te dois supplier de rendre un dernier service à la plus misérable de toutes les femmes de son siècle. Tu peux m'obliger avec peu de peine et sans hasard, puisque tout ce que je demande de ta courtoisie, c'est de m'apporter de l'encre et du papier ; tu en trouveras dans le cabinet qui est proche de ma chambre : tiens, en voilà la clef, prends-y tout ce que tu désireras de mes joyaux, pourvu que tu me fasses ce plaisir. » La fille ne manqua pas de faire ce dont elle l'avoit priée, glissant par après un billet dans le cabinet d'où elle avait tiré le papier.

Le lendemain, sitôt que l'aurore parut, Golo fit venir près de lui deux serviteurs qu'il estimoit ses plus affidés, et leur commanda de conduire la mère et l'enfant dans un bois qui étoit à une demi-lieue du château, de les tuer en ce lieu écarté, et puis de jeter leurs corps dans la rivière. Quelle apparence de rien refuser à un barbare qui a le pouvoir de se faire obéir ? On fut dans la prison, on dépouilla la pauvre dame de ses habits, on la vêtit de vieux haillons, et, en ce pitoyable état, on la conduisit au supplice.

Nos deux innocentes victimes étant arrivées au lieu où se devoit faire le sacrifice, l'un des ministres de cette barbare et sanglante exécution haussoit déjà le coutelas pour égorger le petit enfant, quand la mère demanda de mourir la première, afin de ne pas mourir deux fois. Oh ! qu'une beauté misérable

a de pouvoir sur un cœur qui n'est pas entièrement
de bronze! Croirez-vous que ceux que Golo avoit
choisis pour ôter la vie à la comtesse, furent ceux
qui la lui conservèrent? Les dernières paroles qui
sortirent de sa bouche changèrent tellement leur
volonté par la compassion, que l'un d'eux dit à
l'autre : « Camarade, pourquoi tremperions-nous
nos mains dans un si beau sang que celui de notre
maîtresse? Laissons vivre celle à qui nous n'avons
rien vu faire digne d'une si cruelle mort ; sa modestie et sa douceur sont des preuves infaillibles de son
innocence! Peut-être un jour viendra qui mettra sa
vertu en évidence et notre condition en meilleure
forme. »

Cela ainsi résolu, nos deux serviteurs commandè-
rent à leur maîtresse de s'écarter si avant dans la
forêt, que Sifroy ne pût jamais en avoir de nouvelles.
Il étoit facile de se cacher dans un bois qui sembloit
n'avoir été fait que pour retirer les ours et les bêtes
farouches ; son étendue donnoit de l'horreur à tous
les plus hardis quand il étoit question de le traver-
ser ; son obscurité étoit la demeure du silence ; que,
si quelque chose l'interrompoit parfois, ce ne pouvoit être que les hurlemens des loups, le cri des
hibous, les gémissemens de voix effroyables. Allez
hardiment, Geneviève, allez dans un lieu que vous
avez autrefois ardemment désiré, et reconnoissez que
Dieu ne vous avoit donné de l'inclination à la solitude que pour en adoucir les grandes incommodités.

Quand les serviteurs furent arrivés à la maison, l'intendant reçut la nouvelle de ce qu'ils devoient avoir fait par son commandement, dont il ressentit une joie fort sensible. Aussitôt il en donna avis au palatin, en la maison duquel il faisoit le maître. Sifroy étant arrivé, on ne parla que de chasse, de débauches et de récréations, afin de divertir toutes les pensées qui pouvoient rappeler la mémoire de Geneviève.

Laissons le comte chercher des divertissemens pour passer sa mauvaise humeur. Allons voir Geneviève dans l'épaisseur du bois où nous l'avons laissée. Aussitôt que les serviteurs l'eurent abandonnée, ses premiers pas la portèrent sur le bord de la rivière qui passoit auprès du château. Ce fut là qu'elle prit la bague que Sifroy lui avoit mise au doigt quand il partit pour le voyage de France, et puis la jeta dans le courant des flots, protestant qu'elle ne vouloit porter la marque d'une vertu qui avoit causé tant de malheurs.

Deux jours s'écoulèrent dans ces extrémités, sans que chose du monde consolât sa douleur que la liberté de se plaindre. Le jour ne sembloit luire que pour lui montrer l'horreur du lieu où elle étoit; la nuit remplissoit son esprit de sombres et noires obscurités et ses yeux de ténèbres. Le soin de son Bénoni augmentoit de beaucoup ses craintes, considérant qu'il avoit déjà couché deux nuits au pied d'un chêne, n'ayant que l'herbe pour lit et qu'un peu de ramée pour défense.

Celui qui fera réflexion que Geneviève étoit une princesse élevée parmi les délices d'une cour, n'aura point de peine à s'imaginer ses ennuis. N'étoit-ce pas un spectacle bien digne de compassion, de voir la femme d'un puissant palatin dans le défaut même des choses dont les plus extrêmes nécessités n'ont pas besoin? de voir son palais changé en une horrible et affreuse solitude, sa chambre en un endroit horrible, ses courtisans en bêtes farouches, sa musique en hurlemens de loups, ses viandes délicates en racines très amères, son repos en inquiétudes, et ses joies en larmes? Qui eût pu ouïr tous les regrets qu'elle faisoit aux échos de ce bois? On eût dit que tous les arbres s'en plaignoient, que les vents en grondoient de dépit, et que tous les oiseaux avoient oublié leurs ramages pour apprendre à gémir de sa misère.

Si les maux de cette pauvre princesse touchoient très sensiblement son cœur, on ne sauroit dire quels rigoureux tourmens ceux de son fils lui causoient, particulièrement lorsque sa langue vint à se délier aux premières plaintes de la douleur, et que ce petit innocent commença de sentir qu'il étoit malheureux. Cette pitoyable mère le serroit quelquefois contre son sein pour échauffer ses petits membres tous gelés; et puis, comme elle ressentoit les trémoussemens de Bénoni, la pitié pressoit si fort son cœur de douleur, qu'elle en tiroit mille sanglots et de ses yeux des larmes infinies. « Ah! mon cœur, disoit sa dolente mère; ah! mon pauvre fils, mon

19.

cher enfant, que tu commences de bonne heure à être misérable! » A voir l'enfant, l'on eût dit qu'il avoit l'âge de la raison ; car, à ces tristes paroles, il poussoit un cri si perçant, que le cœur de Geneviève en demeuroit sensiblement blessé.

Mon cher lecteur, je te conjure, avant de poursuivre les misères de notre déplorable princesse, de jeter un peu les yeux parmi le monde, pour en remarquer la diversité. Tu y verras un grand nombre presque infini de femmes beaucoup moindres en renommée et en qualités, qui éclatent dans l'or et dans la soie, pendant que Geneviève est transie de froid et couverte de la seule honte de la nudité. O Seigneur! qu'il est bien vrai que votre providence marche dans ces abîmes qu'il n'appartient pas à notre esprit de sonder, et que vos conseils sont des précipices à tous ceux qui en veulent chercher la profondeur! N'allons pas chercher autre part, pour remarquer cette vérité, qu'en la maison de Sifroy; aussi bien y a-t-il deux ans que nous en sommes partis. Pendant que Geneviève pleure, éloignons-nous un peu de sa maison, et entrons pour quelque temps dans le château de son mari. Nous verrons qu'il n'y a pas une servante qui ne soit contente, pas un laquais qui ne soit à son aise, pas un chien qui n'ait du pain plus que sa suffisance. Golo ajoutoit tout ce qu'il pouvoit d'artifices à la médecine du temps pour guérir l'esprit de son maître. Il est vrai qu'il ne put entièrement ôter l'image des vertus de Geneviève à Sifroy ; sa modestie, son honnêteté, sa piété et sa constance, son adresse et son amour étoient autant d'agréables fantômes qui lui reprochoient, tant la nuit que le jour, sa crédulité. Ce pauvre homme croyoit avoir incessamment son ombre à ses côtés ; et, bien que son intendant sût éloigner subtilement ces pensées pleines d'inquiétude, néanmoins elles faisoient toujours quelques impressions dans son esprit.

Voici un accident qui ruina presque toute la fortune de Golo, et qui découvrit les replis de sa malice. Trois ans après le retour du comte, trois siècles de misères de sa désolée femme, lorsqu'un certain jour, Sifroy manioit plusieurs papiers dans son cabinet, il trouva sous sa main le billet que sa femme y avoit fait glisser. Qui pourroit décrire les regrets et les tristesses que ce morceau de papier lui causa ! Sa bouche proféroit mille malédictions contre Golo ; ses larmes arrosoient ce billet ; il frappoit son estomac, il tiroit sa barbe et ses cheveux. Tout ce que la douleur peut commander à un homme, c'est ce que le palatin faisoit. Et certes, il eût fallu avoir une âme de tigre pour lire cette lettre sans regret. L'innocence l'avoit conçue et la douleur dictée. Voici ce qu'elle portoit :

« Adieu, Sifroy, je m'en vais mourir puisque
« vous le commandez ; je n'ai jamais rien trouvé
« d'impossible dans mon obéissance, bien que je
« trouve quelque injustice dans votre commande-
« ment. Je veux croire néanmoins que vous ne con-
« tribuez en rien à ma ruine que par le consente-

« ment que vous y apportez. Aussi puis-je vous
« protester cette sincérité parfaite que tous les su-
« jets que j'en ai donnés, c'est la seule résistance
« que j'ai faite pour être tout à vous; je passe vo-
« lontiers d'une misérable vie à un état qui sera
« peut-être un jour hors du soupçon où la calom-
« nie l'avoit mise. Tout le regret que j'emporte avec
« moi est d'avoir mis un enfant au monde, lequel
« est la victime de la cruauté et l'innocente cause de
« mon malheur. Toutefois, je ne veux pas que ce
« ressentiment m'empêche de vous souhaiter une
« heureuse et parfaite félicité et à l'auteur de mon
« malheur une meilleure fortune que celle qu'il me
« procure.

« Adieu, c'est votre infortunée mais innocente
GENEVIÈVE. »

L'intendant, qui étoit aux écoutes, jugea qu'il falloit permettre à cet orage de crever, et que la prudence devoit l'éloigner pour quelque temps de Sifroy ; et quand il crut que la colère étoit modérée, il vit le palatin qui ne manqua pas de lui faire de grands reproches. Mais Golo ne manquoit point d'artifice pour tromper son maître, et pour lui tirer cette épine du fond de son cœur.

« Quoi ! Monsieur (lui disoit ce traître perfide), vous repentez-vous d'avoir ôté la vie à celle qui vous a ôté l'honneur? Tous vos domestiques savent trop combien votre action est équitable pour la trouver mauvaise. Toute la politique humaine ne vous peut blâmer de ce que vous avez fait. Voulez-vous être plus sage que les lois et condamner ce que la raison approuve ? »

Ces discours, étant accompagnés d'une feinte affection, glissoient doucement une insensibilité dans l'esprit du palatin ; en sorte que tous ses remords n'étoient que des oiseaux de passage, qui donnoient chacun un coup de bec à la dérobée, et puis se retiroient, soit par les raisons de Golo, soit par les charmes et les sortiléges dont il savoit si bien se servir. Pendant que je m'amuse dans le palais de Sifroy, nous laissons notre innocente criminelle en la compagnie de son Bénoni et des bêtes farouches ; retournons, s'il vous plaît, en sa grotte. Je vous avertis pourtant qu'il ne faut plus considérer ce désert comme la retraite des serpens ou le repaire des ours, mais bien comme une école de vertus, un asile de pénitence, ou un temple de sainteté. Après que notre comtesse eut souffert, dans cette horrible solitude, trois années d'hiver tout entières (puisque le soleil n'y avoit jamais paru dans le plus beau de l'été), ses maux se rendirent si familiers, qu'elle n'en avoit plus d'horreur, et sa patience la perfectionna jusqu'à ce point, de regarder les maux et les souffrances comme des délices. L'habitude rend toutes choses faciles ; ce qui semble au commencement plein d'effroi, s'apprivoise à la fin. Le poison tue, et néanmoins on a vu un grand roi qui s'en nourrissoit. Ne vous semble-t-il pas que Geneviève devoit mourir d'impatience parmi ces regrets, se noyer dans les larmes? et voilà que tous les jours, les recueillant dans ses mains, elle les offre à Dieu en sacrifice, si agréable à sa divine bonté, qu'il la récompense autant de ses soupirs glacés que si elle lui brûloit tout l'encens d'Arabie.

La première faveur qu'elle reçut du ciel, après ses trois ans de noviciat, fut ce jour qu'elle étoit à genoux au milieu de sa cabane, les yeux fixés vers le ciel, dont l'admiration servoit ordinairement de sujet à ses pensées; son esprit avoit trop de lumière pour ne pas connoître que c'étoit quelqu'une des intelligences du ciel; en quoi, certes, elle ne se trompoit pas, car c'étoit son ange gardien qui venoit de la part de Dieu.

Il avoit un visage où la beauté et la modestie demeuroient avec une majesté divine; il tenoit en sa main droite une précieuse croix, dans laquelle le sauveur du monde étoit naïvement représenté, et d'un ivoire si luisant, qu'il étoit facile de voir que les hommes n'avoient pas travaillé à son ouvrage.

Lorsque notre comtesse fut revenue de l'admiration de tant de merveilles, l'ange lui présente la croix, et lui dit : « Geneviève, je suis venu de la part de Dieu vous apporter cette croix, qui doit désormais être l'objet et l'entretien de toutes vos pensées, et le remède souverain de tous vos maux. En un mot, Geneviève, c'est ici le bouclier qui fera tomber tous les coups de l'adversité à vos pieds; c'est la clé qui ouvrira le ciel à votre patience. »

Geneviève s'étant inclinée reçut cette croix pour y graver toutes ses victoires. Voici un prodige miraculeux : ce crucifix suivoit notre pénitente partout ; si quelque nécessité l'appeloit dehors, il l'accompagnoit ; si elle cherchoit des racines pour sa nourriture, c'étoit en sa compagnie ; étant dans sa pauvre retraite, jamais il ne s'écartoit de ses côtés. Ce miracle dura quelques mois, jusqu'à ce qu'il s'arrêta dans un coin de la grotte où il y avoit un petit autel que la nature avoit formé dans le rocher. Aussitôt que quelque déplaisir attaquoit son pauvre cœur, elle s'adressoit à celui qui ne les pouvoit ignorer.

Complainte de Geneviève au pied de la croix.

Un jour que le souvenir de tous ses maux se présenta dans son esprit, faisant de ses yeux deux sources de larmes, elle se jeta au pied de la croix, et lui dit amoureusement :

« Jusqu'à quand, mon Dieu, jusqu'à quand souffrirez-vous que la vertu soit si cruellement traitée ? N'est ce pas assez de cinq ans de misère pour être content de ma patience ? Quand j'aurois renversé vos autels et brûlé vos temples, mes larmes devroient avoir éteint votre colère ; je croyois que mes misères me donneroient lieu de faire paroître que vous êtes le protecteur de l'innocence aussi bien que le vengeur des crimes ; il y a cinq ans que j'endure un martyre extrêmement cruel. Il semble que ma misère soit contagieuse, tant on redoute de s'en approcher. La faim, la soif, le froid et la nudité sont la moindre partie de mes maux. Ah ! Seigneur, si vous voulez affliger la mère, que ne prenez-vous la protection de son enfant, puisque vous savez qu'il est incapable de pécher ! Pardonnez-moi, mon Dieu, si ma douleur m'arrache ces plaintes de la bouche, mais j'ai cru que, puisque j'ignorois la cause de tant de maux, je pouvois en chercher le soulagement au pied de votre miséricorde. »

Le petit Bénoni mêlant ses larmes avec celles de sa mère, ils s'écrioient avec des gémissemens si pitoyables que les rochers en étoient touchés.

Enfin la pauvre Geneviève continuant ses regrets et embrassant amoureusement la croix lui disoit : « Mon Dieu, que vous ai-je donc fait pour me traiter avec tant de rigueur ? » Pendant que Geneviève parloit, elle entendit l'image du Seigneur qui répétoit : « Eh quoi ! ma fille, quel sujet as-tu de te plaindre ? Tu demandes quel crime t'a mise ici ! hé ! dis-moi quel crime m'a cloué en cette croix ? Es-tu plus innocente que moi, ou tes maux sont-ils plus grands que les miens ? Tu es sans crime ; et moi suis-je coupable ? Tu n'as point commis l'infamie dont on a voulu ternir ta réputation, peut-être que je suis un séducteur et un magicien, ainsi que l'on me l'a reproché ? Tu ne trouves aucune consolation des créatures ; n'est-ce pas assez de celle du créateur ? Personne n'a eu compassion de tes maux ; qui en a eu des miens ? Les choses même insensibles ont horreur de ton affliction ; et le soleil même ne refusera-t-il pas de regarder la mienne? Ton fils augmente tes regrets! crois-tu que ma mère ait amoindri mes tourmens? Console-toi, ma fille, et laisse-moi le soin de tes affaires. Pense quelquefois que celui qui a fait tous les biens du monde en a souffert tous les maux. Si tu compares ton calice au mien, tu le boiras avec plaisir, et me remercieras de la faveur que je te fais de vivre dans les douleurs pour mourir dans les joies. »

Ce seroit une chose superflue de vous dire la confusion que ce petit reproche mit dans l'esprit de notre sainte; mais il lui donna tant de courage et de résolution, que toutes les épines ne lui étoient que des roses; aussi étoit-ce le dessein de Dieu de l'animer à la patience. Pour témoigner que sa vertu ne lui étoit pas inconnue et que son innocence étoit bien proche de celle que le premier homme possédoit dans les délices du paradis, Dieu lui soumit entièrement la rage des bêtes féroces et la liberté des oiseaux.

C'étoit une chose ordinaire, dès son entrée dans la forêt, que la biche venoit allaiter l'enfant et se coucher toutes les nuits dans la caverne avec la mère et le fils, afin d'échauffer leurs membres glacés; mais depuis cette dernière faveur les renards, les lièvres, les louveteaux venoient jouer avec le petit Bénoni; la caverne de Geneviève étoit un lieu où les sangliers n'avoient point de rage, ni les cerfs de crainte : au contraire, on eût dit que notre sainte princesse avoit engagé leur nature par la compassion de tous les maux, et donné quelques sentimens de raison aux bêtes pour reconnoître ses nécessités.

Un jour, vêtant un vieux haillon à son fils en présence d'un loup, cet animal partit aussitôt et alla égorger une brebis dont il apporta la peau à Geneviève, comme s'il eût le jugement de discerner ce qui étoit propre pour échauffer le corps de son enfant.

Voici un trait que je ne saurois passer sous silence. Il y avoit auprès de cette retraite une fort belle fontaine qui fournissoit plus que la moitié de la vie à nos deux bons solitaires : je ne sais si la comtesse ne s'étoit jamais mirée dans le cristal de ses eaux, mais quand elle y eut une fois baissé les yeux à dessein ou par hasard et aperçu les rides de son front, elle eut de la peine à se reconnoître ; le souvenir de ce qu'elle avoit été lui ôtant la croyance d'être ce qu'elle étoit.

« Est-ce là Geneviève, disoit-elle; non, sans doute, c'est quelque autre que moi. Ha! seroit-il bien possible que ces yeux languissans et abattus eussent autrefois causé tant de flammes ! ce front coupé de mille rides me dit que ce n'est pas celui qui faisoit honte à l'ivoire ; ces joues effacées n'ont rien de pareil à celles qui étoient faites de roses et de lis. O cruelles douleurs ! vraiment il faut bien dire que vous êtes barbares, puisque vous avez fait une si étrange métamorphose. Répondez-moi, impitoyables maux, où avez-vous mis la neige de mon teint!

Geneviève, pauvre Geneviève, tu n'es plus que la vaine ombre de ce que tu as été ! »

Tandis que la comtesse se plaignoit ainsi et qu'elle tâchoit de se reconnoître dans les eaux, elle y voit une divinité toute semblable à ces nymphes qui, selon les discours des poëtes, habitent dans les eaux. Son esprit fut aussitôt ravi de l'admiration de tant de majesté. Flottant ainsi entre la crainte et la confiance, elle entendit une voix à côté, bien qu'elle la crût sortie de cette horrible bouche qui paraissoit dans l'eau; mais s'étant tournée, elle vit la reine des anges et sa bonne avocate, qui lui dit :

« Vraiment, ma fille, tu as bonne grâce de te plaindre d'une perte qui est extrêmement désirable, étant beaucoup avantageuse. Tu n'es plus belle : ah ! Geneviève, si tu ne l'eusses jamais été, tu serois encore heureuse ; c'est la seule qualité qui t'a rendue criminelle ; et quand cela ne seroit pas, dois-tu plaindre la perte d'un bien que tu ne devois pas désirer ? Ah ! si tu savois combien ta noirceur te rend agréable à mon fils, tu aurois honte d'avoir été autrefois d'une autre couleur. Reviens donc à toi, ma fille, ne te plains plus de tes misères, puisque c'est de ces épines que tu peux composer la couronne de gloire. »

A peine la reine du ciel eut achevé sa remontrance, qu'une nuée plus belle et plus luisante que l'argent la déroba aux yeux de la sainte, qui demeura pleine de joie et de confusion : de joie, pour avoir vu celle qui sera une partie de la béatitude de nos sens dans le ciel; de confusion, pour avoir fait état de sa beauté passée.

« Eh bien! mon aimable époux, vous voulez que Geneviève souffre jusqu'à la fin, j'en suis contente; je prétends demeurer aussi fidèle à vos divines volontés dans les plus fortes angoisses de ma douleur que dans les prospérités de ma fortune. Hélas! où serois-tu, mon pauvre cœur, si Dieu t'eût abandonné à tes propres inclinations? Sans doute la vanité te possèderoit maintenant! Oh! que j'ai un juste sujet de vous remercier de m'avoir tant fait de grâces! Que pouvois-je espérer dans la maison de mon mari, sinon qu'un esclavage volontaire, une honnête servitude? Ah! mon Dieu! je connois bien maintenant la douceur de votre providence; que votre saint nom soit béni d'avoir sauvé cette pauvre créature qui n'eût jamais suivi vos attraits s'ils n'eussent été charmans, vos semences si elles n'eussent été nécessaires, vos mouvemens s'ils n'eussent été violens. Je vous suis infiniment redevable de m'avoir fait cette faveur; toutefois mon obligation me paraît encore plus grande, si je considère que vous m'avez contrainte d'être si heureuse contre ma volonté, me faisant dans la solitude une image du ciel, où toutes les félicités sont nécessaires. »

Pendant que notre sainte se perdoit dans les pures et innocentes joies, Sifroy n'avoit ni repos ni contentement. La nuit ne lui représentoit que de noires ombres, de tristes fantômes. Le jour ne l'éclairoit que pour lui faire remarquer l'absence de Geneviève. Son esprit avoit sans cesse des pensées sombres, mélancoliques, et son unique plaisir étoit dans la fuite des compagnies.

Souvent on le voyoit rêver tout seul sur le bord de la rivière, remarquant dans l'inconstance des flots l'agitation de son esprit ; et puis après, comme si son humeur fâcheuse l'eût rendu sauvage, il se déroboit de ses serviteurs pour donner plus de liberté à ses soupirs dans l'horreur d'un bois, se fâchant même contre son ombre si l'obscurité l'obligeoit à le suivre. Qui pourroit se figurer le désespoir et la fureur où il entroit quand sa mémoire lui disoit : « Tu as fait tuer ta pauvre Geneviève, tu as fait massacrer ton fils et ôter la vie à ton serviteur, duquel les pâles ombres te poursuivent incessamment ? Geneviève, où êtes-vous ? » On peut croire que s'il eût tenu Golo en cette humeur, il eût sans doute ramené la coutume de sacrifier aux mânes ; mais ce perfide feignit fort à propos un voyage quand il aperçut l'esprit de son maître changé. Si son malheur l'eût arrêté en la maison du palatin, c'étoit fait de sa vie, particulièrement après l'horrible et effroyable vision de Drogan. Je ne veux point dire que ce fût une illusion de son esprit malade, car je sais que Dieu permet quelquefois aux âmes de revenir pour le bien de quelques personnes. Les exemples font assez de preuves de cette vérité, qui est même passée jusqu'aux enfers, puisque le riche de l'Évangile, qui étoit toujours vêtu de la couleur

20.

du feu, demandoit au père des fidèles de revenir au monde afin d'avertir ses frères des supplices de l'autre vie. Un soir que le palatin étoit couché, il entendit sur les minuit quelqu'un qui marchoit à grands pas dans sa chambre ; aussitôt il tira les rideaux de son lit, et n'ayant rien aperçu à la lueur d'un peu de lumière qui restoit dans la chambre, il tâcha de s'endormir ; mais, un quart d'heure après, le même bruit recommença si bien, qu'il vit au milieu de sa chambre un grand homme pâle et défait, qui traînoit un gros fardeau de chaînes, dont il sembloit être lié. Ce terrible spectacle, paraissant dans les obscurités de la nuit, étoit capable de faire peur à un homme moins hardi que Sifroy ; mais étant courageux et assuré, il lui demanda ce qu'il vouloit sans témoigner beaucoup de frayeur, s'estimant indigne de trembler pour des ombres, lui qui n'avoit pas appréhendé la mort même. Mais il fut saisi tout aussitôt d'une sueur froide qui se répandit sur son corps, principalement quand il vit que cet esprit lui faisoit signe de venir à lui ; ce qu'il fit néanmoins, le suivant au travers d'une basse-cour, et de là dans un petit jardin où il ne fut pas plus tôt qu'il disparut, laissant le comte plus étonné de sa fuite que s'il lui eût encore continué une compagnie aussi peu agréable. La clarté de la lune aida beaucoup à sa crainte ; ayant aperçu où il pouvoit être, elle retira sa lumière, lui laissant chercher parmi les ténèbres la porte de sa chambre. S'étant remis dans le lit, il s'imagina qu'il avoit ce grand homme tout de glace à ses côtés et qu'il le pressoit entre ses bras ; cela lui fit appeler ses serviteurs, lesquels le trouvèrent plus pâle qu'un homme mort. Il dissimula pourtant sa crainte jusqu'au matin. A peine le jour commença-t-il à paraître, qu'il commanda de creuser l'endroit où cet esprit s'étoit évanoui. On n'avoit pas encore creusé deux pieds qu'on rencontra les os d'un homme mort chargés de fers et de menottes.

Il y eut alors un des domestiques qui dit au comte que Golo avoit fait jeter le corps du malheureux Drogan à l'endroit où l'on avoit trouvé cette carcasse. Sifroy ordonna qu'on le fît enterrer et qu'on lui dît des messes pour son repos. Depuis ce temps-là, on n'entendit plus de bruit dans le château ; mais l'ombre de Drogan lui servoit de spectre, lui donnant toutes les imaginations épouvantables que les hommes grandement agités de furie se peuvent figurer.

Ce fut alors qu'il reconnut que ses frayeurs et ses craintes étoient des effets de ses crimes. On entendit souvent ces paroles sortir de sa bouche : « Geneviève, que tu me tourmentes ! »

Pendant que nous nous amusons avec le comte, nous perdons les bons discours de Geneviève. C'étoit sur la fin de la septième année de la solitude, et le petit Bénoni commençoit à avoir connoissance de sa misère. Sa mère n'oublioit rien de ce qui pouvoit servir à son instruction. Le matin et le soir elle le faisoit mettre à genoux devant la croix, et jamais ne lui permettoit de teter sa biche qu'après avoir prié Dieu à genoux.

Je ne saurois jamais oublier un discours qui pensa coûter la vie à Geneviève. Un jour, comme Bénoni caressoit amoureusement sa mère, il lui dit: « Ma mère, vous me commandez souvent de dire : Notre Père qui êtes aux cieux. Dites-moi qui est mon père. » — « Ah! mon cher fils, que dites-vous? Cette demande est capable de faire mourir votre pauvre mère. »

De fait, Geneviève fut pâmée à ces paroles. Néanmoins, elle dit en l'embrassant : « Mon enfant, votre père, c'est Dieu; ne vous l'ai-je pas assez dit? regardez ce beau palais : voilà sa maison; le ciel est le lieu où il demeure. » Il lui dit : « Ma mère, me connoît-il bien? » — « Ah! mon fils, n'en doutez pas, il vous connoît et il vous aime. » — « D'où vient donc, reprit Bénoni, qu'il ne me fait aucun bien et qu'il permet tous les maux que nous souffrons? » — « Mon fils, c'est se tromper que de croire que les biens soient une preuve de son amour; bien loin de là, les nécessités que nous endurons marquent un cœur de père en notre endroit, puisque les richesses ne sont autre chose que des moyens de se perdre ; parce que Dieu attend à faire du bien à ses amis en l'autre monde.

« Mon fils, continua la comtesse, Dieu est un grand et riche père, duquel nous sommes tous enfans; toutefois, il n'est pas moins puissant pour cela, d'autant qu'il a des trésors infinis à leur donner. Et, quoique vous ne soyez jamais sorti de ce bois, il faut que vous sachiez qu'il y a des villes et des provinces qui sont pleines de monde, dont les uns suivent la vertu et les autres se laissent aller au vice. Ceux qui la respectent, comme vrais enfans, iront un jour au ciel pour y jouir avec lui de mille contentemens. Au contraire, ceux qui l'offensent seront châtiés dans l'enfer, qui est un lieu sous terre, plein de feu et de tourmens. Regardez duquel vous voulez être. Nous avons droit d'être des premiers, car ceux qui sont misérables comme nous, pourvu qu'ils le soient volontairement, sont assurés d'aller en paradis. » Bénoni ne put s'empêcher de lui demander quand ils iroient en paradis. « Après notre mort, » repartit la mère.

Ce pauvre innocent étoit bien éloigné de comprendre tout ce que sa mère lui avoit dit, si la bonté de Dieu ne lui eût servi de maître. L'expérience ne lui avoit jamais appris ce que c'étoit que la mort; mais peu s'en fallut qu'il n'en eût un triste et funeste exemple en la personne de sa mère quelques jours après.

Enfin, Geneviève étant revenue d'une longue pâmoison, elle arrêta quelque temps les yeux sur l'aimable sujet de ses douleurs, et après lui avoir appris qu'il étoit le fils d'un grand seigneur, elle lui dit en pleurant :

« Je quitte le monde sans regret, ainsi que j'y ai demeuré sans désir. Si j'étois capable de quelque déplaisir, ce seroit de te laisser sans ressource et sans appui, en la souffrance des peines et des misères que tu n'as méritées.

« A ne point mentir, cette considération me toucheroit sensiblement le cœur, si je n'en avois une plus haute qui me contraint de mettre tes intérêts entre les mains de celui qui est le père des orphelins et le soutien des innocens. Je ne veux pas que tu aies souvenance d'une mère qui ne t'a mis au monde que pour en souffrir les maux et toutes les douleurs.

« Je te conjure néanmoins, mon cher Bénoni, d'ensevelir avec mon corps les ressentimens de mes malheurs ; puisqu'il n'y a que Dieu seul qui connoisse leurs grandeurs et qui puisse leur donner des supplices. J'espère néanmoins que la miséricorde de Dieu nous fera justice, et qu'elle donnera à connoître à tout le monde que tu es le fils d'une mère trop coupable pour être en si mauvaise estime, et trop innocente pour être si injustement accusée.

« Au reste, mon cher fils, après avoir mis ce corps en terre, fais ce que Dieu t'inspirera ; s'il veut que tu retournes à ton père, il faut obéir ; tu as des qualités qui te feront reconnaître : la ressemblance de ton visage au sien ne permettra pas de vous méconnoître, s'il se souvient encore de ce qu'il a été. »

En disant ces mots, elle fit mettre son Bénoni à genoux, mouillant son petit visage du reste de ses larmes. Représentez-vous la pitié que causoit ce spectacle. La pauvre Geneviève attend la fin de ses misères et Bénoni le commencement de ses douleurs.

La mort les voyant en cette posture s'élança pour donner le dernier coup de sa rage; mais il n'est pas encore temps : Dieu veut qu'on lui ait rendu l'honneur avant que de lui donner la mort.

Tandis que notre Geneviève attendoit la mort, deux anges brillans comme le soleil entrèrent dans la grotte et la remplirent d'odeur et de lumière. S'étant approchés d'elle, celui qui étoit tutélaire de la malade, lui dit en la touchant : « *Vivez, Geneviève, Dieu le veut.* » Alors, ouvrant ses mourantes paupières, elle aperçut ces deux anges, qui ne lui donnèrent pas le temps d'être considérés, lui laissant avec la santé un étonnement admirable de cette guérison prompte et miraculeuse.

Il y avoit sept ans que Geneviève enduroit le dernier de tous les maux; mais Dieu, voulant donner à connaître son innocence, permit que cette méchante sorcière, chez laquelle Sifroy avait vu le péché imaginaire de la comtesse, fût mise entre les mains de la justice et convaincue de plusieurs crimes; et étant condamnée à être brûlée et déjà attachée à l'infâme poteau, elle demanda la permission de déclarer quelque chose, ce qui lui fut accordé. Elle confessa donc que de tous les maux qu'elle avoit faits, le plus grand étoit que le palatin avoit fait mourir sa femme, touchant un faux soupçon que les charmes de la magie lui avoient fait voir.

Ces paroles ayant été rapportées au comte, il ne fut pas moins affligé de cette nouvelle que consolé de connaître que s'il avoit été si malheureux que de perdre Geneviève, elle étoit morte innocente et sans reproches.

Golo étoit retiré chez lui depuis deux ans, et ne visitoit le comte que quand la bienséance le forçoit à ce devoir. Que fera donc Sifroy? Il met bon ordre qu'il ne lui échappe. Il le prie par lettre de venir l'aider à une chasse solennelle; cependant on ne lui déclara pas quelle bête on voulait prendre. Étant venu, on le chargea de fers, et on le logea dans la tour où il avoit détenu si longtemps son innocente maîtresse.

Le comte prit donc résolution de convier tous les parens à la fête des Rois et, après le festin, de leur remettre Golo entre les mains. A cet effet, il fait provision de tout ce qui était nécessaire pour un célèbre et magnifique banquet, et voulant contribuer quelque chose de sa peine, il résolut d'aller à la chasse le jour d'auparavant.

Le jour qu'il avoit choisi pour cette chasse étant arrivé, la providence de Dieu prépare son coup d'une façon tout amoureuse et pleine de douceur; car à peine notre palatin s'était écarté de ses gens, qu'il aperçut une biche, qui était la nourrice de Bénoni, et poussant aussitôt son cheval, elle gagna la forêt; mais Sifroy la poursuivit de si près, qu'elle se réfugia dans une caverne. Hélas! c'étoit celle de notre innocente comtesse. Comme il alloit lancer un javelot à cette pauvre bête, il aperçoit au fond de cet antre quelque chose qui ressembloit à une femme, sinon que cela paraissoit nu.

Alors le comte et la comtesse furent saisis de deux différentes admirations ; Sifroy s'étonnoit de voir une femme en cette caverne, et Geneviève, qui n'avoit été visitée que des anges, ne pouvoit assez admirer de voir son mari, qui ne la reconnut point. Après que l'étonnement eut fait place aux pensées, le palatin la pria de s'approcher de lui, mais Geneviève étant trop modeste, lui demanda son manteau pour se couvrir, ce qu'il fit. Quand elle s'en fut enveloppée, Sifroy s'avança vers elle et l'interrogea de plusieurs choses.

« Monsieur, repartit la comtesse, je suis une pauvre femme du Brabant, que la nécessité a contrainte de se retirer dans ce désert pour n'avoir eu aucun asile. Il est vrai que j'étois mariée à un grand seigneur ; mais le soupçon qu'il eut trop légèrement de ma fidélité, le fit consentir à ma ruine et à celle d'un enfant qui n'avoit pas été conçu dans le péché qui m'étoit imputé. Et si les serviteurs qui avoient le commandement de me faire mourir eussent eu autant de précipitation à exécuter ma sentence, comme il y avoit eu d'imprudence à me condamner, je n'aurois pas vieilli l'espace de sept années en une solitude où je n'ai eu pour toute nourriture que de l'eau et des racines, qui n'ont pas moins servi à prolonger mes misères que ma triste vie. »

Oh ! que l'amour a de force ! ce visage que tant

d'austérités avoient effacé, lui donne des assurances certaines de ce qu'il cherche. Il lui dit donc : « Mais, ma grande amie, dites-moi votre nom. » — « Monsieur, dit-elle, je m'appelle Geneviève. » A ces mots, le comte se laissa tomber de cheval et lui sauta au cou, s'écriant tendrement : « C'est donc toi, ma chère Geneviève! C'est donc toi que j'ai si longtemps pleurée comme morte! Ah ! d'où me vient ce bonheur d'embrasser celle que je ne mérite pas de voir? Mais comment puis-je demeurer en la présence de celle que j'ai tuée au moins de désir? Ah! ma chère épouse, pardonnez à un criminel qui confesse son crime et avoue votre innocence. »

Sitôt que l'extase et le ravissement lui donnèrent la liberté de parler, sa première parole fut celle-ci : « Où est donc, mon pauvre enfant, Geneviève? où est le misérable fils d'un père qui a été plus malheureux que méchant? » Alors la comtesse, qui voyoit le véritable regret de son mari, voulant rendre la paix à son esprit, usa des mignardises dont elle avoit autrefois coutume de le flatter.

« Mon cher époux, effacez de votre esprit le souvenir de mes maux, puisque nous n'avons point d'autre pouvoir sur le passé que l'oubli; n'ajoutons rien à nos misères par l'impuissance de les guérir. Vivez donc satisfait puisque Geneviève vit et votre fils aussi.

Certes, Sifroy eut besoin d'une grande force pour modérer une si grande joie. Cette vertu lui fut plus nécessaire quand il vit venir son fils Bénoni qui apportoit des racines à sa chère mère. Combien de douces et amoureuses larmes ne répandit-il pas? combien d'empressemens et de baisers amoureux? Il ne faut pas douter qu'il ne lui rendit alors tout ce qu'il lui devoit après sept ans entiers.

Mais que sont devenus nos chasseurs? Sifroy prit son cor de chasse et les appela. Toute la forêt retentit de sa voix. Enfin trois ou quatre de ses gens y accoururent. Mon Dieu, quel étonnement ne saisit pas leur esprit de voir un petit enfant pendu à son cou, une femme à ses côtés, une biche parmi les chiens sans aucune querelle! En quelle admiration furent-ils, lorsqu'ils reconnurent leur maîtresse qu'ils avoient tant pleurée!

Remarquez, s'il vous plait, le changement de la fortune ou plutôt les effets de la providence de Dieu. Voilà Geneviève dans les délices d'un paradis. Hélas! qu'elle est heureuse!

Tous les parens et amis du palatin ne manquèrent pas de se trouver chez lui, où ils eurent beaucoup de joie, voyant leur bonne parente de retour. La fête dura une semaine entière, dont la joie ne fut troublée que de voir la comtesse qui ne pouvoit goûter ni chair ni poisson.

Quelques jours s'étant ainsi écoulés dans les plaisirs et les délices, le palatin commanda que l'on tirât Golo de prison, qui n'eût pas alors été en son entier, s'il ne l'eût réservé pour un supplice plus rigoureux. On l'amena dans la chambre où étoit la comtesse avec toute la noblesse qui étoit venue visiter Sifroy.

Ce fut là où toutes les frayeurs d'une mauvaise conscience saisirent ce méchant homme. Les artifices ne lui servent plus de rien ; il ne peut nier un crime qui les hommes, les animaux et les poissons a pour témoins. Geneviève lui donna une pensée de son salut ; mais l'honneur de son offense la traverse, et lui représente qu'il est aussi peu raisonnable d'attendre de la miséricorde qu'il est indigne de pardon. Il va prendre dans son cœur les assurances du pardon ; mais ses yeux, sa voix et tout son visage ne lui parlent que de gibet et de supplice. Enfin, n'ayant pas même osé arrêter la vue sur celle qu'il avoit autrefois si indignement traitée, il tomba de peur et de faiblesse. Geneviève ne pouvant voir un misérable sans pitié, tâche de révoquer la sentence de mort, parlant à Sifroy en ces termes :

« Monsieur, encore que les bons succès ne justifient pas les mauvaises intentions, j'ai toutefois sujet de vous demander la vie de Golo, pour les grands biens qu'il m'a procurés. En un mot, mon cher Sifroy, je veux qu'il vive, et qu'il doive à ses larmes ce que je donne à sa misère. »

Golo voyant que Geneviève, au lieu de le condamner, intercédait pour lui, en fut tellement touché, qu'il s'écria, tombant à ses pieds :

« Madame, c'est maintenant que je pénètre mieux que jamais la bonté de votre cœur et la malice du mien. Hélas ! qui eût osé espérer que celle que tant de justes raisons obligent à ma ruine dût désirer mon salut ! Misérable Golo ! c'est à cette heure que tu es indigne de la vie, puisque tu as voulu ravir celle de cette sainte princesse. Non, ma chère maîtresse, laissez-moi mourir; les regrets et les déplaisirs ordinaires ne pouvant expier mon crime, il faut que la rigueur d'une honteuse mort venge sa cruauté. »

Golo prenoit Geneviève par où elle étoit extrêmement sensible; mais si elle avoit beaucoup de pitié, Sifroy n'avoit pas moins de colère, car Dieu voulant faire pour ce coup un exemple aux hommes, roidit si fort l'esprit du comte, qu'il n'y eut aucun pardon pour le malheureux Golo.

Voilà sa condamnation confirmée; on le ramène en prison pour attendre l'exécution de sa sentence.

Il y avoit dans le troupeau du palatin quatre effroyables bœufs sauvages que la forêt Noire nourrissoit, lesquels furent amenés par son commandement, et étant accouplés queue à queue, le misérable fut attaché par les bras et les jambes, qui furent bientôt séparés de son corps et exposés à la voracité des corbeaux.

Ceux qui furent trouvés complices de Golo reçurent des châtimens proportionnés à leur faute, et ceux qui s'étoient montrés favorables à l'affliction de Geneviève ne rencontrèrent pas moins de gratitude en elle que les autres de sévérité dans le palatin.

Bénoni fut celui qui trouva plus de fortune en tout ce changement; les grandes fatigues d'une solitude lui firent goûter les délices de sa maison avec plus de douceur. On ne remarquoit rien de bas dans ce petit courage pour avoir été élevé dans la pauvreté, ni rien de farouche pour avoir été nourri parmi les ours. Le père et la mère prenoient un singulier plaisir à ses honnêtes inclinations.

Dieu, qui ne vouloit pas honorer le monde plus longtemps d'une si grande vertu, conclut de la tirer de son origine, mais ce fut après lui en avoir donné avis. Une fièvre saisit notre princesse et lui donna la mort.

« Hélas ! Geneviève est déjà morte, je la vois étendue sur son lit, sans vigueur et sans mouvement. « Mon cher Sifroy, voici votre Geneviève qui va mourir. Tout le déplaisir que j'ai de quitter cette vie ne vient que de vos larmes. Ne pleurez plus, je m'en irai contente; si la mort me donnoit du loisir, je vous ferois voir, par le mépris de celle que vous perdrez, le peu de sujet que vous avez de pleurer. Néanmoins, je vous en conjure, ayant oublié ce peu de cendres que je laisse, de vous souvenir que Geneviève va au ciel retenir votre place, et que la femme y étant, peut-être que Dieu y pourra bientôt appeler son ami. Adieu, ayez soin de Bénoni. »

Quand on enleva le cercueil de la maison, ce fut alors que ce déplorable palatin fit éclater plus visiblement sa douleur. Partout on n'entendoit que soupirs, partout on ne voyoit que des larmes. Enfin, après que Sifroy et son fils eurent mis leur cœur dans le tombeau de Geneviève, on s'efforça de les retirer de l'église où ce saint corps demeuroit en dépôt.

Ce fut ici où la nature donna des larmes, sans oser contredire à une si sainte résolution; il n'y eut que Bénoni qui parla à son père en ces termes :

« Monsieur, je suis trop jeune pour blâmer vos conseils, mais je suis assez vieux pour suivre votre exemple. Vous me laissez un peu de terre pour posséder le ciel, ne serois-je pas ignorant si j'acceptois ce que vous m'offrez, pouvant faire le même choix que vous faites? C'est à vous maintenant de faire notre confiance de votre protection, puisque vous êtes plein de bonté et de mérite. »

Nous voici, mon cher lecteur, à la fin d'une histoire qui met la providence de Dieu dans un plus beau jour : l'innocence hors de la crainte d'être opprimée, et peut-être dans le désir d'être travaillée de la calomnie, puisque les persécutions sont suivies de tant de mérite, et son mérite de tant de gloire. S'il y a quelque chose de bon dans ce discours, je n'en prétends point d'autre récompense que la faveur de notre grande sainte. S'il n'y a rien de louable, je recevrai de bon cœur la censure de ceux qui liront cet ouvrage.

FIN DE GENEVIÈVE DE BRABANT.

MIROUER

DES

FEMMES VERTUEUSES.

Ensemble

L'HISTOIRE DE JEHANNE PUCELLE,
NATIVE DE VAUCOULEUR

ET

LA PATIENCE DE GRISELIDIS

PAR LAQUELLE EST DEMONSTRÉE L'OBEDIENCE DES FEMMES VERTUEUSES.

HISTOIRE

DE

JEHANNE PUCELLE.

𝕾𝖊𝖓𝖘𝖚𝖕𝖙 𝖑𝖊 𝕸𝖎𝖗𝖔𝖚𝖊𝖗 𝖉𝖊𝖘 𝖋𝖊𝖒𝖒𝖊𝖘 𝖛𝖊𝖗𝖙𝖚𝖊𝖚𝖘𝖊𝖘.

Pour venir à la vraye cognoissance des faictz merveilleux et plus divins que humains de Jehanne la Pucelle, native de Vaucouleur, est au temps que les Angloys avoyent en leur subjection quasi tout le pays tant de France, Normandie, Bretaigne, que les aultres contrées. Advint que l'an mil quatre cens vingt et huict, environ le moys de may, en la ville de Nantes et pareillement en tous les prochains lieux d'icelle ville de Nantes trembla toute la terre : maisons, chasteaulx et aultres grans édifices, lesquelz estoient grandement constans et stables, que l'on cuydoit que le monde deust finir. Et pourrez retenir le temps que ce fut par les lettres nombrables de ce verset :

Subtus concutitur mayo Nannetica tellus.

En iceluy an les Angloys prindrent les places de Genville en Beaulse, Boisgensi, Meun-sur-Loire et

Gergeau. Et puis mirent leurs bastilles devant la ville d'Orléans, qu'ils assiégèrent. Par lequel siège furent abattues vingt et deux églises ès faulx bourgs de la ville, comme l'abbaye de sainct Euverte, l'église collégiale de sainct Aygnan et aultres. Le siège espouvanta moult le roy de France et tous ceulx de sa court. En ce temps, messire Jehan Fastol et messire Simon Mohyer, prevost de Paris, Anglois, qui venoyent avitailler le siége d'Orléans et conduysoyent grant nombre de chevaulx chargez de harencz, desconfirent les Françoys près de Genville en Beaulse; car les Françoys qui, advertis avoyent esté comment les dessusdictz Angloys estoyent partis de leur siége, pour aller au-devant des harencz que on leur apportoit, allèrent bonne et grosse bende pour assaillir les Angloys. Mais mal leur en print, car le seigneur Destevart, connestable d'Escosse; le seigneur Dornal, frère du seigneur d'Albret, et grant nombre d'aultres Françoys y furent occis. Le duc de Bourbon, La Hire, et aulcuns aultres s'en fuyrent; et y en eut grant nombre de prisonniers, et fut ceste rencontre appellée la *bataille des harencz*, pour les harencz que les Angloys conduisoyent; car lors estoit le Caresme, et fut au signe de Pisces, vers la fin du moys de febvrier, l'an mil quatre cens vingt huit, comme vous pourrez retenir à mémoire par les lettres nombrables de ce petit verset:

Pardam foverunt pisces allectibus aucti

De Jehanne la Pucelle, qui vint au roy de France durant le siége d'Orléans.

Incontinent après que le siége des Angloys fut assis au devant de la ville d'Orléans, et durant celluy siége, messire Robert de Baudricourt, capitaine de Vaucouleur en Lorraine, lors estant en l'ost (24) du roi, se adressa une jeune pucelle dudict Vaucouleur, nommée Jehanne, âgée de XVIII ans, laquelle estoit grande et moult belle, et avoit esté toute sa vie bergière. Auquel capitaine elle luy dit et pria qu'il la présentast au roy de France ; car Dieu lui avoit fait révéler par la Vierge Marie, et par madame saincte Catherine et madame saincte Agnès aulcunes choses bien singulières pour le recouvrement de son royaume, lesquelles elle ne oseroit déclarer à aultre personne que au roy ; et de ce fut moult ennuyeusement prié requis et pressé ce capitaine par la dessusdicte pucelle, lequel capitaine y adjouta quelque foy. Si en advertit le roi et ses grans personnaiges qui autour de luy estoyent : mais les ungs n'en vouloient faire compte, disant que c'estoit une rêverie, et que on ne y debvoit point prester l'oreille. Les aultres estoient de contraire opinion et disoyent que Dieu vouloit relever le povre royaulme de France par le sens et la conduicte de celle que luy seul inspireroit par sur la conduicte des entendemens humains ; en donnant à tous à entendre que par luy seul règnent tous roys, et seigneurissent tous seigneurs. Toustesfoys, il fut advisé, devant que de passer plus avant, que l'on envoyeroit en diligence à Vaucouleur querir le père et la mère de ceste pucelle, ce qui fut faict. Et quant ilz furent en cour, ils furent interrogez comment leur fille avoit vescu, de quel mestier, et comment leur fille avoit eu celle advision et que ce estoit. Ils respondirent que elle estoit leur fille, et que ils l'avoient habituée et mise dès son jeune âge à garder leurs bestialz aux champs; et que depuis peu de jours elle leur avoit dict par plusieurs foys que la Vierge Marie, mère de Dieu, et aulcunes sainctes de paradis, s'estoyent apparues à elle et l'avoyent admonestée de se retirer par devers le roy de France, pour l'advertir d'aulcunes choses où il estoit très nécessaire d'y besongner diligemment, affin de recouvrer son royaulme; et que pour ce faire elle s'estoit partie d'avec eulx, et estoit venue parler au capitaine de leur place qui estoit en cour; et s'estoit adressée à luy pour ce qu'elle l'avoit souventesfois veu en leur pays. Et aultre chose ne leur dirent, sinon que leur fille s'estoit toujours portée humble, sobre, chaste et dévote envers Dieu et le monde en la povreté où ilz estoyent, en laquelle ilz l'avoient nourrie et eslevée; et n'estoit fine, cauteleuse, subtile, ne jangleresse (2A). Après avoir esté les père et mère ouys parler de l'estat de leur fille, fût admise qu'elle seroit interroguée par le confesseur du Roy, et par aulcuns docteurs et gens du grant conseil du Roy, devant que de permettre qu'elle parlast au Roy.

Comment Jehanne fut interroguée par grans personnaiges, et comment elle congneut le Roy entre ses princes, et des choses qu'elle luy dit.

Jehanne la Pucelle, examinée et amplement interroguée par le conseil du Roy, auquel elle dit et déclara les advisions et aparitions qui advenues lui avoyent esté, sans aulcunement leur révéler ce qu'elle avoit à dire au Roy. Et fut gardée par aulcuns jours, et chascun jour elle estoit interroguée de plusieurs interrogations divines et humaines; mais finablement on la trouva si constante et si bien moriginée, qu'il fut advisé qu'on la feroit parler au Roy. Si fut amenée en une salle où le Roy estoit. Lequel elle congneut et aperceut entre les aultres seigneurs qui là estoyent, combien qu'on lui cuidast faire entendre que quelque aultre de la compaignie estoit le Roy; mais elle disoit que non, et monstra le Roy au doigt, disant que c'estoit à luy qu'elle avoit à faire, et non à aultre; dont tous ceux qui là estoyent furent esmerveillez.

Quant Jehanne la Pucelle eut apperçeu le Roy, elle se approcha de luy et luy dist : « Noble seigneur, Dieu le créateur m'a faict commander par la Vierge Marie, sa mère, et par madame saincte Katherine, et madame saincte Agnès, ainsi que j'estois aux champs gardant les aygneaulx de mon père, que je laissasse tout là, et que en diligence je me retirasse par devers vous pour vous révéler les moyens par lesquelz vous parviendrez à estre Roy couronné de la couronne de France, et mettrez vos adversaires hors de vostre royaulme; et m'a esté commandé de nostre Seigneur que aultre personne que vous ne sache ce que je vous ay à dire. » Et quand elle eut ce dit et remonstré, le Roy fit reculer au loing, au bas d'icelle salle, ceulx qui y estoyent, et à l'aultre bout où il estoit assis fist approcher la Pucelle de luy; laquelle par l'espace d'ugne heure parla au Roy, sans que aultre personne que eulx deux sceut ce qu'elle luy disoit. Et le Roy larmoyoit moult tendrement, dont ses chambellans, qui veoyent sa contenance, se vindrent approcher pour rompre le propos; mais le Roy leur faisoit signe qu'ilz se reculassent et la laissassent dire. Quelles paroles ilz eurent ensemble personne n'en a pu riens sçavoir ne congnoistre, sinon que on dit que après que la Pucelle fut morte, le Roy qui moult dolent en fut, dist et révéla à quelqu'ung que elle luy avoit dit comment peu de jours paravant qu'elle venist à lui, lui estant par une nuyct couché au lict, alors que tous ceulx de sa chambre estoyent endormis, il silogisoit (25) en sa pensée les grans affaires où il estoit, et comme tout hors d'espérance du secours des hommes, se leva de son lict, en sa chemise, et à costez de son lict, hors icelluy, se mit à nudz genoulx, et les larmes aux yeulx et les mains joinctes, comme soy reputant misérable pécheur indigne de adresser sa prière à Dieu, supplia à sa glorieuse mère, qui est royne de miséricorde et consolation des désolez, que s'il estoit vray fils du roy de France et héritier de sa couronne, il pleust à la dame suplier son fils que il luy donnast ayde et secours contre ses ennemys mortels et adversaires, en manière que il les peust chasser hors de son royaulme et icelluy gouverner en paix. Et s'il n'estoit fils du roy et le royaulme ne luy apartenist, que le bon plaisir de Dieu fut luy donner patience et quelques possessions temporelles pour vivre honnorablement en ce monde. Et dit le Roy que à ses paroles que portées luy furent par la Pucelle, il congneut bien que véritablement Dieu avoit révélé ce mistère à ceste jeune pucelle, car ce que elle luy avoit dict estoit vray, et jamais homme aultre que le Roy n'en avoit riens sceu.

Comment après le parlement de Jehanne la Pucelle le Roy commanda qu'on eust à faire le commandement de la dicte Jehanne touchant le faict de la guerre; et comment elle fut habillée et armée; comme aussi miraculeusement elle envoya quérir son espée à saincte Katherine de Fierboys.

Incontinent que Jehanne la Pucelle eust achevé son propos, le roy se leva et fit approcher de luy ses gens, et leur dit et commanda que ils eussent à faire et poursuyvir touchant le faict de la guerre tout ce que Jehanne la Pucelle leur diroit; car il estoit délibéré de y besongner par son conseil, dont les princes et seigneurs qui là estoyent, furent moult esbahys et non sans cause, car ce mistère passoit leur entendement. Et fut la venue de la dessusdicte Pucelle par devers le Roy en la première sepmaine du moys de mars, l'an mil CCCCXXVIII, comme il appert par les lettres nombrables de ce petit verset :

Applicat ad Karolum sub piscibus ausa puella.

On demanda à Jehanne la Pucelle en quel estat elle vouloit estre habillée ? Elle respondit qu'elle vouloit estre armée de bon et dur harnois ; et vouloit avoir grande compaignie de gens d'armes soubz sa conduite. Et requit au Roy qu'il luy pleust envoyer ung de ses armuriers en une église de Touraine, qui estoit fondée de madame saincte Katherine, où y avoit eu aultresfoys grant cours et voyage de pélerins ; et que entre les ferrailles des prisonniers qui s'estoyent recommandez à saincte Katherine, l'on trouveroit une espée qui par la grâce de Dieu long temps avoit esté en icelle église ; et en ceste épée y avoit de chascun costé quatre fleurs de lys empraintes. Laquelle chose luy fut accordée ; et en luy demandant se elle avoit oncques esté en ce lieu, elle respondit que jamais elle n'y avoit esté, mais bien sçavoit par révélation divine ceste espée y estoit, et par le moyen d'icelle espée elle devoit lever le siége d'Orléans, combattre les Angloys, et mener le Roy oingdre et couronner à Rains.

Après lesquelles paroles, pour ce que l'on entendoit certainement que le voyage dont elle parloit estoit saincte Katherine de Fierbois, fut de par le Roy ung armurier envoyé celle part, lequel trouva l'espée entre les ferrailles qui en icelle église estoyent ; et n'y avoit espée quelconques marquée de la dessus, dicte marque que celle-là; et la porta au Roy, lequel la fit bailler à Jehanne la Pucelle, et la fit armer comme ung homme d'armes de pié en cap; et en son harnoys très bien se manioit et avoit bonne contenance. Si fut ordonné par le conseil de Jehanne la Pucelle, que l'on allast avitailler ceux qui dedans Orléans estoyent, qui lors estoyent affamez. Et pour ce faire se mist aux champs la Pucelle à bannière desployée, accompaignée du bastard d'Orléans, de La Hire, du seigneur de Lore, de messire Robert de Baudricourt, et aultres seigneurs et gens de guerre que le Roy avoit ordonnez pour estre soubz sa bande; et malgré les Angloys elle fit conduire et mettre par deux fois force vivres dedans la ville. Et fit mettre à mort tous les Angloys qui y furent trouvez; de son espée elle en occit plusieurs. Et le lendemain print le boulevert de la ville que les Angloys tenoyent, et une autre bastille où furent occis trois capitaines anglais, c'est assavoir, le seigneur de Moulins, le milort de Pommays, et messire Guillaume Glacidal (26), principal gouverneur du siége, et d'aultres jusques au nombre de V. cens et plus. Et à ceste prise se porta la Pucelle aussi vaillamment que capitaine ne homme d'armes qui fut en la bende, bien qu'elle y fut navrée d'un vireton au bas de la jambe; mais bien tost elle fut saine et guérie. Le jour d'icelle conqueste, le conte de Salbery, lieutenant-général du roi d'Angleterre es dictes parties, estant en une tour qui est sur le pont d'Orléans, fut soubdainement tué et mis à mort dung trait de canon venant de l'Hostel de la Ville;

et réputoit-on ce coup avoir esté fait divinement, car l'on ne peust jamais sçavoir qui bouta le feu au canon dont la pierre saillit.

Comment par le moyen et ayde de ladicte Jehanne, le siége fut levé de devant Orléans, et aultres merveilles de ladicte Pucelle.

Quant les aultres capitaines anglois, c'est assavoir le seigneur de Talbot, le conte de Suffort, le seigneur d'Escalles, et messire Jehan Fastol accompaigné de quatre mille Angloys, estans en iceluy siége, veirent comme Jehanne la Pucelle les touchoit de près, doubtant que ce fut chose divine, car Angloys de leur propre nature sont moult supersticieux, voyant aussi que le comte de Salbery estoit occis, ilz se désemparèrent du siége, et se retirèrent au bas pays du Maine, tirant en Normandie partie d'eulx; aultre partie se retirèrent aux garnisons des places qu'ilz tenoient sur Loire et en Beaulse.

Ceste Pucelle estoit moult saige et prudente, et disait-on qu'elle estoit inspirée divinement; car posé qu'elle ne fut point au conseil des capitaines, si sçavoit-elle bien leurs délibérations et conclusions aussi bien que si elle y eust esté présente, lesquelles jamais n'estoyent mises à exécution, si elle-mesmes n'en avoit faict l'ouverture, dont les capitaines s'esmerveilloyent moult; et si n'eust esté que toutes ses entreprises estoyent à louer, et venoyent à l'honneur du Roy et du royaulme, l'on eust contre elle grandement murmuré, et eût esté affollée par envie. Elle montoit sur ung cheval et le chevauchoit armée de toutes pièces, aussi vertueusement que eust sceu faire homme d'armes de sa compaignie, couroit la lance, faisoit choses semblables touchant la guerre, picquoit ung coursier et manioit hache et espée aussi bien que si elle y eust esté nourrie de son enfance. En toutes choses elle estoit bien simple, en menant une vie honneste; jeûnoit aulcuns jours la sepmaine, se confessoit et recepvoit le corps de Nostre-Seigneur presque toutes les sepmaines. Elle vestoit habillemens à usage d'homme, pour oster la concupiscence charnelle des gens de guerre ; et quant elle alloit par pays, au logis elle faisoit venir coucher avec elle l'hostesse du logis ou ses chambrières; et n'entroit dedans sa chambre homme quelconques qu'elle ne fut habillée et preste sur peine de la hart. Et tousjours avoit en la bouche le nom de Jésus, et partout où elle commandoit disoit : « faictes de par Jésus, allez de par Jésus, ou n'en faictes riens de par Jésus. » Ainsi fut levé le siége d'Orléans par la Pucelle, au signe de Gemini, qui fut vers la fin du moys de may, l'an mil.CCCC. XXIX, ainsi qu'il appert par les lettres nombrables de ce verset:

Ecce puella valens Geminis juvat Aurelianos.

Le seigneur Talbot, accompaigné d'une grande bende d'Angloys, après ce qu'ils furent retournez du siége d'Orléans, prist le chasteau de Laval par eschelles, qui estoit entre les mains de messire André de Laval, seigneur de Loheac ; et d'autre part, les François prindrent par assault Jargueau ; et prindrent aussi Boygenci par composition, le tout par conduicte de Jehanne la Pucelle, qui conduisoit ceste armée en laquelle estoient le duc d'Alenzon, le sire de Boussac, mareschal de France.

Au moys de juing, vers la fin d'iceluy moys, l'an mil. cccc. xxix, les Angloys s'estoyent retirez en cueur de Beaulse en ung gros villaige, lequel se nommoit Patay. Et y estoyent le seigneur Talbot, le seigneur d'Escalles, messire Gaultier de Hongrefort, et plusieurs autres grans chefz de guerre angloys, accompaignez de cinq à six mille Angloys ; et y eut plusieurs capitaines du party du Roy, qui tous furent d'opinion que l'on n'y debvoit point aller. Toutesfoys Jehanne la Pucelle fut de contraire opinion, qui dit de par Jésus que tous les seigneurs de France se missent en armes et que on la suyvist, car elle espéroit que Dieu donneroit au Roi victoire contre eulx. Si se mirent en armes par l'advis de la Pucelle, et avec elle le duc d'Alenzon, le conte de Richemont, le connestable de France, le conte de Vendosme, les seigneurs de Beaumanoir et de Lore, le bastard d'Orléans, La Hire, Poton, et cinq ou six mille hommes de guerre françoys, qui marchèrent en bel ordre droit à Patay ; et de là rencontrèrent les Angloys et donnèrent dessus de telle vertu, qu'ilz deffirent tous les Angloys. Et estoit la Pucelle tousjours des premières en la bataille, en laquelle furent occis de deux à troys mille Angloys ; et y furent prins les seigneurs de

Talbot et d'Escalles, messire Gaultier de Hongrefort, et bien XII cens prisonniers, et le surplus s'en fuyt, et des Françoys y furent tuez troys cents. Et fut ceste victoire au signe de Cancer, l'an dessusdict quatre cents XXIX, comme il appert par les lettres nombrables de ce petit verset :

Victrix in Cancro fuit a Patay marte puella.

Et fut appellée la bataille de Patay.

L'an dessus-dict mil.CCCC.XXIX, les Angloys menèrent à grant joie en Angleterre leur petit roi Henry, et en l'eage de onze ans le couronnèrent roi d'Angleterre ; et puis repassa la mer, et vint en Normandie avec son armée.

Comment Jehanne la Pucelle mena le Roy Charles VII à Rains, pour être sacré et couronné Roy, et contre l'opinion des princes de France ; et des choses qui furent faictes au chemin.

Après que les Angloys eurent esté deffaictz à Patay, Jehanne la Pucelle entreprint de mener le roy Charles VII à Rains pour y être couronné. Les princes et capitaines de France ne furent pas d'opinion, pour ce que toutes les places d'entre Chinon et Rains estoyent occupées par les Angloys, et n'estoit l'armée du Roy assez puissante pour les combattre ; mais la Pucelle, qui tousjours avoit son espérance au nom de Jésus, fit tant avec le Roy, qu'il fut ordonné que au conseil de la Pucelle seroit obéy.

Si partit le Roy par la conduicte et délibération de

la Pucelle, acompaignié des ducz d'Alenzon et de Bourbon, des seigneurs d'Albret, de Vendosme, de Laval de Loheac, et bonne et grosse compaignie de gensdarmes, et mena en cest estat la Pucelle le Roy à Ausserre : au devant de luy vindrent aulcuns des citoyens, mais ilz ne le receurent en la ville. Lors estoit le seigneur de la Trimoille, qui avoit grande auctorité envers le Roy ; la commune renommée tenoit pour vérité que cestuy avoit receu pécune des Ausserroys, affin de leur faire donner trèves : à ceste cause ne fut faict aulcun dommaige en la ville ; les habitants de laquelle baillèrent vivres à l'armée des Françoys en les payant. Après que Charles eut passé Ausserre, il print sainct Florentin, par le moyen que les citoyens franchement se rendirent. De là cheminant à Troyes en Champagne, le vi^e jour après qu'il eut illec tenu son siége, sans espoir que les habitans se rendissent, courut la famine en l'ost des Françoys, si que plusieurs gens d'armes tant seulement mengeoyent febves et espicz de blé. Cette povreté et indigence cogneue, assembla Charles en conseil les principaulx de son armée, ausquelz il demanda quelle chose leur sembloit estre à faire. De tous ung seul ne fust qu'il ne dist que l'on debvoit amener l'armée et lever le siége, attendu que les vivres estoyent failliz aux gensdarmes, et la pécune pour les souldoyer. Toutesfois ung nommé Robert-le Masson, combien qu'il ne fust d'opinion contraire : « Je vouldroye, dist-il, ouyr l'opinion de Jehanne sur ceste chose, car c'est elle qui cause motive a esté de ceste armée, peult-être que par son conseil y donnera quelque ayde. »

La Pucelle doncques appelée et requise de dire la sienne opinion, vers le Roy se retourna, disant en ceste manière : « Noble et puissant Roy, se je te dis ce que tiens estre vray, me croyras-tu? » Et comme par deux foys eust demandé celle chose, respondit le Roy : « Se quelque prouffit doibt advenir, dictz-le, et je te croyrai. » — « Les habitans de Troyes, dit-elle, sont tiens, et dedens deux jours prochains à toy se rendront, et te livreront la ville. » Le Roy, adjoutant foÿ aux paroles de la Pucelle, commanda que l'armée ne bougeast encore de ce lieu. Lors Jehanne hastivement monta dessus son cheval, et contraignit chascun des gensdarmes à porter devant les murailles toustes les choses nécessaires à donner l'assault à la ville pour la prendre et surmonter. Quoy voyant, ceulx de Troyes envoyèrent vers Charles l'Evesque du lieu avec quelque nombre de citoyens et capitaines, promettans au Roy livrer la ville, se il permettoit les Angloys d'ilecques yssir avecques quelque nombre de prisonniers qu'ilz avoyent. Ceste condition accordée, le lendemain entra Charles en sa ville de Troyes ; et si comme les ennemys sortoyent, prohiba la Pucelle qu'ilz ne emmenassent les prisonniers ; le prix de leur rançon paya le Roy, affin qu'il ne fût veu contrevenir et déroguer à la foy promise et accordée avecques les ennemys.

Après que le roy Charles eust estably juges et officiers à Troyes pour l'exercice de la justice, et gouvernement de la chose publicque, il s'en alla à Châlons, où les habitans le receurent en grande liesse et exaltation, avec les gouverneurs et officiers de la chose publicque, que Charles y voulut establir. De là assaillist la ville de Rains, qui obéissoit aux Anglois; mais par aulcune force ne la print, pour ce que sans doubte les citoyens très joyeulx furent leur prince recepvoir. Et fut sacré, oinct et couronné roy de France par messire Regnault de Chartres, archevesque de Rains et chancelier de France, et fit le service divin. Et les ducz de Bar et de Lorraine, et le seigneur de Commercy se rendirent là au Roy pour lui faire service. Et après que le Roy fut couronné, furent réduictes les places de Velly, Laon, Soessons, Chasteau-Tierry, Provins, Coulemiers, Cressy, Compiègne, Sanlis, Sainct-Denis, et plusieurs aultres escossoys.

Et fut ce couronnement au moys de juillet, l'an dessusdict, mil CCCCXXIX, comme il appert par les lettres nombrables de ces deux petitz versetz:

Grata puella scio Karolli sexti nate,
Remis ad sacrate sistat in Julio.

Le conte de Richemont, Connestable de France, ne fut pas à ce sacre pour quelque desplaisir que le Roy avoit contre lui, sans cause quelconque, comme l'on dict, mais par ymagination qu'il avoit contre luy par l'ennortement d'aulcuns de son conseil. A celle cause fut advisé par les princes du royaulme que monseigneur le Connestable ne feroit point le voyage. Si se retira à Partenay, où il séjourna ce pendant que le Roy fut à son sacre. Et fut le Roy en dangier d'estre combattu en son voyage, car le duc de Betfort se mist aux champs, à tout .VIII. ou .X. mille Anglois, et à Montspilouel rencontra le Roy de France, et luy présenta la bataille. Mais pour ce que Monseigneur le Connestable n'y estoit pas, le Roy ne fut pas conseillé de combattre les Angloys; et ceulx qui avoyent mis le Roy en ceste fantaisie contre monseigneur le connestable, en furent moult blasmés par la Pucelle et par les princes et chefz de guerre de l'armée de France, et furent eslongnez de la personne du Roy.

Ce pendant que monseigneur le Connestable estoit à Partenay séjournant, il fit traicter le mariage de son nepveu, monseigneur Pierre de Bretaigne, filz de Guingamp, second filz du duc, et de damoiselle Françoyse d'Amboyse, seule fille et présumptive héritière du vicomte de Thouars. Et pour ceste affaire vint en Bretaigne monseigneur le Connestable, par devers le duc son frère, lequel se accorda au mariage; et monseigneur le Connestable ramena son nepveu à Partenay, où il séjourna longuement avecques sa tante, madame de Guienne, femme de monseigneur le Connestable; et puis après parfirent le mariage.

L'an dessusdict, mille CCCCXXIX, au moys de juillet, le roy Charles septiesme érigea la seigneurie de Laval en conté, comme il appert par les lettres nombrables de ce petit verset:

Sub Karolo clarus fit rege Laval commitatus.

Comment, après que le Roy fut couronné, ladicte Jehanne la Pucelle alla devant Paris, où elle fut navrée d'ung vireton ou traict ; et de là s'en alla tenir garnison à Compiègne, et des regrets qu'elle fist en l'église Sainct-Jacques du dict lieu.

Après que le roy Charles VII fut couronné roy de France, les habitants de Beauvais, qui neutres s'estoyent tenuz, envoyèrent à Compiègne, où le Roy estoit, luy faire plaine obéissance combien que jamais n'eussent esté Angloys. Et en la fin du moys d'aoust, la Pucelle cuyda prendre la ville de Paris sur les Angloys ; et par la porte Sainct-Honoré, y cuyda entrer avec une bonne bende de gensdarmes françoys; et print le boulevard d'icelle porte, et entrèrent jusque dans l'arrière-fosse, cuidans escheler la ville, ce que faire ne purent, pour l'eaue qui trop grande estoit. Et à celle prise se portèrent moult vaillans, la Pucelle, le sire de Sainct-Valier, le sire de Montmorency et aultres ; et y fut la Pucelle navrée d'une vire par la jambe, et de là tira la Pucelle à sainct Pierre-le-Monstier, et print la ville sur les Angloys. Puis retira la Pucelle environ Paris, accompaignie de messire Geffroy de Sainct-Aulbin, et aultres Escossoys; et rencontra quatre ou cinq cens Angloys entre Paris et Laigny, lesquelz furent par elle et ses gens tous mis à mort ou pris. Delà s'en alla la Pucelle tenir garnison dedans Compiègne, où estoyt Guillaume de Flavy, capitaine.

L'an mil. CCCC. XXX, vers le commencement du moys

de juing, messire Jehan de Lucembourg, les contes de Hantonne, d'Arondel, angloys, et une moult grande compaignie de Bourguignons, misrent le siége devant Compiègne. Et fut advisé par Guillaume de Flavy, qui en estoit capitaine, que la Pucelle yroit en diligence par devers le Roy, pour recouvrer et assembler gens, affin de lever le siége. Mais celuy de Flavy avoit faict ceste ordonnance pource qu'il avoit jà vendu aux dessusdicts Bourguignons et Angloys la Pucelle. Et pour parvenir à ses fins, il la pressoit fort de sortir par l'une des portes de la ville, car le siége n'estoit pas devant icelle porte. La dicte Pucelle, ung bien matin fist dire la messe à Sainct-Jacques, et se confessa et receut son créateur. Puis se retira près d'ung des piliers d'icelle église, et dit à plusieurs gens de la ville qui là estoyent, et y avoit cent ou six vingtz petis enfants qui moult désiroyent à la veoir : « Mes enfans et chers amys, je vous signifie que l'on m'a vendue et trahie, et que de brief seray livrée à mort. Si vous supplye que vous priez Dieu pour moy, car jamais n'auray plus de puissance de faire service au Roy ne au royaulme de France. » Et ces paroles ay ouy réciter à Compiègne, l'an mil quatre cens quatre-vingtz, et xviii, au moys de juillet, à deux vieulx et anciens hommes de la ville de Compiègne, aagez l'ung de .iiii. xx. xvii ans et l'aultre de .iiii. xx. vi, lesquelz disoyent avoir esté présens en l'église de Sainct-Jacques de Compiègne, alors que la dessusdicte pucelle prononça celles paroles (27).

Quant la pucelle acompaignie de .xxv. ou .xxx. archers fut sortie hors de la ville de Compiègne, Flavy, qui bien sçavoit l'ambusche, fit fermer les barrières et la porte de la ville. Et quand la Pucelle fut en ung quart de lieue, elle fut rencontrée par Lucembourg et aultres Bourguignons; si les advisa plus puissans, et s'en retourna à course, soy cuydant sauver dedans la ville; mais le traistre de Flavy si luy avoit fait clore les barrières, et ne voulut luy faire ouvrir les portes. A celle cause fut la Pucelle par les Bourguignons à l'heure prinse aux barrières de Compiègne et par eulx livrée aux Angloys. L'an dessusdict.CCCC.XXX, au signe de Gemini, comme il appert par les lettres nombrables de ce petit verset:

Nunc cadit in geminis Burgundo vincta Puella.

Et pource que par la justice des hommes celui de Flavy ne fut pugni de ce cas, Dieu le créateur, qui ne veult délaisser un tel cas impugni, permist depuis que la femme d'icelluy de Flavy, nommée Blanche d'Anurebruch, qui moult belle damoiselle estoit, le suffoqua et estrangla par l'aide d'ung sien barbier, alors qu'il estoit couché au lit, en son chastel de Neel en Ardenoys; dont depuis en eut grâce du roy Charles septiesme, parce qu'elle prouva que son dessusdict mary avoit entreprins de la faire noyer.

Quant la Pucelle fut entre les mains de messire Jehan Lucembourg, il la garda quelque peu de temps, et puis la vendit aux Angloys, qui luy en donnèrent grant prix. Et les Angloys la menèrent à Rouen, où elle fut en prison et durement traictée.

Tantost après la prinse de la Pucelle, le conte de Vendosme, lieutenant du roy de France, et le seigneur de Boussac, mareschal de France, levèrent le siége devant Compiègne, qui, par sept ou huyct moys y avoit esté.

L'an dessusdict, mil.CCCC. XXX, au moys de febvrier, trespassa le pape Martin V, comme il appert par les lettres de ce verset :

Martinus quintus februo cecidit nece vinctus.

Et au moys de mars prochain ensuivant, fut le pape Eugène. IIII. couronné, comme vous pourrez retenir à mémoire par les lettres nombrables de ce verset :

Quarto cui licuit claves dedit Eugenio Mars.

Comment ladicte Jehanne fut injustement condamnée à estre bruslée au marché de Rouen, où est présentement l'église Sainct-Michel.

Les Angloys firent faire le procès de la Pucelle à Rouen, et sous couleur de justice, sans touteffoys que en elle ilz eussent trouvé vice, macule, ne crime quelconques; mais pource que publiquement elle portoit habit d'hommes, jaçoit ce qu'elle leur eût dit et déclaré qu'elle le faisoit affin que les hommes avec lesquelz luy estoit force de fréquenter pour les affaires du royaulme, ne prenissent en elles charnelles ne lubriques fantasies. Tout ce néanmoins ilz la firent par ung Angloys, évesque de Beauvais (28), condampner et déclarer hérétique; et par leur juge séculier fut condampnée à estre brûlée au marché de Rouen, où à présent est l'église de monseigneur sainct Michel.

Avant, toutesfoys, que luy prononcer sa sentence, fut de rechef esprouvée et interroguée devant divers juges en plusieurs consistoyres, enquérans plusieurs choses touchant la foy et loy de Jésu-Christ; car ilz cuidoyent que Charles, roy de France, eust prins celle femme instruicte par art magique. Et pour tant qu'il eust erré en la foy catholique, par quoy le tenoyent indigne de tenir le royaulme; et combien qu'ilz n'y eussent trouvé que toute saincteté et vie chrestienne. Néanmoins, plusieurs par flaterie, comme est la coustume de aulcuns, pour complaire aux dicts Angloys ennemys, s'efforcèrent surmonter la Pucelle, tant par fallaces de sophisterie que aultrement, combien qu'elle mist foy avec tout ce qu'elle avoit faict. Et doncques ils l'accusoyent à l'examen du Sainct-Siége apostolique, remonstrant que ils ne debvoient estre juges et parties. Toutesfoys, tout ce ne luy valut ne empescha que ilz ne parfeissent leur cruelle et injuste entreprise; car envers les tyrans ont tousjours esté maulvais conseilliers, qui, par inique affection ou flaterie aveuglez pour la grâce des princes acquérir, ont procuré la condamnation des justes preud'hommes, et les ont faict pugnir comme pécheurs et malfaicteurs; car à ce où ilz voyent le couraige des princes et tyrans, par tous moyens se appliquent à leur complaire. Par ainsi mourut la

Pucelle; et fut celle sentence exécutée à la fin de may, mil.CCCC.XXXI, comme il appert par les lettres nombrables de ce verset :

Ignibus occubuit Geminis illusa puella.

Et son corps fut réduict en cendres, qui depuis furent jetées au vent hors la ville de Rouen, ne oncques puis les Angloys ne prospérèrent en France, ains en furent déjectez ensemble de tous les pays circonvoisins, à leur grant honte et confusion. Et est à présumer que ce fut par le juste jugement de Dieu, lequel ne voulut, entre aultres iniquitez et pilleries par eulx commises, que le jugement par eulx ainsi faict de la dite Pucelle, demourast impugny.

> Car par expérience chascun voit
> Ce que on dict communement,
> Que Dieu (vray juge) quant que ce soit
> Rend à ung chascun son payement.

FIN DE JEHANNE LA PUCELLE.

LA
PATIENCE DE GRISELIDIS.

S'ensuyt la patience de Griselidis ; laquelle Griselidis fut fille d'ung pouvre homme appelé Janicolle, et fut femme du marquis de Saluces.

A l'exemplaire des femmes mariées et de toutes aultres, j'ai mis selon mon petit engin et entendement, de latin en françoys, l'hystoire que cy après s'ensuyt, laquelle est de la constance et patience merveilleuse d'une femme, laquelle se nommoit Griselidis, fille d'ung pouvre homme appelé Janicolle, du pays de Saluces.

Au pied des mons, a ung costé d'Italie où est la terre de Saluces, laquelle estoit moult peuplée de bonnes villes et châteaux, en laquelle avoit plusieurs grands seigneurs et gentilz hommes, desquelz le premier et le plus grant entre eulx estoit appelé Gaultier, auquel principalement appartenoit le gouvernement et domination d'icelle terre. Et estoit icelluy jeusne seigneur moult noble de lignaige et plus assés en bonnes meurs ; et en somme, noble en toutes manières. Fors tant, qu'il ne vouloit que soy jouer et esbatre, et passer temps ; ne il ne considéroit point au temps et es choses advenir, mais seulement fors que à chasser et à voller; et ne pregnoit à aultre chose son desduit et plaisir, et de toutes aultres choses peu luy chailloit; et mesmement ne se vouloit point marier. Dont sus toutes les aultres choses le peuple estoit courroucé, en tant que une foys tous ensemble allèrent parler à luy, et esleurent l'ung d'eulx, lequel estoit de grant auctorité et privé du dict seigneur, et luy va dire en ceste manière.

La requeste que les barons et chevaliers firent à leur seigneur.

« Sire marquis, ton humanité nous donne hardiesse de parler à toi féablement et hardiement, et te vueil dire et requérir de par tous tes hommes et subjectz, non pas que j'aye aulcune singularité à ceste chose, fors que entre les aultres tu m'as chier de ta grâce. Comme en maintes manières je l'ay esprouvé, et comme doncques et à bonne cause tu nous plais, et as tousjours pleu; si que nous tenons pour moult heureulx de ce que nous t'avons à seigneur. Mais d'une chose te prions, laquelle chose se te nous veulx accorder et octroyer, nous serons, se nous semble, les plus aises de tous noz voysins. C'est assavoir que tu vueilles marier sans plus attendre, car le temps passe et s'en va; et jasoit ce que tu soyes jeune et en fleur de jeunesse, ceste fleur de jeunesse la mort suit et chasse, et est prochaine à toutes gens ne on ne luy peult eschapper; et aussi bien faut-il mourir l'ung comme l'aultre, et ne scet homme quant ne comment. Or doncques reçoy et accepte noz prières, car nous t'en prions et supplions, et t'en faisons prières et requestes de par ceulx que nul de tes commandemens ne refuseroient, que tu nous vueilles charger de toy quérir femme, et nous la te procurerons telle, qu'elle sera digne de t'avoir, et de si bon et de si grant lieu, que par raison devras espérer tout bien d'elle. Or, t'en délivre, car nous t'en prions de grant affection, affin que se tu mouroyes, nous ne demourissions sans seigneur et gouverneur. »

La response du marquis à ses barons.

Lors esmeurent le dict seigneur les doulces prières de ses sujets; leur respondit en telle manière : « Vous me contraignez, dist-il, mes amys, à ce que je n'euz oncques en pensée ne en voulenté de moy marier, mais je me vueil soubmettre maintenant aulx bonnes voulentez et conseil de vous et de mes subjectz. Et me loue de vostre foy, loyauté et prudence, et vous laisse la cure et le consentement comme vous y affiert de moy quérir une femme : et puis qu'il vous plaist, je me marierai et je le vous prometz en bonne foy, ne pas n'attendray fort longuement. Mais toutesfoys, une chose vous me promettrez et garderez : quelconque femme que je esliray et prendray à femme, vous la honorerez et souverainement garderez, ne jà aulcun de vous n'appellera de mon jugement, ne ne plaindra ou murmurera aulcunement; et vueil qu'il soit à mon choys et voulenté de prendre telle femme comme il me plaira; et quelle qu'elle soit, vous l'aurez en honneur et révérence, et pour dame la tiendrez, comme s'elle estoit fille d'ung empereur ou d'ung roy. » Et lors tous luy promirent et y consentirent moult voulentiers, comme ceulx à qui il sembloit qu'ilz ne peussent jamais veoir le jour des nopces. Et fut prins et ordonné ung jour dedans lequel le marquis dist et promist qu'il espouseroit. Et ainsi fina leur parlement et se despartirent; et le dict seigneur commanda et enchargea aulcuns des siens privez familiers de l'appareil des nopces. Et près de la cité et du palais où demouroit le dict marquis, avoit une petite villète où habitoient et demouroient peu de gens et très pouvres : entre lesquelz estoit ung homme moult pouvre des biens de ce monde, qui s'appelloit Janicolle; mais aulcunes fois la grâce de Dieu descend en petit hostel et mesnage. Le dict bon homme avoit une fille qui s'appelloit Griselidis, belle de corps et de membres, mais de bonté et grans vertus estoit si remplie, que plus ne pouvoit. Ceste pucelle avoit esté en grant pouvreté nourrie, et ne savoit que c'estoit d'aise; et en très grant charité et révérence nourrissoit son pouvre père en vieillesse. Et avoit je ne say quantes pouvres brebis qu'elle menoit aux champs en pasture, et en les menant faisoit tousjours quelque chose, comme filer ou tiller chanvre. Et quant elle retournoit, elle apportoit des choux ou aultre manière d'erbettes pour leur vivre; et ainsi gouvernoit son père en sa vieillesse, charitablement et doulcement ; et à brief parler, toute obéissance de bien qui peult être en fille estoit en elle. Et à ceste fille ledict marquis qui passoit souvent par là quant il alloit chasser ou voller, maintenant gettoit ses yeulx à elle, non pas pour jeusne mignotise, mais pour sa grant sapience et pour sa grant vertu, plus qu'en femme de cest aage ne sceust avoir que le peuple n'avisoit pas souvent : considéroit le dict marquis, son cas n'estoit, déterminoit et se disposoit à prendre ceste fille. Et quand le jour desdictes nopces s'approuchoit desjà fort, et nul encores ne savoit ne n'avoit ouï dire quelle femme le dict marquis prendroit en mariage, dont tous s'esmerveilloient forment. Celluy temps pendant ledict marquis faisoit faire aneaulx, verges, couronnes, robes, joyaulx, à la mesure d'une aultre pucelle, qui estoit de la grandeur de Griselidis et de la forme d'icelle, laquelle Griselidis il vouloit prendre pour femme. Vint le jour des nopces, et l'heure du jour s'approuchoit fort, et avoit faict son grant appareil de paremens, viandes et aultres choses, comme il appartient à tel seigneur à faire. Et vecy le marquis, comme s'il allast au devant de sa femme yst dehors de sa maison, accompaignié de plusieurs gens et de plusieurs nobles dames et damoyselles. Ne Griselidis de tout ce que pour elle se faisoit n'en savoit rien, mais bien avoit ouy dire que son seigneur se debvoit marier ; et pource s'estoit-elle hastée et avancée de faire ce qu'elle avoit à faire en leur maison ; et venoit de quérir de l'eaue en une cruche, que elle avoit esté querre bien loing. Et avoit dit à son père en telle manière : « Mon père, mais que j'aye esté à l'eaue et faict ce que j'ay affaire céans, vous plaist-il que je voise veoir la femme que monseigneur le marquis prent en mariage. » Et son père lui respondit qu'il le vouloit bien. Et tout ainsi qu'elle vouloit entrer en leur maison à tout l'eaue qu'elle portoit, le marquis, tout pensif, vient au-devant d'elle en luy demandant où estoit son père. Laquelle lui respondit et dist moult humblement et en très grant révérence : « Monseigneur, dist-elle, il est en nostre hostel. » Or, luy dis : « Faict il qu'il viengne parler à moi. » Et quant le bonhomme fut venu, il le print par la main et le tira à part, et à basse voix luy dist : « Je say bien, dist-il, Janicolle, que tu m'aymes et je t'ay bien cher, et soyes homme féable, et quelque chose qui me plaira je pense qu'il te plaira aussi ; mais une chose toutesfois vueil savoir, espéciallement s'il te plaist que j'aye ceste tienne fille à femme, et me vueilles avoir pour ton gendre ? » Dont le bon homme, qui rien ne savoit de ce faict, fut moult esmerveillé, et devint tout rouge et esbahi en tremblant, et à peine pouvoit rien dire, dist : « Sire, vostre vouloir doy-je bien faire sans ce qu'il me plaise, car vous estes mon droicturier seigneur. » Le marquis dist : « Entrons en ta chambre, car je vueil faire à ta fille certaines demandes, toy présent. » Lors entrèrent entr'eulx troys en la chambre, le peuple attendant, et soy merveillant des services que la pucelle faisoit à son père, de sa petitesse et pouvreté à la venue d'ung si grant seigneur ; à laquelle fille le seigneur parla en ceste manière. « Griselidis, dist-il, il plaist à ton père et à moy que tu soyes ma femme, et je croy qu'il te plaist aussi ; mais je t'ay à demander et vueil savoir de toy se de bon cueur et bon vouloir tu es preste et le veulx ; mais en quelque manière que ce soit, tu me prometz que tu ne contrediras à ma voulenté, et que tu vueilles et te plaise, quant qu'il me plaira à faire ne à dire. » Et elle, moult esbahye, toute tremblant, respondit : « Monseigneur, dist-elle, je say certainement que je ne suis pas digne ne suffisante de si grant honneur recevoir comme vous me présentez, mais toutesfois, puisque ceste chose vous plaist et est vostre voulenté et mon heur, jamais rien ne feray ne ne penseray quelconque chose à mon pouvoir qui soit contre vostre voulenté ou plaisir, ne ne me ferez jamais chose, et me fissiez-vous mourir, que je ne le souffre paciemment. » — « C'est assez, dist-il. » Et maintenant la fist admener devant tous en publicque, et dist au peuple : « ceste, dist-il, est ma femme et vostre dame ; honorez-la, aymez-la, et se vous m'avez chier, je vous prie ayez-la trèschière. » Et incontinent la commanda à dévestir toute nue, et des piedz jusques au chief la fist revestir de neufves robes très richement par les bonnes dames et damoyselles qui là estoient ; de laquelle chose fut moult honteuse pour le regard des pouvres robes qu'on lui desvestoit, au regard des précieuses qu'on luy vestoit. Et ainsi ordonnée et parée de couronne et pierres préeieuses, très grandement fut soudainement transmuée et changée, que à peine la congneut le peuple ; laquelle le marquis solennellement espousa de l'annel précieux qui à cest usage est ordonné, et pour ce espéciallement fist faire. Et fist mettre sa femme sus un grant palefroy et mener au palais, le peuple l'accompaignant et faisant grant joye et liesse. Et furent faictes les nopces, et passa le jour moult joyeusement et liement. Et Dieu envoya tant de grâce en celle femme, que non pas en pouvre maison de village mais en hostel royal sembloit avoir esté nourrie. Et se maintenoit moult noblement, et en si grant honneur et amour que ceulx qui bien savoient quelle elle estoit, et qui bien la congnoissoient de nativité, à grant peine povoient-ilz croire qu'elle fust fille à Janicolle, tant avoit en elle d'honnesteté : belle et bonne vie, bonne manière, sagesse et doulceur avoit en elle, si que chascun se délectoit de l'ouyr et regarder ; non pas seulement en son pays, mais aux régions voysines son bon nom et grant louenge et bonne renommée se publioit ; et tout homme et femme pour le grant bien qui estoit en elle, la vouloient veoir. Et ainsi le marquis humblement et vertueusement vivoit en bonne paix en sa maison, en grant grâce de ses hommes et subjectz, laquelle comme si trèsgrant et excellent en si grant pouvreté nourrie, tant sagement eust appris que chascun l'en tenoit à saige ; et non pas tant seulement en ses œuvres de mesnage, appartenans à femme que la dicte bonne créature faisoit, mais où le cas le requéroit, la chose publicque adressoit. Et quant il avoit aulcun discord entre les nobles ou aultres manières de gens, elle l'appaisoit très sagement ; tant belles et sages responses, grant discrétion et hault jugement avoit en elle, que plusieurs la tenoient et disoient estre des cieulx envoyée au salut de tout le bien commun et de la chose publicque. Et ne demoura guères que elle fut grosse, et enfanta une belle fille, combien qu'on eust mieulx aimé que ce fust ung filz. Toutesfois le marquis et tout le peuple s'en esjouyrent grandement, et en firent grant feste et solennité.

Des tentations que le marquis fist à sa femme.

Et lors une ymagination merveilleuse print le marquis, la quelle aulcuns veulent louer, c'est assavoir de vouloir esprouver et essayer sa femme plus avant, laquelle il avoit desjà assez esprouvée, et de la tenter encores par diverses manières. Si vint une fois à elle de nuyt en sa chambre, ainsi comme tout courroucé et troublé, et luy va dire en telle manière :

La première tentation que le marquis fist à sa femme Griselidis.

« Tu sçais bien, Griselidis, et je le croy, que la dignité où je t'ay mise ne te fault oublier, ne l'estat où je te prins. Tu sçais assez comment tu vins en ceste maison ; et toutesfois je t'ayme bien comme tu le sçais; mais ce ne sont pas mes nobles : mesmement quant tu as commencé à enfanter, lesquelz se disent estre moult villenez qu'ilz soient subjectz à telle femme comme tu es. Or doncques, je qui désire de tout mon cueur estre et vivre en paix avecques eulx, nécessité m'est à ordonner à faire de ma fille non pas à ma voulenté, mais au conseil et jugement d'aultruy. Toutesfoys je n'en veulx rien faire sans ton sceu. Je vueil doncques que tu me prestes ton consentement, et ayes patience telle que tu me promys dès le commencement de nostre mariage. »

La response de la dame à son seigneur.

Laquelle ces choses ouyes ne de visaige ne de parler ne s'esmeut, mais meurement luy respondit et saigement : « Tu es, dist-elle, monseigneur, moy et ceste petite fille sommes tiennes; donques fais de ta chose comme il te plaira. Certainement, rien ne te peust plaire qui me desplaise, ne rien ne convoicte à avoir, ne à prendre; ne doubte que toy. Et ce ay-je mys parfaictement en mon cœur, ne jamais pour quelque chose qui soit, ne pour mort, ne s'en partira. Et toutes autres choses se pevent avant faire que ton couraige en moy muer. » Le marquis de ceste response fut moult lie en son cœur; mais il dissimula et faingnit qu'il fut courroucé et triste, et se partit d'elle. Et ung peu après, ledict marquis envoya ung sien serviteur et sergeant à luy, lequel estoit féable et l'avoit esprouvé en plusieurs choses : et l'informa comment il feroit, lequel vint de nuyt à elle et lui dist en telle manière : « Pardonne-moy, dist-il, madame, ne point ne me saiche mal gré de ce à quoy je suis contrainct de faire. Tu scais que c'est d'estre soubz grant seigneur et comment il fault à eus y obéir : commandé m'est de prendre cest enfant, en disant qu'il en vouloit faire cruelle et maulvaise chose. Comme il monstroit par signes, print l'enfant par rude et lourde manière. Le sergeant estoit tenu pour cruel homme et estoit de laide figure ; et à heure souppesonneuse estoit venu, et parloit comme homme qui estoit plein de maulvaise voulenté. Et ainsi cuidoit la bonne dame, et simple qu'il allast faire aulcun maulvais faict de sa fille que tant aymoit ; et toutesfois ne ploura, ne soupirs ne fist, qui eust deu estre tenu moult dure chose en une nourrice.

La responnse de la dame au sergeant.

Depuis print son enfant et le regarda ung peu et le baisa et bénist, et fit le signe de la croix dessus elle et la bailla au sergeant : « Va, dist-elle, et faictz et exercite ce que monseigneur t'a enchargié ; je te prie toutesfois, dist-elle, que tu gardes à ton povoir que les bestes saulvaiges ne dévorent ou mengent le corps de cest enfant, se le contraire ne t'est enjoinct. Lequel sergeant, quant il fut retourné à son seigneur, luy racompta la responce de sa femme. Néantemoins toutesfois, et quant le sergeant luy eust présenté sa fille, il fut meu de grant pitié, mais il ne changea point son propos, et dist au sergeant et commanda qu'il envelopast la fille bien et seurement, et qu'il la portast à Bouloigne la grasse à une sienne seur qui estoit là mariée au comte de Panique; et la luy bailla. Et de par luy fut nourrie et enseignée de science et de meurs comme sa fille, et si celéement la garda que nul ne peust, ne sceust congnoistre ou appercevoir qui elle fust; et le message y alla tantost et acomplit ce que commis luy estoit. Et le marquis, après ce, souvent advisoit et considéroit la chière, les parolles, et le semblant et le maintien de sa femme se point luy feroit semblant de sa fille, mais en quelque manière ne la vit, ne apparut estre changée ne muée. Telle liesse, telle obéissance, tel service et amour faisoit comme devant. Nulle tristesse, nulle mention de sa fille de propos ou par accident ne faisoit; et en cest estat se passèrent quatre ans qu'elle fut grosse et enfanta de ung beau filz dont le père et tous les amys furent moult joyeulx; lequel enfant, puisqu'il eust deux ans, il fut séparé de la nourrice.

La seconde tentation de la dame.

Le marquis de rechief vint à sa femme et lui dist : « Femme, tu as ouy aultresfois comment mon peuple est mal content et murmure de nostre mariage; et maintenant espécialement, puis que voient que tu portes et es disposée et inclinée à avoir lignée, et mesmement pource que tu as masle et dient souvent: Nostre marquis mort, le nepveu de Janicolle sera nostre seigneur, et si noble pays sera subject à tel seigneur. Et maintes telles paroles dit souvent le peuple. Ie qui veulx vivre en paix, et doubtant aussi de ma personne, me faict souvent estre pensif et mélencolieulx. Si suis meu que de cest enfant face comme j'ai faict de l'aultre, et ce je te fais premièrement scavoir que la douleur soudaine ne troublast trop ou nuysist. » Et elle respondit.

La responsé de la dame à son seigneur, qui fut de merveilleuse vertu et pacience.

« Mon bon seigneur, dist-elle, je le t'ai dit, et se te recorde que je ne puys rien vouloir en mon vouloir, fors ce que tu veulx, ne je n'ay rien en tes enfans que l'enfantement: tu es seigneur d'eulx et de moy; use des choses à ta voulenté. Et aussi avant que j'entrasse en ta maison, je desvestis mes robes et aussi mes voulentés et vestis les tiennes. Quoy que tu veulx donques je vueil, et pour certain se je povoye devant scavoir ta voulenté comme toy-mesmes, je la vouldroye faire avant toy-mesmes; doncques ta voulenté que je ne puis devant scavoir si la me dies, et je la feray voulentiers, et s'il te plaist que je meure, je vueil mourir très voulentiers, ni la mort ne seroit point à comparer à nostre amour. » Quant le marquis apperceut ainsi et congneut la constance de sa femme il s'en esmerveilla moult, et tout troublé s'en partit d'elle; et tantost après envoya ce sergeant que aultre foys avoit envoyé. Lequel sergeant soy excusant comment il luy convenoit obéir, ainsi comme s'il voulsist faire une grande inhumanité, demanda l'enfant comme il avoit faict l'aultre; et elle de bonne chière, jasoit ce que bien estoit courroucée en cueur, son filz moult bel et doulcet print entre ses bras et le begnist et seigna comme elle avoit faict de sa fille, et ung petit le regarda et le baisa sans monstrer signe de douleur, et au messagier le bailla : « Tien, dist-elle, fais ce à quoy tu es envoyé; mais d'une chose te requier tant chèrement comme je puys, se tu le peux faire, que tu vueilles garder le corps et les membres de ce noble enfant, que les bestes saulvaiges ne le dévorent ou mangent. Lequel emporta ledict enfant, retourna au marquis et luy racompta ce qu'il avoit trouvé en sa femme, dont de plus s'esmerveilla; car s'il n'eust sceu qu'elle aymast ses enfans parfaictement, il la tenist pour suspecte et maulvaise femme et eust creu ceste fermeté et constance qu'il fust venu d'aulcune maulvaise voulenté, mais seur estoit que rien elle plus n'aymoit. Après il envoya ce filz à Boloigne pour le nourrir et garder secrètement comme il avoit faict sa fille. Et pourtant devoit à ce seigneur ces expérimentz d'obéissance et de foy de mariage bien suffire. Et quant ladicte femme estoit devant ledict marquis, elle ne se muoit envers lui, ne faisoit semblant en aulcune manière de ses enfans; n'en rien ne changea qu'elle ne fust continuellement à luy plus féable et serviable comme par avant. Si commençoit au marquis une maulvaise renomée à courir qu'il ne fust de maulvais espériment (29) ; et pour honte qu'il s'estoit si pouvrement et petitement marié faict périr et occire ses enfants, car on ne veoit ne scavoit dire quel part ilz fussent. Dont il qui estoit si noble et si bien aymé de ses subjectz en aultre manière, se faisoit haineux et mocquer de son peuple : et toutesfois jà pour ce son couraige ne mua, mais en sa mélancolie et imagination procéda et continua encores plus avant. Si que comme depuis la nativité de la fille eust douze ans, il envoya messagiers à Romme qui luy apportèrent lettres sainctes par lesquelles il donnoit à entendre au peuple que le pape, pour la paix de luy et de ses gens, luy avoit donné congié et dispensation de se partir de sa femme et d'en prendre une aultre. Et ne fut pas fort difficile de donner à entendre à ses gens simples et rudes ce qu'il luy pleut. Laquelle chose, quant vint à la congnoissance de Griseldis, elle ne s'en esbahit, ne mua en aulcune manière, ne changea, soy attendant que cil à qui elle avoit soubmis tous ses faitz en ordonnast à sa voulenté. Il avoit desja envoyé à Boloigne et avoit escript au mary de sa seur qu'il luy envoyast ses enfans ; et la renommée couroit jà partout que le marquis devoit prendre à femme une grande dame. Et icelluy conte de Panicque estoit moult grand amy du dict marquis, et en grant appareil et ordonnance et moult bien accompagnié de nobles gens estoit jà au chemin et amenoit icelle fille du marquis qui est moult belle fille et en point de marier, et le frère d'icelle fille qui avoit environ huyt ans.

La tierce tentation que le marquis fist à sa femme.

Et ce temps pendant le dict marquis voulant sa femme plus que devant esprouver, essayer et tenter, vint à elle et lui dist : « Griselidis, je ne te vueil rien celer ; je veulx que tu saches que j'avoye grant plaisir de toy avoir à femme pour les biens et vertus que je scavoye estre en toy et non pas pour ton lignage, comme tu le dois savoir ; mais je congnois maintenant que toute grant fortune et seigneurie est grant servitude. Mes gens me contraignent, et le pape consent que je preigne une aultre femme qui est jà envoyée et sera tantost icy ; ayes donques bon couraige et fort, fais lieu à l'aultre, et pren le douaire que tu apportas avecques toy quant tu vins avecques moy, et t'en retourne en la maison de ton père. Ainsi est des choses, nul n'est seur en son estat. »

La response de la dame à son seigneur.

Lors dist la dame : « Monseigneur, j'ay tousjours sceu et tenu entre ta grant magnificence et ma grant humilité et ma pouvreté qu'il n'y avoit nulle comparaison, ne onques ne me dis mie seulement estre ta femme mais ta chambrière, ne je ne me reputay jamais digne d'estre avec toy, dont j'en appelle Dieu à tesmoing qui scait tout. En ceste tienne maison où tu m'as faict dame, ay tousjours eu en cueur et me suis tenue pour ta chamberière tant que j'ay esté avecques toy, dont j'en rens grâce à Dieu et à toy. Quant au demourant, je suis preste de bon cueur et prompte de couraige de m'en retourner en la maison de mon père où j'ay esté nourrie en mon enfance pour y estre nourrie en ma vieillesse. Et la mort bien me plaist et suis bien heureuse et trop honnorée d'estre vefve de si grant seigneur comme tu es; et voulentiers feray lieu à ta nouvelle femme, laquelle soit à ton bon plaisir et aventure comme ton cuer le désire. »

La grande patience et obédience de Griselidis.

« Et des icy endroit puis qu'il te plaist voulentiers m'en partiray. A quoy toutesfois me commandes tu que j'en rapporte avecques moy mon douaire ; je le vueil. Je ne l'ay pas oublié, comment quant piessa tu me vouloyes prendre à femme, je fus desvestue sur le sueil de la maison de mon père, des pouvres robes que j'avoye vestues, et avecques toy n'apportay austre douaire que loyauté, foy et pucellage. Et doncques puis qu'il te plaist, je me desvest de ceste tienne robe, et te rends l'annel en quoy tu m'espousas, et tous aultres aournemens que fortune m'a prestez ung espace de temps avecques toy; reprens tout et metz en ton escrin; nue vins de l'hostel de mon père, et nue m'en retourneray. Et tu ne réputes et tiens chose mal gracieuse comme je croy que tu ne feroyes; que ce ventre qui a porté les enfans que tu as engendrez, oit veu nud et descouvert au peuple, pour la virginité que j'apportay avecque toy, par laquelle chose, s'il te plaist et non aultrement, je te supplie au nom de Dieu que tu me laisses une des chemises que j'avoye quant j'estoye appellée ta femme. » Et ainsi le marquis, en tournant son visage comme celluy qui ne povoit parler ne dire mot, luy dist : « Or, te demeure doncques celle que tu as vestue. » Et ainsi elle s'en partit sans plourer, et devant chascun se desvestit et tant seulement retint la chemise que vestue avoit, et teste toute nue et toute deschausse s'en alla. Et en cest estat la virent plusieurs gens en plourant et en maudissant fortune ; et elle seule ne plouroit ne n'en faisoit semblant, ne elle ne disoit mot. Et s'en retourna en la maison de son père. Et le bon homme son père, qui tousjours avoit eu le mariage suspect, ne oncques n'en avoit esté seur, ains doubtoit tousjours que ainsi en avenist, vint à l'encontre des gens, et, sur son sueil, de la pouvre robette que tousjours luy avoit gardée, la couvrit à grant mésaise, car elle estoit devenue grande et embranie (30), et la pouvre robe enrudie, empirée et gastée. Et demoura avecques son père par aulcuns jours en grande humilité et patience, si que nulle destresse ne nul remors ne monstroit de la prospérité qu'elle avoit eue par avant en aulcune manière ; et de ce n'estoit pas merveilles : comme en ces grans richesses tousjours en pensée humble et bénigne eust vescu et se fust maintenue, dont tout comme ung songe réputoit et à nonchaloir le mettoit.

Item le conte de Panicque dessusdit venoit de Bo-

loigne et approuchoit fort ; et aussi des nouvelles nopces se publioit et continuoit la renommée par tout le pays. Si envoya le dict conte au marquis, pour dire le jour qu'il seroit à luy ; et ung peu devant qu'il venist, il manda Griselidis et lui dist : « Je désire fort que ceste pucelle qui doit demain estre icy pour estre ma femme, et ceulx qui viendront avecques elles, et aussi tous ceux qui seront au disner, soient receuz bien et grandement; et que chascun soit bien festoyé et ordonné selon son estat, toutesfois céans n'ay à présent qui promptement sceust ce faire ; parquoy doncques, jasoit ce que tu soyes mal vestue et provrement, pren la charge de cecy, car tu congnois bien mes meurs et les estres de l'hostel. »
— « Maintenant, dist-elle, nom pas voulentiers tant seulement, mais de trèslie cueur (31), et ce, et quelconque aultre chose que je sentiroye qui te pleust, feray voulentiers tousjours, ne jà de ce ne me lasseray tant que je vive. » Et en ce disant, commença à besoigner comme de baloyer la maison, mettre tables, faire litz, ordonner tout ce qui estoit à ordonner, et prioit aux aultres chamberières que chascune endroit soy fist le mieux qu'elle pourroit. Il estoit jà environ tierce du jour, que le comte qui avoit admenée la fille et le filz, estoient venuz ; et chascun regardoit très fort et voulentiers la beaulté de ces deux enfans et s'en esmerveilloient tous. Et y en avoit aulcuns qui disoient que le marquis faisoit que saige de laisser sa première femme et de prendre celle belle jeune dame; mesmement qu'elle estoit tant

noble et son frère tant bel. Et ainsi s'avansoit fort l'apprest du disner; et Griselidis alloit et couroit parmy l'hostel, sans avoir honte de ce que elle estoit ainsi abaissée de son hault mariage; mais de bonne chière et lie vint à l'encontre de celle pucelle, et luy dist en grant humilité et révérence : « Ma dame, vous soyez la très bien venue. » Et en ceste manière les seigneurs et dames et damoyselles qui là devoient disner, de lie chière très hunblement et bénignement elle recevoit et ordonnoit de tout ce palais, et mettoit à point tellement que chascun, et espéciallement les estrangiers, estoient esbahis des meurs et du grant sens qui estoit soubz celluy pouvre habit; et s'en donnoient grant esbahissement. Et ne se pouvoit saouler Griselidis de parler des louenges de ces deux enfans, maintenant de la vierge et maintenant du filz; leur beaulté et maintien recommandoit. Et le marquis, tout ainsi qu'on devoit aller à table, à haulte voix dist à Griselidis devant tous ainsi comme en se jouant : « Que te semble-t-il de ma femme, est-elle belle? » — « Certainement, monseigneur, dist-elle, ouy; ne je ne croy mye que plus belle ne plus gente tu peusses trouver pour vivre en paix et joyeusement avecques elle, comme je prie à Dieu que ainsi le faces et ay espérance que ainsi le feras tu. Mais une aultre chose te vueil requérir : je te prie que tu ne la poignes des esguillons que tu as pointe l'aultre; car elle est jeune et a esté plus délicieusement nourrie que l'aultre, parquoy elle ne le pourroit souffrir. » Et quand le marquis vit la bonne et entière voulenté de Griselidis et la grant constance et patience, car tant de fois et tant durement l'avoit courroucée, et que ainsi respondit dist à haulte voix.

La responce du marquis à sa femme présens ses barons.

« C'est assez, Griselidis, j'ai à plain veu et congneu ta bonne voulenté et grande humilité; et ne croy pas que soubz le ciel soit aulcun qui ait veu et esprouvé la vraye amour et obéissance de mariage que j'ay en toy. » Et en ce disant l'embrassa très doulcement, et elle s'esbahist tout ainsi s'elle s'esveillast d'ung songe : « Tu es, dist-il, ma seule femme, et vecy ta fille et l'enfant ton filz; et sont iceulx enfants que tu cuidoies avoir perduz à deux fois; tu les as maintenant recouvrez tous ensemble. Sachent tous qui le contraire ont cuidé, moy l'avoir faict; et ce que j'ay faict, ce a esté pour toy esprouver et essayer tant seulement, et non pas pour avoir voulu faire tuer mes enfans, dont Dieu m'en gard; ne oncques puys que je t'espousay, ne fut heure que pour ma femme ne te tenisse et réputasse. » Et quant Griselidis ouyt ces nouvelles, elle fut toute pasmée et esvanouye; et ainsi comme le marquis l'avoit embrassée, se laissa cheoir.

Comment la belle et patiente Griselidis, avecques son père Janicolle, fut remise et receue par le marquis en plus grant honneur et triomphe que par avant.

Et lors tantost les bonnes dames qui là estoient,

la relevèrent et la retournèrent diligemment, et par le commandement du marquis, la desvestirent de ses pouvres robes que vestues avoit, et la revestirent des siennes bonnes, et la parèrent très grandement. Et adonc chascun commença à faire bonne chière et joyeuse, car le seigneur le vouloit; et affectueusement en prioit chascun, et si fist-on plus grant solennité qu'on n'avoit faict aux premières nopces ; et depuis grant temps et long furent ensemble en grant paix et bonne amour le dict marquis et Griselidis. Et depuis ce le marquis, lequel n'avoit tenu compte du père de sa femme jusques alors, pour mieulx faire à son plaisir de sa femme, le fist en sa maison et le tint en grant honneur très grandement. Et succéda en bonne prospérité le filz du marquis et de Griselidis sa femme comme héritier.

Ceste hystoire est récitée d'icelle femme, nompas tant seulement que les femmes qui sont aujourd'huy s'esmeuvent à bien ensuyvre icelle patience et constance, qu'à peine me semble evitable et possible, mais aussi les liseurs et les ouyans à ensuyr et considérer au moins la grant constance de celle femme, et ce qu'elle souffrit pour son mortel mary facent et rendent à Dieu, lequel comme dit saint Jacques l'apostre, ne tente nul mais esprouve, et nous souffre maintesfois très griefvement punir, nompas qu'il ne cognoisse nostre courage et intention avant que soyons nez : mesmement que par jugement cler et evident, cognoissons et véons nostre fragilité et humanité. Et en espécial est ce escript aux constans hommes, s'il est aulcun qui pour nostre créateur et rédempteur Jésus-Christ souffre et endure patiemment ces choses, que souffrit pour son mary mortel celle femmelette Griselidis.

FIN DU MIROUER DES FEMMES VERTUEUSES.

NOTES.

Note 1re, page 1re.

« *Hubert.* » Le nom du père de Robert-le-Diable s'est altéré dans les rédactions en prose. Le roman en vers françois du xiiie siècle ne lui en donne aucun; dans le mystère du xive siècle, il est appelé le *duc de Normandie*. On trouve le nom du duc *Aubert* dans les chroniques en prose de Normandie; voici le passage : « Au temps du roy Pepin, père du roy Charlemaigne, qui lors gouvernoit la Neustrie, à présent appelée Normendie, fut un duc et gouverneur nommé *Aubert* ou *Ausbert.* » Ces chroniques paroissent avoir été rédigées au milieu du xiiie siècle; on peut lire, au sujet de ces chroniques, une note curieuse insérée par M. André Potier, page 153 du volume publié à Rouen, chez Ed. frère, sous le titre de *Miracle de Nostre-Dame de Robert-le-Diable,* etc., in-8°, 1836.

Note 2, page 5.

« *Ma mie.* » Cette façon de parler est une altération du vieux langage, dans lequel on trouve souvent *m'amie* pour ma amie, aujourd'hui *mon amie*. Dans les bons textes françois, même dans ceux du xve siècle, on lit toujours *m'amie*. Ainsi, dans les *Cent Nouvelles nouvelles* où ce mot est fréquemment employé : « (Nouv. iii.) M'amie, pour ce que vous estes belle et bonne et que j'ayme bien vostre mary. »

Ainsi Vaugelas dans ses *Remarques sur la Langue françoise* (pag. 562 de l'édit. de 1687). « On dit pourtant *m'amie* et *m'amour* en termes de caresses, » etc. Je trouve un exemple de *ma mie* dans une chanson du xvie siècle :

> Bonjour ma mie, bonjour mon heur,
> Mon beau printemps, ma douce fleur.

Note 3, page 6.

« Au diable soit-il donné, et dès à présent je lui donne de bonne volonté. » Dans le roman en vers françois du xiiie siècle, la duchesse, malheureuse de sa stérilité, appelle l'esprit malin à son secours :

> Diable, fait-éle, je te proi
> Que tu entenges já vers moi :
> Se tu me dones un enfant
> Je te proi des ore en avant.
>
> F° 1, R°, col. 2 de l'imprimé.

De même, dans le miracle en vers :

> . . . . . Pusique Dieu mettre
> Ne veult enfant dedans mon corps,
> Sy li mette le dyable lors.

Comme on le voit, ce souhait impie ne se retrouve plus dans la chronique des ducs de Normandie, ni dans les romans en prose qui ont généralement suivi cette chronique.

Note 4, page 9.

« Grant et mauvais en courage. » *Courage* n'a pas ici le sens que nous donnons aujourd'hui à ce mot. Il signifie *cœur*, comme dans le vieux langage françois. Le participe *acuragé* (de cœur) étoit même en usage, comme dans ce passage du chap. 1er du premier *Livre des Rois* : « Acuràgée ureisun e en ceste baillie (page 3 de *Les quatre livres des Rois*, traduits en françois du xiie siècle, etc., publiés par Le Roux de Lincy, in-4°. Imprimerie royale, 1841.

Note 5, page 10.

« Une fête de Pentecôte. » Dans les anciens romans de chevalerie, c'est toujours à la Pentecôte que se tiennent les grandes cours plénières. Arthur avait, dit-on, consacré ce jour aux réceptions solennelles des chevaliers de la Table-Ronde. Dans le roman de Brut, composé par Wace au milieu du xiie siècle, d'après les anciens documents bretons, le couronnement d'Arthur a lieu le jour de la Pentecôte :

> Et por faire de lui parler,
> Prist consel, si li fuloë
> Qu'à la Pentecoste, en esté,
> Feist son barnage assambler
> Et dont se feist coroner.
>
> Roman de Brut, t. 2, p. 94.

Note 6, page 32.

« Chacun le *souloit* appeler monseigneur. » Chacun *avoit coutume* de l'appeler. C'est l'ancien mot françois dérivé du latin *solere*.

Note 7, page 35.

« Robert, ainsi armé et monté, s'en fut en l'*ost*. » C'est encore le vieux mot françois pour signifier *armée*. On le trouve généralement employé jusqu'à la fin du xve siècle.

Note 8, page 41.

« Il ne savoit où aller pour *adouber* sa plaie. » Panser, couvrir de linge. Le mot *adouber*, dans notre vieux langage, avoit plusieurs significations : il étoit employé pour habiller, couvrir, armer, donner l'accolade, faire chevalier, etc. On peut consulter sur ce mot : Ducange, *Glossaire latin*, verbo *Adobare*. Ménage, *Dictionnaire étymologique de la langue française*, au mot *Adouber* et la partie imprimée du premier volume du *Glossaire de l'ancienne langue françoise* (par Sainte-Palaye), in-folio, col. 229. On trouve *adouber* pour panser dans les *Mémoires de Commines* : « Luy fut adoubée sa plaie qu'il avoit au col. »

Note 9, page 44.

« Ainsi que le prêtre vouloit commencer le divin service pour *épouser* la pucele au senechal. » *Epouser*, dans cette phrase, est pris dans son acception primitive ; il signifie *marier, fiancer*.

Note 10, page 49.

« Et ainsi le fit mourir de *mal-mort*. » Il faudrait de male-mort, c'est-à-dire de mort violente. Ces abréviations sont particulières au style populaire.

Note 11, page 53.

« Et mena avec lui dix mille *huarts*. » Hiboux, chouettes, oiseaux de mauvais augure. Dans la rédaction en vers, qui date du xve siècle, on lit :

> En la nuict que le diable le duc tempter alla,
> Bien dix mille *huas* avecques lui mena.

De là est venu le vieux mot resté encore dans quelques noms propres : *huart*, braillard, criard,

Note 12, page 55.

« La mesnie Hellequin » la famille d'Hellequin.—Voyez à ce sujet, dans notre introduction générale, la notice relative au roman de Richard-sans-Peur, page xxv.

Note 13, page 65.

C'est ici que commence la partie ajoutée postérieurement à la rédaction plus ancienne en vers. Le nom des différents héros de chevalerie qui sont désignés ayant pris part à ce tournois, peut servir à fixer la date où fut ajoutée cette dernière partie; elle se rapporte à la seconde moitié du xve siècle.

Note 14, page 76.

« Cloriande et Esglantin furent fées, etc. » On voit ici un fait remarquable relatif à l'ancienne croyance aux fées. Ces êtres surnaturels doués de la puissance magique que l'on supposoit aux fées, sont des deux sexes. C'est généralement aux femmes que l'on attribuoit ce pouvoir; il y avoit cependant quelques exceptions, comme ici par exemple où non-seulement deux hommes étoient devenus fées, mais avoient transmis cette faculté au porc-sanglier qui devoit être chassé par Richard.

Note 15, page 77.

« Et dit qu'il ne craignoit *estour*, etc. » Combat, choc. Vieux mot fort usité dans tous les écrivains françois du xiiie au xve siècle. Suivant les auteurs du *Glossaire* de Ducange, il vient de l'italien *stormo*. *Multitudine adunata* insieme

con arme per combattere. Voyez le *Glossaire*, verbo
Stormus.

Note 16, page 84.

Ce combat de Richard-sans-Peur avec les démons paroît avoir été imité d'un poëme en vers françois, composé par Huon de Méry, et qui a pour titre le *Tournoiement Ante-Crist*. Ce poëme, encore inédit, fut écrit vers 1230. C'est le récit d'un combat qui eut lieu en présence de Lucifer entre les démons qui représente les vertus et les vices. Fauchet, page 561 de son livre sur les anciens poëtes françois, a parlé du *Tournoiement Ante-Crist*. On peut consulter aussi l'histoire littéraire de la France, tome xviii, pages 800 à 806.

Note 17, page 85.

« Sans avoir aucune *reconnaissance*. » Le mot *reconnaissance* n'a pas ici le sens que nous lui donnons ordinairement ; il signifie *armoiries*. On le trouve avec cette acception dans les plus anciens ouvrages écrits en françois, par exemple dans le roman de Brut, composé dans la première moitié du xiie siècle, vers 3,179 :

> Cil ont parmi trancié lor lances,
> Et lasquié lor *connissances*.

Dans la chanson de Roland, publiée par M. Francisque Michel :

> Éscuz unt gens de multes *cunoisances*.

Et dans la chanson des Saisnes :

> De son escu trancha l'or et la *connoissance*.

Note 18, page 89.

« Il est marqué en l'histoire de *Fier-à-bras*. » Cette histoire fait aussi partie de la *Bibliothèque bleue*, elle a été imprimée en 1736, à Troyes, chez la veuve de Jacques Oudot, sous le titre de : *Les Conquêtes du grand Charlemagne roy de France et d'Espagne, avec les faits et gestes des douze pairs de France et du grand Fier-à-bras*, etc., in-8°.

Ce géant qui joua un si grand rôle dans les romans de chevalerie du cycle de Charlemagne, a été le sujet d'un poëme en vers provençaux composé au XIIIe siècle, et publié à Berlin en 1829, sous le titre suivant : *der Roman von Fierabras provenzalich herausgegeben von Immanuel Bekker*. 1 vol. in-4°.

Note 19, page 96.

« Fonda l'abbaye de Fécamp et de Saint-Wandrille en Normandie. »

Richard Ier, duc de Normandie, fut en effet le fondateur de l'abbaye de Fécamp. (Voyez l'*Essai historique et littéraire sur l'abbaye de Fécamp*, que j'ai publié en 1840, à Rouen, chez Frère. 1 vol. in-8°, p. 8.) Quant à l'abbaye de Saint-Wandrille, elle est d'une époque antérieure. Voyez *Essai historique et descriptif sur l'abbaye de Fontenelle ou de Saint-Wandrille*, etc., etc., par H. Langlois. Paris, 1828, in-8.

Note 20, page 110.

« Le roi et la reine d'Espagne firent *nourrir* leur fille

honnêtement. » *Nourrir* n'a pas ici l'acception restreinte qu'on donne à ce mot aujourd'hui ; il signifie instruire, élever. Ce mot, dans le vieux langage, avoit souvent cette acception ; on se rappelle ce vieux proverbe :

Nourriture passe nature.

Note 21, page 151.

« Et firent tant par leur *journée*. » *Journée* signifie dans cette phrase *voyage*. C'est une manière de compter les distances fort usitée en Espagne et en Italie. De là ce mot a été appliqué au chemin que l'on avoit parcouru et a été pris souvent pour synonyme de route, travail entrepris et achevé dans l'espace d'un lever du soleil au coucher.

Note 22, page 194.

« Un jour viendra que vous suivrez l'exemple de cette grande pénitente à laquelle l'Égypte a donné son nom. »

C'est sainte Marie l'Égyptienne que l'auteur veut désigner ici. Cette sainte en effet, après sa conversion, vécut quarante-sept ans dans le désert, couchant sur la terre nue. — Voyez Baillet, *Vie des Saints*, mois d'avril, 2.

Le culte rendu en France à sainte Marie l'Égyptienne est assez ancien. Une chapelle qui lui étoit dédiée et dont la construction remonte au xive siècle, a donné le nom à une des rues de Paris les plus fréquentées, la rue de la *Jussienne*, par corruption du nom de l'Égyptienne.

Note 23, page 213.

« Geneviève appelez votre fils *Bénoni* ou *Tristan*, il

doit porter le nom de la marraine puisque Dieu est son parrain. »

Il est à remarquer que ce nom de *Bénoni*, resté dans la mémoire du peuple, est devenu celui des enfants persécutés dans quelques mélodrames ou tragédies vulgaires. Quant au nom de *Tristan*, c'est sans doute un souvenir de la littérature romanesque. On sait combien d'aventures malheureuses ont signalé la vie de ce chevalier. On peut lire au sujet de *Tristan* le travail de M. Fauriel sur les *Épopées chevaleresques de la table ronde*, et celui de M. F. Michel. *Tristan, Recueil de ce qui reste des poëmes relatifs à ses Aventures, composés en français, en anglo-normand et en grec dans les* xiie *et* xiiie *siècles*. Londres, 1835. 2 vol. in-18.

Note 24, page 254.

« Et n'estoit fine, cauteleuse, subtile, ne *jangleresse*.

Janglère, jangleresse, est un vieux mot de notre langue qui signifie *menteur, bavard, fanfaron*, enfin ce que le peuple appelle *blagueur*. Il vient du mot latin *joculari*, et il a servi à désigner pendant le moyen âge ces baladins et joueurs d'instruments qui récitoient des poésies dans les villes et les châteaux. (Voyez à ce sujet l'ouvrage de l'abbé Delarue, intitulé : *Essais historiques sur les Bardes, les Jongleurs et les Trouvères*, etc. 3 vol. in-8°.) Leurs mauvaises mœurs et leurs fanfaronnades furent cause que le mot de *jongle* ou *jangle* devint le synonyme de mensonge. Il est ainsi employé dans tous les auteurs du xiiie siècle.

Note 25, page 256.

« Il *silogisoit* en sa pensée. Il rappeloit à sa pensée. »
Je n'ai trouvé le verbe *silogiser* dans aucun dictionnaire, ni glossaire du vieux langage. Il a le même sens à peu près que le mot *syllogisme*, qui, on le sait, désigne en logique un argument composé de trois propositions, savoir : la *majeure*, la *mineure* et la *conséquence*.

Note 26, page 259.

« C'est assavoir le seigneur de Moulins, le milort de Pommays et messire Guillaume *Glacidal*. » Le dernier de ces trois capitaines, Guillaume *Glasdale* est le seul qui soit désigné par les historiens. Voyez Michelet, *L'istoire de France*, t. V, page 82.

Note 27, page 269.

« Alors que la dessus dicte pucelle prononça celles paroles. »

C'est seulement dans cette chronique populaire qu'on trouve la prédiction de Jeanne d'Arc sur la trahison dont elle alloit être victime. Voyez à ce sujet ce que j'ai dit dans l'introduction.

Note 28, page 271.

« Tout ce néanmoins ilz la firent par ung Angloys evesque de Beauvais condamner et declarer hereticque. »

Pierre Cauchon, comme chacun le sait, n'était pas anglois : « Né à Reims, dit M. Michelet, tout près du pays de Gerson, c'étoit un docteur fort influent de l'Université, un ami de Clemengis qui nous assure qu'il étoit bon et bienfaisant. » *Histoire de France.* t. V, p. 114.

Note 29, page 289.

« Qu'il fust de maulvais *esperiment*. Qu'il fut peu sage, d'une mauvaise *expérience*. »

Note 30, page 292.

« Car elle estoit devenue grande et *embranie*. »

Je n'ai pas trouvé ce mot dans les glossaires. On peut en comprendre le sens qui correspond à notre mot *développée*, *renforcie*. Mais je manque d'indication pour en fixer l'origine.

Note 31, page 293.

« Mais de très *lie* cueur, mais de cœur très joyeux, très content. On trouve ce mot dans les plus anciens ouvrages écrits en français. Voyez des exemples dans le *Glossaire de* Roquefort au mot *Lie*.

FIN DU TOME PREMIER.

TABLE.

De la Bibliothèque Bleue, par M. Charles Nodier........ j
Introduction, par M. Le Roux de Lincy .... xiij
La terrible et merveilleuse histoire de Robert-le-Diable,
    lequel après fut homme de bien................... 1
Histoire de Richard sans Peur, duc de Normandie, fils de
    Robert-le-Diable................................. 51
Histoire de Jean de Paris, roi de France.............. 97
Histoire de Jean de Calais.......................... 153
L'innocence reconnue, ou vie admirable de Geneviève,
    princesse du Brabant............................ 191
Mirouer des femmes vertueuses :
    Histoire de Jeanne laPucelle.................... 249
    La patience de Griselidis....................... 275
Notes.. 299

FIN DE LA TABLE.

www.ingramcontent.com/pod-product-compliance
Lightning Source LLC
Chambersburg PA
CBHW050534170426
43201CB00011B/1417